Buch

»Mir war, als hätte ich eine lange Entdeckungsreise durch die eigene Seele hinter mir. Und mein Forschungsdrang wurde reger denn je.« Mit diesen Worten schildert Shirley MacLaine gegen Ende ihres Buches die Eindrücke von einer Reise nach Bhutan und von ihrer Begegnung mit der spirituellen Welt des Ostens. Sie können zugleich als ein Leitsatz für das Leben der berühmten Schauspielerin, Tänzerin und Autorin insgesamt gelten: für die unermüdliche Suche nach dem Wesen des Seins und ihres eigenen Ichs.

In *Raupe mit Schmetterlingsflügeln*, ihrem ersten Buch, das sogleich nach Erscheinen ein internationaler Bestseller wurde, beschreibt Shirley MacLaine ihre ersten wichtigen Schritte und Erfahrungen auf dieser »Reise nach innen«, die sie bis heute nicht mehr losgelassen hat. Daneben schildert sie aber auch farbig und eindrucksvoll die wichtigsten Stationen ihres Lebens: die Kindheit und Jugend in einer spießigen Kleinstadt im Süden der USA, den glanzvollen Aufstieg vom hungernden New Yorker Chormädchen zum Weltstar, ihre Erlebnisse in den Ateliers Hollywoods. Sie erzählt von berühmten Regisseuren und Kollegen, von ihren Freunden und ihrer Familie, von ihren Reisen und, nicht zuletzt, von den Dreharbeiten zu Billy Wilders Film *Das Mädchen Irma la Douce*, der für sie endgültig den Durchbruch zum Weltruhm bedeutete.

Raupe mit Schmetterlingsflügeln – ein hinreißendes Buch der großen Schauspielerin: offen und ehrlich, vielgestaltig und sympathisch.

Autorin

Shirley MacLaine – in Virginia geboren und aufgewachsen – begann ihre Karriere als Broadway-Tänzerin, bevor sie international angesehene Drehbuchautorin, Regisseurin und Schauspielerin wurde. Für ihre Bühnenauftritte gewann sie fünf »Emmy Awards«, und für ihre Filmarbeit erhielt sie 1984 den »Oscar« *(Zeit der Zärtlichkeit)*. Darüber hinaus ist Shirley MacLaine auch Autorin einer Reihe von weltweit überaus erfolgreichen Büchern, in denen sie von den bedeutenden Stationen ihres Lebens und des Bemühens um Selbsterkenntnis und -verwirklichung berichtet.

SHIRLEY MACLAINE

Raupe mit Schmetterlingsflügeln

EINE AUTOBIOGRAPHIE

Aus dem Amerikanischen
von Eva Schönfeld

GOLDMANN VERLAG

Die Originalausgabe erschien unter dem Titel »Don't Fall Off the Mountain« bei W. W. Norton & Company, Inc., New York

Der Goldmann Verlag
ist ein Unternehmen der Verlagsgruppe Bertelsmann

Made in Germany · 5. Auflage · 12/91
Copyright © 1970 by Shirley MacLaine
Copyright © der deutschsprachigen Ausgabe 1988
by Wilhelm Goldmann Verlag, München
Nutzung der Übersetzung von Eva Schönfeld
mit freundlicher Genehmigung des S. Fischer Verlags,
Frankfurt am Main
Umschlaggestaltung: Design Team München
Umschlagfoto: MacLaine Enterprises, Inc., Los Angeles
Druck: Elsnerdruck, Berlin
Verlagsnummer: 8949
SD · Herstellung: Gisela Ernst/SC
ISBN 3-442-08949-2

1

Ich wurde in eine traditionsbewußte Kleinbürgerfamilie Virginias hineingeboren. Um den Klischeevorstellungen meiner Umwelt zu genügen, hätte ich ein aufstrebendes Gemeindemitglied ehelichen und ihm zwei bis drei wohlgeratene Kinder gebären müssen, die Gesundheitsbrot auf acht verschiedene Arten aßen. Ich hätte mich in einer sauberen, baumbestandenen Straße in einem Vorort von Richmond, Virginia, einrichten und einmal wöchentlich die Hilfe einer Putzfrau in Anspruch nehmen sollen, nicht zu vergessen das Bridgekränzchen jeden Mittwochabend und alle drei Jahre mal eine amouröse Anfechtung, natürlich nicht ohne eine gehörige Portion Gewissensskrupel.
Wir wurden auf Ehrfurcht vor allen materiellen Gütern des Lebens getrimmt, weil es langer Jahre harter Arbeit bedurfte, um sie sich leisten zu können. Dessen mußten wir uns allezeit bewußt bleiben und stolz darauf sein. Ein Glanzstück unseres Haushalts war der historische Tisch, an dem John Adams (oder war's George Mason?) sein Hochzeitsessen gab, und nun lag es uns ob, die Tradition zu ehren und den Tisch für unsere Kinder und Kindeskinder in bestem Zustand zu erhalten, indem wir nie ein feuchtes Glas auf ihn stellten. Der Chippendale-Spiegel im Eßzimmer durfte unter keinen Umständen angefaßt werden (obwohl er, wie ich später merkte, falsch war). Die drei Schüsseln aus Wedgwoodporzellan, die dazu passenden Teller und Aschenbecher, die altchinesische Vase, die Gainsborough-Kopie im Goldrahmen — alles das nötigte mich zu langen Überlegungen, ehe ich jemanden einzuladen wagte. Ich hatte immer Angst, daß irgendwas zu Bruch gehen könnte.
Schon die Außenwände des Hauses schienen ständig daran zu erinnern, daß wir eine ehrbare virginische Familie waren und jeder, der einer Einladung gewürdigt wurde, sich entsprechend zu benehmen hatte. Dabei war es in Wirklichkeit nur ein ganz gewöhnliches, schmuckloses, bescheidenes, kleinbürgerliches rotes Backsteinhaus, mit Hypotheken und allen sonstigen Mängeln beladen. Der große Baum davor

mußte gefällt werden, weil einer seiner Äste verdorrte. Ich fragte: »Herrje, warum muß denn der ganze Baum gefällt werden, nur weil ein Ast krank ist?« Daraufhin wurde mir erklärt, daß ein Baumsachverständiger es so angeordnet habe.

So wuchs ich in dem Glauben auf, daß alles, was um mich herum vorging, das absolut Richtige war. Sicher, ich hatte ein liebevolles Elternpaar, und es fehlte mir an nichts — bis zu einem gewissen Grade. Was ich mir wünschte, war noch viel, viel mehr, aber das waren keine greifbaren Dinge, sondern gefühlsmäßige.

Mein Vater war das gebieterische Oberhaupt der Familie, ein wohlerzogener, stattlicher Mann, der zur Fülle neigte, sobald Erdnüsse in seiner Reichweite waren. Ernst, streng, mit argwöhnischen hellblauen Augen überwachte und zensierte er seine Umgebung. Er war unser Wächter; er saß über alles, was wir taten und unterließen, zu Gericht. Manchmal grauste es uns vor ihm, denn er tat immer, als wüßte er nicht nur alles »Böse«, das wir getan hatten, sondern auch das, was wir möglicherweise im Schilde führten. Aber dann gab es auch wieder Zeiten, in denen er so stolz auf uns war, daß seine Brust sich sogar über den Bauch hinaus blähte. Seine Empfindsamkeit war bodenlos, und seine Angst vor dieser ihm wohlbekannten Schwäche war zuweilen qualvoll mit anzusehen.

Mutter war ein hochgeschossenes, beinahe ätherisches Wesen mit romantischer Veranlagung, das selbst die kleinsten Alltagswidrigkeiten kaum ertragen konnte. Sie half sich, indem sie sie einfach leugnete. Für sie gab es keine Widrigkeiten; sie bog sie in Irrtümer oder kleine Mißverständnisse um.

Während es also ein Haupttrieb meines Vaters war, bittere Wahrheiten auszugraben, ins grelle Licht zu rücken und seinen nachträglich gerechtfertigten Argwohn zu genießen, trieb es Mutter stets zu begütigenden Worten wie: »Ira, du bist übermüdet. Morgen früh siehst du die Sache ganz anders an.« Wie viele Abende und Morgen habe ich versucht, die gegensätzlichen Naturen meiner Eltern zu ergründen und für mich selbst die Lehre daraus zu ziehen, wie man klaren Kopfes überleben kann. Wie gerne hätte ich Mutter geglaubt, daß das Böse gar nicht existiere, aber ich wußte eben, daß dies leider nicht stimmt. Andererseits fand ich das Leben freilich auch nicht immer so tückisch, wie Vater annahm.

Gott sei Dank, mit drei Jahren bekam ich einen Kindheits- und Kampfgefährten. In Windeln gewickelt wurde er mir das erstemal in die Arme gelegt. Er schrie von Anfang an lauthals, und das hat er, mit altersgemäßen Abwandlungen und kluger Dosierung, bis jetzt beibehalten. Die Erwachsenen nannten ihn »Little Henry«, weil er der bekannten Comicstrip-Figur so ähnlich sah. Heute weiß ich nicht mehr, wann er aufhörte, wie Little Henry auszusehen, um sich nahtlos in Superman zu verwandeln. Sein richtiger Taufname ist Warren.

Er war mein kleiner Bruder, und wir hielten zusammen wie Pech und Schwefel. Andernfalls hätten wir uns im Wettstreit um die elterliche Gunst bis aufs Blut bekämpft. Die Eltern hatten wahrscheinlich keine Ahnung von diesen unterbewußten Motiven, aber wir empfanden sie stark. Wir zankten, bis ein Außenseiter dazwischenkam; dann machten wir gemeinsam Front gegen ihn. Manchmal übertrieb ich es mit dem Bundesgenossengefühl. War zum Beispiel ein größerer Junge aus der Nachbarschaft im Begriff, Warren zu verhauen, so schoß ich dazwischen wie Rocky Graziano und machte ihn fertig. Warren schaute dann dankbar, aber auch etwas betreten drein, weil er sich im Grunde lieber selbst gewehrt und das Risiko auf sich genommen hätte. Und ich verlor einen Freund nach dem anderen, weil ich zu sehr als »Kraftwerk« auftrat (mein Spitzname, nachdem ich mal als einziges Mädchen in der Mannschaft fünfzehn Tore hintereinander geschossen hatte!).

Konformismus war die erste Lebensregel unserer Gegend. Wir waren alle Baptisten und weiße Südstaatler; das gehörte sich so. Oh, vielleicht gab es auch ein paar Methodisten, aber nicht genügend, um Probleme aufzuwerfen. Wir lebten, wie es unsere Nachbarn für richtig hielten, und ich vermute, sie hielten es ebenso (immer mit dem Nebengedanken: Was denken die andern? Werden sie je aufhören, ebenso zu denken wie wir?).

Mutter war eine Gärtnerin aus Liebe, aber eines Tages mokierte sich irgendwer am Hinterzaun über ihren malerischen Sonnenhut und die Shorts, die sie bei der Arbeit trug. Warren und ich sahen sie schrecklich gern als wandelnden Sonnenschirm, aber Vater pflichtete der nachbarlichen Meinung bei, daß sie »auffiel«. Danach traute sie sich nur noch selten ins Freie.

Manchmal hatte ich das Gefühl, Mutter nicht zu begreifen. Sie war da, irgendwo unter all der Spießigkeit, aber Warren und ich konnten ihr wahres Wesen nie ganz ausfindig machen.

Als ich das Baseballteam aufgab und meinen ersten festen Freund hatte (Dick, vierzehn Jahre alt), legte Vater ihm nahe, er möge doch lieber woanders Anstreicherdienste übernehmen, weil die Leute von gegenüber darüber redeten, daß Dick volle sechs Stunden zum Anstreichen meiner Schlafzimmerjalousie brauchte. Folglich hatten wir kein Rendezvous zu Hause mehr, sondern am Bach. Das war sowieso vergnüglicher. Ich stellte bald fest, daß ich meinen Eltern keine einzige Gewissensfrage über Vöglein und Bienen zu stellen hatte. Auf so vertrautem Fuß standen wir ohnehin nicht.

Warren schwärmte für Automodelle und konnte jede Marke seit Erfindung des Rades fehlerfrei benennen. Wenn er tagsüber damit gespielt hatte und abends vergaß, sie alle ordentlich wegzuräumen, tat Vater beim Nachhausekommen so, als stolperte und stürzte er, und dann bekam Warren eine strenge Verwarnung. Wenn sein eigener Vater sich das Bein breche — schön, das möge noch hingehen! Aber wie stelle Warren sich die gerichtlichen Folgen vor, wenn einem Fremden auf unserem Grundstück desgleichen passierte? Demgemäß blieb Warren bald mit seinen Spielzeugautos in seinem Zimmer und verlor schließlich jede Lust daran.

Vaters krampfhafte Erziehungssucht und Mutters ständige Behauptung, wir müßten uns glücklich schätzen, ein so harmonisches Leben zu führen, dazu die Verdrehtheiten der ebenso frustrierten Nachbarn: dies alles pflanzte den Keim der Aufsässigkeit in Warren und mir. Wir verschworen uns zur Rebellion gegen das herrschende System. Es war nicht leicht, denn unser Vater war zugleich unser Schuldirektor, und man verlangte von uns, den andern mit gutem Beispiel voranzugehen. Wie macht man das, gutes Beispiel sein und trotzdem Freude am Leben haben? So etwas schafft man nur in Gemeinschaftsarbeit. Warren und ich teilten uns in die Aufgabe, Musterkinder zu mimen. Er brachte niemals Dreck ins Haus und verstreute niemals Kuchenkrümel im Wohnzimmer. Ich machte brav die Betten, spülte das Frühstücksgeschirr und schloß eiligst die Fenster, wenn Regen drohte. Kurzum, zu Hause benahmen wir uns wie musterhafte Bürger, ohne unsere Tugendhaftigkeit zu dick aufzustreichen —

damit hätten wir berechtigtes Mißtrauen erregt. Unsere Eltern konnten stolz auf uns sein und waren es auch.
Aber außerhalb des trauten Heims lebten wir wirklich. Wir kippten die Mülltonnen anderer Leute um, durchlöcherten Autoreifen, betätigten den Feuermelder, klingelten an fremden Türen und rannten weg, klauten beim Krämer an der Ecke Keks und Hustenbonbons, hinkten wie die armen Krüppel über die verkehrsreichste Straßenkreuzung, brachen manchmal sogar mitten auf dem Fahrdamm »ohnmächtig« zusammen — und rasten erst in Sicherheit, wenn die Polizei kam.
Alles dies war der imposanten Gestalt, die an unserem Eßtisch präsidierte, seltsamerweise unbekannt. Wir saßen da und nickten, wenn er strenge Klagen darüber führte, daß verbrecherische Jugendliche die Nachbarschaft unsicher machten. Am anderen Tischende hörte Mutter mit naßglänzenden Augen zu und sagte nichts.
Nach dem Essen zündete Vater seine Bruyèrepfeife an. Der Rauch kringelte sich über seinem Kopf und schwebte in blauen Schwaden, mit Braten- und Soßenduft vermischt, vor dem falschen Chippendale-Spiegel. Dann nahm Vater sein Thema wieder auf: seiner Meinung nach sollten alle Kinder bis zum einundzwanzigsten Lebensjahr eingefroren werden.
Begeistert und ganz seiner Meinung zogen Warren und ich uns zu unseren Hausarbeiten zurück, das heißt, wir entwarfen unsere Pläne für den nächsten Tag, für unseren neuen Schlag gegen das Establishment. Kleine Pläne, ein kleines Establishment ... Aber für uns bedeuteten sie eine Verheißung für die Zukunft.

Ich hatte eine angeborene Schwäche der Fußgelenke, die sich unliebsam bemerkbar machte, sobald ich laufen lernte. Ich lief gottserbärmlich über den großen Onkel und fiel bei der kleinsten Unebenheit hin. Mutter brachte mich deshalb aus rein therapeutischen Gründen im Alter von etwa drei Jahren in eine Ballettschule. Dort warf meine Phantasie Anker, dort brachen sich meine inneren Kräfte Bahn. Was als Heilgymnastik gedacht war, wurde mein Leben. Ich fand eine Möglichkeit, mich auszudrücken.
Fünfzehn lange Jahre hindurch waren die in verschwitzten schwarzen Trikots an der Übungsstange aufgereihten Mädchen, die im Takt eines blechernen Klaviers die Beine

schwenkten, meine Herausforderung, meine Konkurrenz. Ich
brauchte nicht zum Fleiß ermahnt zu werden; ich liebte das
Ballett von Anfang an. Manche der jungen Damen machten
nur mit, um ihren Jugendspeck zu verlieren, manche, um mit
Grazie über die ungeschickten Pubertätsjahre hinwegzukommen, andere wieder nur, weil ihre Mütter sie für zwei Stunden los sein wollten, um Bridge zu spielen. Aber ein paar
zarte, eisern entschlossene kleine Dinger wollten wirklich
tanzen lernen und nahmen zu diesem Zweck endlose Stunden schweißtreibender Arbeit, endlose Wiederholungen und
Muskelkater in Kauf. Zu dieser Gruppe gehörte ich — nicht
besonders zart, aber eisern entschlossen.
Als wir nach Arlington umzogen, nahm ich meinen Unterricht in einem großen Haus jenseits des Potomac in Washington, D. C. Die ehemalige Villa, die auf einem grasbewachsenen Hügel stand, war in eine Ballettschule umgewandelt
worden und wurde als solche berühmt.
Jeden Nachmittag, von Montag bis Freitag, fuhr ich mit dem
Bus anderthalb Stunden hin und zurück. Die Schule wurde
von zwei hochqualifizierten Ballettmeisterinnen geleitet, denen ich alles verdanke, was ich für meinen Beruf gelernt
habe. Die ältere, Lisa Gardiner, hatte noch mit der Pawlowa
getanzt. Ihre vornehme, silberhaarige Erscheinung, ihr Gang
und ihre Haltung erinnerten mich irgendwie an die edlen
Zauberpferde Cinderellas. Sie konnte mir stundenlang von
ihren früheren Tourneen erzählen, wobei ihre ausdrucksvollen Hände mit den rosa Nägeln jedes Wort unterstrichen.
»Wenn du dir etwas vorgenommen hast«, pflegte sie zu sagen, »tu es mit deinen äußersten Kräften. Erwarte nie, daß
das Leben dir etwas schenkt. Dann wird es samtweich werden.«
Ihre Partnerin, Mary Day, war fünfzehn Jahre jünger, hatte
winzige Füße, die sie bei ungebogenen Knien in eine gerade
Linie nach auswärts drehen konnte, durchbohrende schwarze
Augen und ein Temperament, mit dem sie einen Kosaken in
die Flucht geschlagen hätte. Als Lehrerin war sie großartig.
Ihre Anforderungen, ihr manchmal irrationales Perfektionsstreben machten jede Stunde zu einem Erlebnis.
Dies waren die beiden Frauen, nach deren Anerkennung ich
lechzte, fünfmal wöchentlich, Jahr um Jahr. Wir waren keine
»Professionellen«, denn es gab auch bei unseren öffentlichen
Tanzabenden keine Gage, aber man hätte selbst von Berufs-

tänzern keine größere Präzision verlangen können. Mit zwölf Jahren gehörte ich dem sicherlich besten Amateurballett der Vereinigten Staaten an. Während des Krieges traten wir mehrmals mit dem nationalen Symphonieorchester in der Constitution Hall auf; vorher wurde natürlich bis tief in die Nacht hinein geprobt. Wir gaben *Cinderella,* den *Nußknacker,* den *Wizard of Oz, Hänsel und Gretel.* Ich machte immer den Hänsel und die übrigen Hosenrollen, weil ich die längste und dünnste in der Klasse war.

Wenn die Probe um Mitternacht zu Ende war, keuchte ich zum Bus, der sich, wie mir schien, immer verfrühte oder verspätete, statt sich an den Fahrplan zu halten. Anderthalb Stunden später stolperte ich schlaftrunken aus dem Bus und tappte in das dunkle, schlafende Elternhaus. Mein Nachtessen bestand gewöhnlich aus ein paar Salzcrackers mit Tomatenketchup und Tabasco und einem Liter Ginger-Ale, das ich stehend zu mir nahm, bevor ich — selten vor zwei — ins Bett taumelte. Es dürfte wohl niemanden verwundern, daß diese nächtlichen Imbisse mir Alpträume bescherten, und zwar immer die gleichen — Nacht für Nacht verpaßte ich den Bus.

Um 6.30 Uhr stand ich wieder auf, weil ich in die Schule mußte, und so ging es Tag um Tag, Tag um Tag, bis ich siebzehn war. Die Zeit der rebellierenden Kinderstreiche mit Warren war vorbei. Ich hatte einen anderen Ausweg gefunden: mein Schicksal, wenn man's so nennen will, mein Leben, das ich mir selbst aufbauen konnte, um meine Tage nicht wie all die anderen kleinkarierten Baptisten unserer Gemeinde zu beschließen. Ich sah wenig von meinen Eltern und von Warren. Sie schliefen alle noch, wenn ich morgens zur Schule aufbrach, und schliefen schon wieder, wenn ich nach Mitternacht von den Ballettproben heimkehrte.

Für einen Teenager war es ein ziemlich einsames Dasein, aber ich hatte ja ein Ziel, einen wahren Lebenszweck! Und damals erkannte ich etwas, das für mich heute noch gilt: Ich genieße nichts, was ich mir nicht redlich erarbeitet habe.

Als ich etwa sechzehn war, geschah etwas, das sich unauslöschlich in meine Erinnerung eingebrannt hat. Ich kam ganz verzweifelt von einer Probe nach Hause: Miß Day und Miß Gardiner hatten mir die Rolle der Cinderella für die Weihnachtsvorstellung weggenommen. Grund: ich war zu groß und zu eckig geworden.

Vater begegnete mir zufällig auf der Treppe, als ich bitterlich heulend in mein Zimmer strebte, um mit meinem Gram allein zu sein. Er belehrte mich mit erhobenem Zeigefinger, daß ich nach dieser Erfahrung endlich aufhören sollte, Leistungen zu versuchen, die über meine Kräfte und Möglichkeiten gingen. Sei mein heutiger Schmerz nicht ein Beweis, daß ich mich nur kaputtmachte? Wann würde ich ihm endlich glauben? Wann würde ich kapieren, daß all die sinnlosen Versuche mir nichts als Kummer einbrachten?
Es war wie vor ein paar Jahren, als ich während eines Unterhaltungsabends *I Can't Say No* gesungen hatte. Vorher hatte ich *Oklahoma* gesehen und mich in die Rolle der Ado Annie verliebt. Irgendwie verstand ich ihre »Masche« und glaubte, sie nachahmen zu können. Ich setzte einen verrückten, übermäßig mit Blumen garnierten Hut auf, zog riesenhafte Trampelschuhe dazu an, und mein Vortrag hatte in der Schule einen echten Lacherfolg. Aber Vater sagte hinterher, ich solle mir ja nichts darauf einbilden. Eine Schulvorstellung sei nicht die Welt. Ich könne weder singen noch schauspielern, und die Tatsache, daß Celeste Holm mich inspiriert habe, gebe mir noch lange nicht das Recht, das Glanzstück der amerikanischen Operette auf dem Podium der Schulaula zu verhunzen. Daraufhin sang ich keinen Ton mehr, nicht einmal die Nationalhymne bei feierlichen Gelegenheiten. Ich war zu verschüchtert. Vater hatte ja sicherlich recht, wenn er sagte, daß nur klassisch ausgebildete Schauspieler die Bühne betreten dürften und akzeptiert werden könnten. Naturtalent, gut und schön — aber im Vergleich mit traditioneller Bühnenkunst mußte es unweigerlich auf der Strecke bleiben. Nur ein Idiot konnte es wagen, die Arme auszubreiten, sein ganzes Herz bloßzulegen und ohne jahrelange Übung zu erklären: »Hier stehe ich, Welt! Ich habe dir etwas zu sagen!« Nur ein Hohlkopf konnte glauben, damit durchzukommen und kein böses Erwachen zu erleben. Und wer die Fallstricke zwar sah, aber sich mit kühnem Schwung darüber hinwegsetzen wollte, war vollends undiskutabel. Der war nicht nur dumm, sondern gemeingefährlich, weil er es geradezu darauf anlegte, von unschuldigen Mitbürgern verletzt zu werden.
In jener Dezembernacht nach der Probe brach ich auf der Treppe zusammen, während mein Vater mich ununterbrochen schmähte: Wieso hätte ich mir eingebildet, Cinderella je tanzen und spielen zu können?! Blamiert hätte ich mich, das

sei das ganze Ergebnis! Ich weinte so krampfhaft, daß ich mich schließlich übergeben mußte. Aber selbst die Schweinerei auf der Treppe hemmte den Redefluß meines Vaters keineswegs. »Übermut tut selten gut« war der immer wiederkehrende Kernpunkt seiner Belehrungen. Ich schaute hilfesuchend nach Mutter aus; Warren war nicht da. Endlich sagte Mutter leise aus dem offenen Wohnzimmer: »Hör auf, Ira, es langt.« Aber für Vater war es noch lange nicht genug. Er ahnte, daß ich, obwohl im Moment nur ein aufgelöstes Häufchen Elend, in meinem sträflichen Übermut verharren würde, und er ahnte wohl auch, daß gerade er mich paradoxerweise darin bestärkte, weil er mir das negative Beispiel eines Menschen bot, der nie etwas riskiert hat und im tiefsten Innern von sich selbst enttäuscht ist. Zum Schluß hatte er einen sonderbar verständnisvollen Ausdruck in den Augen; er begriff, daß ich nicht sein wollte wie er. Er stieg vorsichtig über die Stufe mit dem Erbrochenen und ging in die Küche, um sich einen Drink einzugießen. Im selben Moment gelobte ich mir, das Beste aus meinen naturgegebenen Talenten zu machen, wie immer sie auch beschaffen sein mochten, und der Mut zum Risiko gehörte dazu. Mein innigster Wunsch war aber, nie eine Enttäuschung für mich selbst zu werden.

2

Der Abend der *Cinderella*-Aufführung kam heran. Ich hatte nun den Part der guten Fee zu tanzen und stand, nachdem ich meine Auflockerungsübungen absolviert hatte, sprungbereit in den Kulissen. Das Orchester nahm Platz, die Lichter im Saal erloschen langsam, das Publikum wurde still, die Ouvertüre begann, und bald mußte sich der Vorhang öffnen. Ich machte zur Sicherheit noch ein paar *grands jetés* quer über die Bühne. Bums — ich fiel hin. Ein wütender Schmerz durchfuhr meinen unter mir abgewinkelten Knöchel. Hastig sah ich mich um, ob irgend jemand die neue Blamage bemerkt hätte, aber zum Glück achtete niemand auf mich. Tänzerinnen fallen beim Üben dauernd hin. Ich betrachtete mei-

nen Knöchel, der in Windeseile anschwoll. Ich zog die Bänder der Ballettschuhe straff wie Eisenklammern und erhob mich. Gleich danach ging der Vorhang auf.
Mein erster Spitzentanz war fällig. Mit jeder Bewegung schwebte ich gewissermaßen weiter von mir weg. Ich fühlte keinen Schmerz mehr, sondern etwas wie Triumph, das mir neue Kraft einflößte. Nicht etwa, als stünde ich unter der Wirkung einer schmerzstillenden Droge, sondern als ob mein Geist sich aus dem Körper befreit hätte und von oben auf mich herabblickte. Die vorgeschriebenen Tanzfiguren gingen wie geschmiert. Ich wußte, daß ich Schmerzen hatte, aber ich stand irgendwie darüber. Vermutlich war dies meine erste Erfahrung, daß der Geist tatsächlich den Stoff besiegen kann. Es war eine wunderbare Erfahrung. Ich glaube, damals auf der Washingtoner Bühne regte sich zum erstenmal mein Talent zur Mystikerin!
Zweieinhalb Stunden später waren das Ballett mitsamt Applaus und Hervorrufen überstanden. Ich bat um ärztliche Versorgung, und erst in diesem Moment fiel der Schmerz wieder unabweisbar über mich her. Vier Monate lang konnte ich nicht gehen.
Während ich mit meinem Knöchelbruch in Gips lag, bat ich Mutter um ein Gespräch unter vier Augen. Das hatte ich vorher nur ganz selten getan, weil ich immer das Gefühl hatte, intime und wichtige Gespräche seien ihr peinlich. Aber diesmal war es nötig. Ich mußte eben aufs Geratewohl abtasten, wo sie anzurühren war, ohne daß es ihr zu weh tat.
Ich weiß noch, wie ich mit hochgelagertem Bein in meinem Zimmer auf der Bettkante hockte und vermittels eines Handspiegels mein unseliges Sommersprossengesicht prüfte. Ich hatte deswegen fast immer Hemmungen, und auch mein überreiches, ungebärdiges rotes Haar war kaum mit dem Kamm zu bändigen.
Mutter blieb auf der Schwelle stehen. Dann, mit einem Blick in den Hinterhof, wo mein Vater saß, trat sie vollends ein und setzte sich neben mich auf die Bettkante.
»Was fehlt dir denn?« fragte sie und wappnete sich spürbar gegen neues Unheil.
»Vieles, glaube ich. Ich sehne mich nach zu vielen Dingen und Menschen«, fing ich an und deutete mit einer umfassenden Handbewegung auf die Zimmerwände, die mit Symbolen meiner Sehnsucht bedeckt waren. Mutter sah sich die

Landkarten an, die Photos berühmter Ballerinen, die Bücher über fernliegende Themen, das Fernrohr, mit dem ich den Mond nicht nur anpeilte, sondern am liebsten heranziehen wollte. Sie bekam wieder einmal nasse Augen.
»Ich muß weg von hier«, fuhr ich fort, »weg vom üblichen Schema, dem ewigen Drill, der Anpassung an die andern. Vielleicht war es bisher ganz gut für mich, nützlich und sogar notwendig. Aber es gibt doch noch so viel anderes, das ich sehen und tun müßte, woran ich teilhaben möchte!«
Mein Ausbruch schnitt ihr ins Herz, das sah ich ganz deutlich, und ihr Gesichtsausdruck ging fast über das Maß des Erträglichen. Sie verstand mich nur zu gut. Ich sprach aus, was auch sie einmal gewollt hatte, vor langen Jahren, als ihr Geist noch unabhängig gewesen war, ehe er sich den ehernen Gesetzen ihrer Klasse unterwarf. Ihre einstigen Bekannten haben mir oft erzählt, wie »bezaubernd sorglos« sie früher gewesen war und wie sie mit ihrer Heiterkeit die ganze Umgebung ansteckte. So kannte ich sie gar nicht. Was war mit ihr passiert? Ich grübelte vergeblich. Aber auf jeden Fall wollte ich nicht, daß es mir ebenso erging.
Sie rückte sich besser auf der Bettkante zurecht. »Das Ballett schnürt dir die Luft ab, nicht wahr?« fragte sie.
»Ja«, sagte ich. »Ich weiß nicht, wann und warum es anfing, aber das Ballett wird mir zu eng. Miß Gardiner und Miß Day sagen mir dauernd, ich soll meine Mimik zügeln — was hilft's! Mein Gesicht geht mit, und ich *will* gar nicht dagegen an. Wenn die Musik lustig ist, muß ich eben lächeln. Die beiden Damen sagen, wenn ich mein Mienenspiel nicht kontrollieren kann, sollte ich lieber zum Film oder sonstwas gehen.«
»Warum mußt gerade du dich selbst darstellen?« fragte Mutter.
»Nicht nur mich. Ich möchte Menschen im allgemeinen darstellen, was sie denken, was sie fühlen. Ich glaube, ich habe viel Sinn für Menschen. Ich kenne sie bloß noch nicht gut genug. Und was den Selbstausdruck betrifft, so muß ich noch viel genauer werden. Ich will nicht ewig eine Drahtfigur in einem Marionettentheater sein, Tanz hin, Tanz her.«
»Hast du dir schon überlegt, wie du das schaffen willst?«
»Ja, klar. Aber ich bin noch nicht weit gekommen, weil ich Angst habe.«
»Angst? Wovor?«

»Schwer zu erklären. Es hat was damit zu tun, daß man nicht über den eigenen Schatten springen kann.«
»Was heißt das?«
»Na ja, du weißt zum Beispiel, wie sehr ich spanischen Volkstanz liebe.«
»Ja.«
»Und du weißt, daß dies in der Ballettschule immer mein liebstes Fach war, daß ich unermüdlich Kastagnettenklappern und Fersenstampfen geübt habe und daß Miß Gardiner und Miß Day mich darin für die Klassenbeste halten, seit Liane ausgeschieden ist.«
»Ja«, gab Mutter zu, »ich glaube, du bist es.«
»Und doch — obgleich ich so leidenschaftlich gern spanisch tanze — verliere ich nie meine Hemmungen.«
»Warum?«
»Weil kein Publikum mir abnimmt, daß ich eine echte spanische Tänzerin bin. Jeder merkt sofort, daß ich eine junge Amerikanerin aus Virginia bin. Wie könnte ich die Leute je über mein wirkliches Selbst hinwegtäuschen?«
Mutter verschränkte die Hände im Schoß und richtete sich gerader auf als seit Jahren.
»Indem du die Gefühlsregungen anderer Leute studierst«, erwiderte sie erstaunlich bestimmt. »Ich glaube, dazu ist jeder fähig. Möglich, daß wir nicht immer verstehen können, wieso andere so und so leben, wie sie essen, wie sie beten, wie und warum sie sterben, aber bei einigermaßen gutem Willen können wir uns in die *Gefühle* anderer hineindenken. Was empfindet also eine spanische Tänzerin? Sie tanzt ja zu derselben Musik, die auch wir hören. Wie wirkt diese Musik auf sie ganz persönlich? Wenn du ihre Reaktion auf dich übertragen kannst, wird jedermann auch dich für eine echte Spanierin halten, trotz Rotschopf und Sommersprossen.«
Ich umarmte sie. Sie war nicht mehr das unterdrückte Hausmütterchen.
»Darf ich nach New York? Sobald ich mit der Schule fertig bin?«
All die Jahre der klaglosen Unterwerfung fielen von ihr ab. Der tränenfeuchte Blick war aus ihren Augen verschwunden. Sie antwortete ohne Zögern und Zagen:
»Ja, es ist Zeit. Dein Vater wird zwar dagegen sein, weil er fürchtet, dir passiert was. Aber muß dieses Risiko nicht stets in Kauf genommen werden? Ich halte dich für reif genug.«

So bekam ich die Freiheit, meine Schwingen selbst zu erproben. Ich erinnere mich gut an den Abschiedsmorgen zu Hause. Warren hatte meinetwegen sogar sein Fußballtraining geschwänzt. Er hämmerte wildwütig auf unseren alten Klimperkasten ein. Sonst pflegte er alles zu spielen, was ihm gerade einfiel, aber heute waren es, mir zu Ehren, die *Manhattan Towers*. Er war mittlerweile groß und ansehnlich geworden und brauchte mich nicht mehr als Schutzengel bei etwaigen Keilereien. Ich fragte mich, wann ich ihn wohl wiedersehen würde und was er für Zukunftspläne habe. Vorerst hatte er ja noch drei Schuljahre hinter sich zu bringen. Damals hatte ich keine Ahnung (denn er hütete sein Innenleben genauso ängstlich wie wir alle), daß Warren jede ungestörte Stunde, wenn er allein im Haus war, darauf verwendete, Schallplatten und Dramen bis ins kleinste Detail auswendig zu lernen. Es sollte nicht lange dauern, bis wir uns wieder begegneten, gerade die paar Jährchen, die wir brauchten, um uns beide einen gewissen Namen zu machen.

Ich glaube, keiner von uns hat je ernsthaft die Möglichkeit des Scheiterns in Betracht gezogen. Wir *mußten* etwas werden, um unsere Selbstachtung zu bewahren, und wir waren bereit, dafür unsere ganze Kraft einzusetzen. Der deprimierende Anblick von Leuten, die es nicht so recht gewagt und entsprechende Demütigungen geerntet hatten, war für Warren und mich während unserer Entwicklungsjahre oft ein Hemmschuh; andererseits aber war ihr trostloses Beispiel so abschreckend, daß wir den festen Plan faßten: So wie die machen wir es nicht!

Eine der Hauptlektionen, die wir gelernt hatten, war, uns selbst richtig einzuschätzen und zu handeln, wie wir es für angemessen hielten, ohne uns nach der Meinung anderer zu richten. Schließlich waren wir nur uns selbst verantwortlich und mußten mit uns selbst fertig werden. Mein dringendster Wunsch war an jenem Tage, Warren nicht zu enttäuschen, und seiner, bald stolz auf mich sein zu dürfen.

»Er wird seinen Weg finden«, dachte ich beim Abschied von Virginia. »Seinen eigenen, genau wie ich heute den meinigen beginne.« Und obwohl ich noch keine Ahnung hatte, wohin unsere Wege führten, wußte ich, daß Warren und ich wie immer irgendwie aus der Reihe tanzen würden. Und ganz im stillen dankte ich unseren Eltern dafür, daß sie uns völlig unbeabsichtigt auf diese Bahn getrieben hatten.

Achtzehnjährig, mit großen, staunenden Augen, voller Optimismus und Tapferkeit langte ich in New York an, die Gewißheit im Herzen, über Nacht das ganze Show-Business auf den Kopf zu stellen. Solche Naivität ist lebensnotwendig, um New York zu ertragen, und dazu ein guter Schuß masochistischen Humors.

Ich mietete mir mit dem Geld, das ich als Babysitter verdiente, eine winzige Wohnung zwischen der 116. Straße und dem Broadway. Ich war Unter-Untermieterin im fünften Stock eines alten Backsteinbaus, wo mir für 64 Dollar monatlich zwei Minizimmer, Bad, Küche und der Blick auf den Hudson zur Verfügung standen. Um das Badewasser abzulassen, mußte ich jedesmal zwei Dielenbretter hochheben und den Abfluß von unten entstöpseln. Den Hudson sah ich durch einen fingerbreiten Spalt zwischen zwei Nachbargebäuden. In einem der Zimmer fehlte der Schrank, das andere war fensterlos, und die sogenannte Küche bestand aus einer Kochplatte und einem kleinen, vergammelten Spülbecken.

Aber die Schäbigkeit dieser Behausung war nicht der einzige Grund, daß sie so billig war. Nachts lungerten verdächtige Gestalten in den dunklen Hauseingängen herum, und sooft ich die Treppen zu meiner Wohnung erklomm, öffneten sich auf jedem Absatz Türritzen, durch die mich fremde Augen verfolgten. Das Haus war voll von Rauschgiftsüchtigen.

In diesem ersten Jahr hatte ich nicht weniger als zwölf zeitweilige Mitbewohnerinnnen, die froh waren, nur die halbe Miete bezahlen zu müssen. Ihre Motive reichten von Arbeitslosigkeit bis zur unehelichen Schwangerschaft. Das eine Problem hatte ich mit ihnen gemeinsam, das andere glücklicherweise nicht.

Eine der Damen zog regelmäßig jeden Abend los, um Milch und Gebäck zu genießen. Weder vorher noch nachher habe ich einen Menschen kennengelernt, der so wild auf Kuchen und Milch war. Sie futterte offenbar die ganze Nacht durch. Eines Morgens erschien sie von dieser harmlosen Freßtour in einem Nerzmantel, und am gleichen Nachmittag zog sie aus.

Meine ersten Wochen in New York machten mich auch mit dem Königreich der Wanzen bekannt. Sie raubten mir den Schlaf. Ich beschwerte mich bei dem woanders wohnenden Hausbesitzer über die sechsbeinigen Gäste. Er empfahl mir, Watte in die Ohren zu stopfen und nicht mit offenem Mund zu schlafen.

Der Kammerjäger, den ich daraufhin berief, zeigte mehr Verständnis, aber er war ein dreißigjähriger Italiener mit eigenen Hintergedanken. Er rottete zwar die Bettwanzen aus, verschonte aber die Küchenschaben, bis ich ihn wieder rufen mußte.

Zuerst lebte ich hauptsächlich von Vollkornbrot und (energiespendendem!) Honig. Beides schmeckte nach Knoblauch. Die Frau des Hausmeisters kochte mit so viel Knoblauch, daß keiner der Mieter je welchen zu kaufen brauchte. Allabendlich vor dem Zubettgehen beobachtete ich die Kakerlaken-Armee, die in Richtung Küche marschierte. Ich glaubte ordentlich ihr Aufstöhnen zu hören, wenn sie Abend für Abend nichts als trockene Grahambrotkrümel vorfanden.

Der Sommer war erstickend schwül und die Wohnung eine Gruft. Ich kletterte ab und zu über die Feuerleiter auf das Dach, wo ich mich unter Lebensgefahr anklammerte, um ein paar Sonnenstrahlen abzubekommen. Statt dessen überzog sich meine Haut mit Ruß.

Der Winter hatte wieder andere Schrecken. In meinem mehrfach unterteilten Schlafzimmerfenster fehlten mehrere Scheiben, die nie ersetzt wurden. Leise rieselte der Schnee zwischen den Häusern, wirbelte herein und zeichnete das Muster der fehlenden Scheiben exakt auf dem Boden ab, während ich kälteschnatternd vom Bett aus zusah.

Jobs waren nicht zu haben, besonders nicht für Tänzerinnen. Ich hatte noch riesiges Glück gehabt, mit einem Sommertheater in New Jersey arbeiten zu können, aber zum Herbst hin wurde die Konkurrenz zu stark. Jeden Penny, den ich ergatterte, steckte ich in Tanzstunden — das war das Notwendigste, wenn ich je weiterkommen wollte. Essen war nicht halb so wichtig. Das erledigte ich in einem Automatenrestaurant, wobei ich eine Zehn-Cent-Münze so zu »strecken« lernte, daß selbst Horatio Alger mir seine Anerkennung nicht versagt hätte. Ich folgte dem Usus aller armen und unbekannten Ballettänzer in New York. Am Teestand waren immer ganze Reihen von Gläsern zum Füllen vorbereitet, jedes schon mit einer Zitronenscheibe und Zucker versehen. Ich schnappte mir mehrere Gläser, füllte sie im Brunnen mit klarem Wasser, setzte mich damit an einen Tisch und ließ mich kostenlos mit herrlicher Limonade vollaufen, ehe ich meine zehn Cents für ein ehrlich erworbenes Erdnußbutter-Rosinenbrot ausgab. So ernährte ich mich etwa ein Jahr lang, und ich brauchte weitere zehn Jahre, ehe ich Limonade und Erdnußbutter wieder sehen konnte.

Meine Eltern wären trotz ihrer schlechten finanziellen Lage gern bereit gewesen, mir zu helfen, aber ich bat nie darum. Ich hatte auch meinen Stolz. Ich hatte mir dieses Leben selbst ausgesucht und gedachte, mich irgendwie durchzubeißen.

Ich war total pleite, und der Kündigungszettel klebte schon an meiner Tür, als das Schicksal mich zu einer Talentprobe führte. Man suchte Tänzerinnen für eine Reklameschau (Servel Ice Box), die, wenn auch nicht gerade der Traum meines Lebens, doch immerhin für eine Weile Arbeit und Brot bedeutete.

Die Show war für die Südstaaten bestimmt. Jeden Abend eine Vorstellung in einer anderen größeren Stadt, wo Vertretertagungen der Servel-Company stattfanden. Normalerweise hätten sich nur hoffnungslose Nichtskönner um solch einen Job beworben, aber damals gingen selbst bühnenerfahrene Solotänzerinnen stempeln und flehten um das mieseste Engagement.

Ich stand also Schlange mit vielen anderen, starrte in den dunklen Zuschauerraum und wartete auf den Beginn des Vortanzens, als eine rauhe Stimme aus dem Hintergrund ertönte:

»He, Sie mit den langen Beinen!«

Alles stand stocksteif.

»Sie – die Rothaarige mit den Beinen, die an den Schultern losgehen – kommen Sie mal an die Rampe!«

Ich guckte nach rechts, ich guckte nach links. Meine Mitbewerberinnen zu beiden Seiten waren relativ kurzbeinig.

»Meinen Sie mich, Sir?« fragte ich schüchtern.

»Yeah. Wie heißen Sie?«

»Shirley Beaty, Sir.«

»Shirley Batty? Komischer Name.«

»Nicht Batty – Beaty.«

»Sag ich doch dauernd: Beauty.«

»Auch nicht Beauty ... Bea-teee!«

»Okay, also Bay-tee. Haben Sie nicht noch 'nen anderen Namen?«

»Ja, Sir. MacLaine.«

»Okay, Shirley MacLaine, Sie sind engagiert.«

»Aber ich habe doch noch keinen Schritt vorgetanzt!«

»Wozu? Sie haben doch Beine, oder?«

»Ja, Sir.«
»Schön, dann gehen Sie mal 'rüber und geben Sie unserem Manager Ihre Unterschrift, wenn Sie bei der Show mitmachen wollen.«
»Ja, Sir.«
»Moment noch. Können Sie Pirouetten — Sie wissen, das, wobei man sich auf einer Fußspitze immerzu 'rumdreht?«
»Ja, Sir. Möchten Sie eine Pirouette sehen?«
»Wieso, Sie werden mich doch nicht anschwindeln?«
»Natürlich nicht, Sir.«
»Dann brauchen wir uns damit nicht aufzuhalten. Ihr Job ist es, um die Servel-Speiseeismaschine Pirouetten zu tanzen, bis das Eis fertig ist. Und wenn die Maschine mal versagt, tanzen Sie trotzdem weiter — verstanden?«
»Ja, Sir.«
Ich ging über die Bühne und dachte dabei an die fast lebenslange Arbeit und die harte Disziplin der Ballettstunden, an all das Geld, das ich hineingesteckt hatte, an meine Hungerkünste. Und nun hatte ich nichts weiter zu tun, als ein Netztrikot anzuziehen und Pirouetten zu drehen!
»Moment noch, Mädchen. Wie alt sind Sie eigentlich?«
»Gerade einundzwanzig geworden, Sir.«
»Ich dachte, Sie beschwindeln mich nicht?«
»Nun ja, ich ...«
»Schon gut. Sie sind die Schwindlerin, nicht ich.«

In Raleigh, North Carolina, passierte es zum erstenmal, daß die Eismaschine stehenblieb. Ich drehte und drehte mich, bis ich fast selber in Schlagsahne verwandelt war und die vom bloßen Zusehen schwindlig gewordenen Vertreter mir mit Pfiffen und Händeklatschen Einhalt geboten.
In den meisten Städten produzierten wir uns in pleitegegangenen Kinos mit entsprechenden Bühnen, die an den Fernen Osten erinnerten. Ein Klavierspieler, der zugleich dirigierte, gehörte zur Gesellschaft; die übrigen Musiker wurden je nach Bedarf unterwegs aufgelesen.
Die Musiker hatten Anweisung, beim Fallen des Vorhangs ihr Spiel abzubrechen und beim Wiederaufgehen sofort mit der nächsten Nummer anzufangen. Sie nahmen diese Instruktion sehr wörtlich. Manchmal, wenn der Vorhangzieher eine längere Zigarettenpause gemacht hatte als gewöhnlich und infolgedessen den richtigen Zeitpunkt verpaßte, blieb

der Vorhang offen, die Musiker begannen stur mit der nächsten Nummer, und wir Ballettmädchen waren genötigt, uns coram publico umzuziehen und dabei schon zu tanzen, um mit der uns davonlaufenden Musik mitzukommen. Wenn das vorkam, gab es immer riesigen Applaus und Da-capo-Rufe von seiten der Servel-Leute.
Unser Hauptknüller war Tschaikowskis *Schwanensee*, der sinnigerweise um eine Servel-Waschmaschine getanzt wurde. Eines Tages nahm ich mir vor, der genialen Reklameidee unseres Choreographen noch ein Extra-Glanzlicht aufzusetzen.
Im duftigweißen Tutu der Schwanenprinzessin schnürte ich meine Spitzentanzschuhe fest und machte mich für meinen sensationellen Auftritt bereit. Die klassischen Melodien der Einleitung schwebten zur Decke des verkommenen Kinos, das demnächst als Kegelbahn verwendet werden sollte. Ich trippelte sorgfältig um die rostigen Nägel, die überall aus dem Podium starrten, und erschien zu meinem großen Solo.
Ich hatte mir eine klaffende schwarze Zahnlücke geschminkt und tanzte die ganze Nummer mit engelhaft entrücktem Lächeln. Hierauf wurde ich gefeuert und kehrte nach New York zurück.

3

Mein Mann und ich sahen uns zum erstenmal in einer Bar in der 45. Straße. Das war im Jahr 1952.
Ich war seit längerem im Ballettkorps von *Me and Juliet* gut aufgehoben, und mein ungebärdiger Geist war auf dem besten Wege, für immer gezähmt zu werden. Der Leerlauf war entsetzlich. Die Sicherheit der wöchentlichen Gage, so mager sie war, lullte mich in einen Zustand gewohnheitsmäßigen Nichtstuns ein. Für mich schien es keinen Anreiz, kein Ziel mehr zu geben.
Als ich aufblickte, stand er neben unserem Tisch.
»Shirley«, sagte meine Freundin vom Ballett, »das ist Steve Parker.«
Er war mittelgroß, und als ich aufstand, damit er sich einen Stuhl heranrücken konnte, streifte ich heimlich meine hochhackigen Schuhe ab. Er merkte es aber doch und lächelte.

Unsere Blicke trafen sich. Er hatte die blauesten Augen von der Welt, und ich kroch beinahe hinein. Seine Nase und seine Backenknochen waren wie gemeißelt, und seiner festen Kinnpartie sah man an, daß er genau wußte, was er wollte. Er war annähernd zwölf Jahre älter als ich. Mir blieb vor Bewunderung der Mund offen.
»Guten Tag«, sagte er. »Wollen Sie nicht den Mund zumachen und sich wieder setzen? Was trinken Sie?«
»Nichts mehr«, antwortete ich und schob im Bemühen, überlegene Lässigkeit zu heucheln, mein leeres Ginger-Ale-Gläschen wie einen Schnuller in den Mund. Ich war neunzehn.
»Toll«, lobte er. »Ist das Ihre Nummer?«
Ich gurgelte hilflos. Das Glas hatte sich festgesogen. Er griff über den Tisch und drehte das Glas behutsam heraus, ehe es zwischen meinen Lippen zersplitterte.
Ich verliebte mich augenblicklich in ihn.
»Mir scheint, auf Sie muß man aufpassen«, lachte er. »Machen Sie bloß keine Scherze dieser Art mehr, sonst verliebe ich mich noch in Sie.«
Vier Stunden später machte er mir einen Heiratsantrag. Als wohlerzogene junge Dame aus Virginia ließ ich ihn bis zum nächsten Morgen zappeln, ehe ich ihm mein Jawort gab.
»Fein«, sagte er ohne Überraschung, »das wäre also abgemacht. Es war ja sowieso nur eine Frage der Zeit.«
Er hatte damals wie immer recht. Er war und ist der einzige Mensch in meinem Leben, der sich nie in mir getäuscht hat. Er kennt mich besser, als ich mich selber kenne. Er weiß, was mir Leben gibt und nimmt. Und mit unserer Begegnung begann mein wahres Leben.
Die ganze Welt belebte sich. Verzagtheit wurde Mut, öde Schufterei wurde Inspiration, Spannung. Wir lasen zusammen Bücher, von deren Existenz ich bis dahin keine Ahnung gehabt hatte. Steve war ein erfahrener Weltenbummler, und obwohl seine eigene Wanderlust sich zum Teil schon gelegt hatte, freute ihn der rastlose Erlebnishunger, den er auch in mir entdeckte. »Du mußt Menschen studieren«, sagte er immer wieder, »um dich selbst zu erkennen.« Auf sein Betreiben holte ich meine Landkartensammlung wieder aus der Versenkung, und gemeinsam bereisten wir in der Phantasie die fernsten Länder, deren Seele wir uns zu eigen machen wollten. Wir schworen uns, nie in der Enge unseres jeweiligen Umkreises steckenzubleiben.

Steve erweiterte meinen Horizont unglaublich. Und je mehr ich mich an ihn gebunden fühlte, desto ungebundener fühlte ich mich an alles Bisherige.

Mit seinem sicheren, weltmännischen Gebaren gab er vielen Rätsel auf. Im Grunde war er scheu, besonders in der Profitjägerwelt des Theaters. Zwar war auch er Schauspieler, der Shakespeare über alles liebte und oft tiefsinnige Experimentierstücke inszenierte, aber sein Wesen drängte in eine andere Richtung. Auf die Dauer war es ihm unmöglich, das erbarmungslose Showgeschäft als Lebensinhalt zu akzeptieren.

Seine Lehr- und Wanderjahre hatte er auf einem Frachtdampfer verbracht. Sein Vater war Schiffsingenieur und wurde während der Weltwirtschaftskrise arbeitslos. Steve war damals neun Jahre alt. Im gleichen Jahr erkrankte seine Mutter an Tuberkulose. Die Familie war ohne Vermögen. Seine Mutter kam in ein Wohlfahrtshospital in New England, und sein Vater, der verzweifelt Arbeit suchte, fand endlich einen Job auf einem Fernostfahrer — allerdings nicht mehr als Ingenieur, sondern als Heizer.

Steve, der keine weiteren Verwandten hatte, die sich um ihn hätten kümmern können, durfte seinen Vater begleiten und bekam eine winzige Koje in der überfüllten Mannschaftskajüte. Die Häfen der Welt wurden sein Tummelplatz und deren jugendliche Bewohner seine Spielgefährten. Sein Vater lehrte ihn alles über Schiffe, inklusive Kohlenschaufeln, und abends unterhielten sie sich über das, was sie schon gesehen hatten und noch sehen wollten.

Japan war das Land, das Steve von Kind an besonders ins Herz schloß. Manchmal ließ ihn sein Vater eine Weile bei alten Freunden in Jokohama, der Familie Hasagawa, und dort ging er auch zur Schule, während das Frachtschiff die übliche Tour über Kobe, Osaka, Nagasaki, Schanghai, Hongkong, Taipei und schließlich nach Jokohama zurück abfuhr. Sooft es in die Vereinigten Staaten heimkehrte, ging Steve wieder mit an Bord, um seine Mutter in New England zu besuchen.

Der rotwangige, blauäugige, unabhängige Junge wurde im Wesen mehr östlich als westlich. Mit zwölf Jahren konnte er Japanisch und mehrere verwandte Sprachen mühelos sprechen, lesen und schreiben. Nur die Trennung von der Mutter trübte sein herrliches Wanderleben, das fünf Jahre dauerte.

1936 kehrte er mit dem Vater nach Amerika zurück. Die Wirtschaftskrise ging allmählich vorbei, und der Familie Parker war noch ein glückliches Jahr des Beisammenseins beschieden. Dann starb die Mutter; der untröstliche Vater folgte ihr innerhalb eines Jahres, und Steve stand allein in der Welt. Nachdem er sich ein paar Jahre mit Gelegenheitsarbeiten durchgeschlagen hatte, schaffte er das High-School-Abschlußexamen. Kurz danach griff die geliebte Wahlheimat seiner Kindheit Pearl Harbour an.

Er meldete sich bei den Fallschirmjägern und wurde später in Nahkämpfe mit jungen Männern verwickelt, mit denen er einst zur Schule gegangen war. Seine Kenntnisse der japanischen Sprache und Lebensart waren für seine Truppe natürlich unbezahlbar. Er kämpfte mit, bis er während eines Einsatzes über Neuguinea von seiner Truppe getrennt wurde und nur mit dem Leben davonkam, weil er sich im Dschungel mit den Kopfjägern anzufreunden verstand.

Steve war bei den ersten Truppen, die Hiroshima nach dem Bombenabwurf sahen. Er überblickte, verloren und betäubt, die Trümmer des einst so geliebten Landes und verdammte sein Los, sich beiden Welten zugehörig zu fühlen.

Doch vorläufig blieb ihm nichts anderes übrig, als in der Armee zu bleiben. Er bekam hohe Auszeichnungen und war, als er ehrenvoll entlassen wurde, mit zweiundzwanzig Jahren bereits Hauptmann. Für ihn stand fest, daß er eines Tages in den Osten zurückkehren würde. Die Frage war nur, wann und wie.

Steve und ich lernten uns, wie schon gesagt, 1952 kennen. Unsere gegenseitige Zuneigung war so intensiv, daß wir bis 1954 reinweg vergaßen, zum Standesamt zu gehen. 1954 wurde in doppelter Beziehung ein entscheidendes Jahr.

Ich war Chorus-Girl in *Picknick im Pyjama (The Pajama Game)*, einem Musical nach Richard Bissells Roman *Siebeneinhalb Cents*, dessen Handlung sich um eine Textilfabrik in Iowa drehte. Steve hatte mich zum Probetanzen und Singen ermutigt, und der Regisseur, George Abbott, nahm mich, weil er sagte, ich brauchte nur den Mund aufzumachen und jeder Hauch von mir sei bis auf den obersten Olymp zu hören.

Das Musical wurde, wie in Amerika üblich, zunächst in der Provinz ausprobiert, aber schon in diesem Stadium war vorauszusehen, daß es auch am Broadway ein Bombenerfolg werden und New York einen neuen Star — die inzwischen leider verstorbene Carol Haney — bescheren würde. Die Kritiker überschlugen sich förmlich vor Begeisterung über ihr komödiantisches Talent, ihr tänzerisches und gesangliches Können.

Am Abend vor der New Yorker Premiere wurde ich zur »zweiten Besetzung« für Carols Rolle ernannt. Ich hatte nie eine Probe gehabt, aber, wie der Produzent Hal Prince treffend bemerkte, das machte nichts. »Sie werden sowieso nie gebraucht werden. Carol spielt, und wenn es sie das Leben kostet.«

Die Premiere fand am 9. Mai 1954 am Broadway statt und brachte sowohl dem Stück als auch Carol einen überwältigenden Erfolg. Sie war jahrelang die Assistentin eines Choreographen gewesen, aber erst jetzt drängte sich das Publikum an der Bühnentür, um einen Blick auf die brillante Darstellerin zu erhaschen, die angeblich über Nacht von ihm »entdeckt« worden war. Auf einmal galt sie den Leuten als Musical-Star des Jahrzehnts.

Für mich sah es nun freilich so aus, als würde ich das Chorus-Girl des Jahrhunderts bleiben. Vier Aufführungen waren schon vorbei, und ich hatte noch immer keine Probe für den unwahrscheinlichen Fall der Fälle gehabt. Selbstverständlich guckte ich mir von Carol ab, soviel ich konnte, obwohl ich nicht glaubte, daß ich die Rolle je spielen würde. Ich wurde von Tag zu Tag deprimierter. Wieder ein Stück, das jahrelang laufen würde! Das bedeutete zwar gesicherte Wochengage, aber auch geisttötende Monotonie.

Nach der ersten Mittwochsmatinee (der Nachmittagsvorstellung) fuhr ich in Steves und meine gemeinsame Wohnung zurück, um das Abendessen zu machen. Während wir bei Tisch saßen, rief mich einer der Produzenten von *Can-Can* an, einer Operette, die schon seit zwei Jahren lief, und fragte, ob ich zweite Besetzung für seine Primaballerina werden wollte.

»Sie wissen doch so gut wie wir«, meinte er, »daß die Haney Ihnen nie eine Chance geben wird, in *Picknick im Pyjama* einzuspringen. Die spielt, bis sie tot umfällt. Unser Tanzstar dagegen macht hin und wieder schlapp.«

Ich bat ihn um eine kurze Bedenkfrist und besprach die Sache beim Weiteressen mit Steve. Er sagte, ich solle das Angebot annehmen, wenn ich tatsächlich das Gefühl hätte, die Aus-

sicht auf jahrelanges Herumhopsen im Hintergrund von *Picknick im Pyjama* gehe über meine Kraft. Ich war der gleichen Meinung, und ehe ich mich an diesem Abend wieder auf den Weg ins Theater machte, schrieb ich meine Kündigung in der Absicht, sie unverzüglich einzureichen. Ich war spät dran und mußte rennen, um die Untergrundbahn zu erwischen. Dabei hätte ich besser getan, zu Fuß zu gehen, denn der Zug blieb in einem Tunnel stecken, und ich keuchte mit einer halben Stunde Verspätung ins Bühnenhaus. Hal Prince und sein Mitarbeiter Bobby Griffith erwarteten mich händeringend. »Wo bleiben Sie denn so lange?« schrien sie mich an. »Herrje, tut mir furchtbar leid, die U-Bahn ist steckengeblieben. Aber ist doch egal — ich komme ja erst in der zweiten Hälfte des ersten Aktes.«
»Das denken Sie!! Die Haney hat sich heute nachmittag den Fuß gebrochen, und Sie müssen sofort 'raus!!!«
Ich hatte mein Kündigungsschreiben in der Hand. Ich stopfte es in die Tasche zurück und fühlte, wie sich die Welt genau viermal um mich drehte — einmal für jeden Auftritt Carols, den ich mir angesehen hatte, um die Rolle zu lernen. Ein einziger schauerlicher Gedanke bohrte sich in mein Hirn: Ich werde den Hut fallen lassen, ich werde den Hut fallen lassen!
Steam Heat war die Glanznummer, die den zweiten Akt eröffnete, ein Tanz- und Gesangstrio für zwei Männer und eine Frau. Jeder der drei Darsteller hatte während der ganzen Nummer kunstvoll mit einem steifen Hut zu jonglieren.
Man schubste mich in Carols Garderobe. Ich bat irgendwen, Steve anzurufen. Ich zitterte so fürchterlich, daß jemand anders mich schminken mußte. (Ich werde den Hut fallen lassen!) Die Garderobiere zog den Reißverschluß des Kostüms für den ersten Akt zu. O Wunder, es paßte. Welche Erleichterung! Dann kamen die Schuhe. Entsetzlich — Carols Größe, Nummer vier, paßte nicht einmal für meinen großen Zeh. Ich raste in die Gemeinschaftsgarderobe, in der ich mich sonst umzog, und fand ein Paar meiner eigenen schwarzen Trainingsschuhe. Natürlich paßten sie nicht zum Kostüm; aber wenn die Leute auf meine Füße achteten, hatte ich sowieso nichts mehr zu bestellen.
Draußen hörte ich das ungeduldige Trampeln des Publikums, das sich nicht erklären konnte, warum der Vorhang noch immer nicht aufging.

John Raitt, der männliche Hauptdarsteller, lernte in fliegender Hast den Text meiner Songs, um gegebenenfalls einspringen zu können, und Eddie Foy, mein anderer Partner, war so nervös, daß er sich in seiner Garderobe übergeben mußte.
Ich wartete angstbebend in den Kulissen, als der Inspizient schließlich vor den Vorhang ging und das Publikum um Ruhe ersuchte.
»Meine Damen und Herren, wir bedauern unendlich, Ihnen mitteilen zu müssen, daß Miß Carol Haney heute abend nicht auftreten kann. Ihre Rolle wird von einem jungen Nachwuchstalent übernommen, Miß Shirley MacLaine. Wir wünschen Ihnen einen angenehmen Abend.«
Der letzte Satz ging in grauenhaften Buhrufen unter. Viele Leute standen abrupt auf und drängten zur Kasse, um sich ihr Eintrittsgeld wiedergeben zu lassen. Das Chaos wütete. Hal Hastings, der Dirigent, starrte als gebrochener Mann aus der Orchestergrube zu uns herauf. Er hatte keine Ahnung, in welcher Stimmlage ich sang und ob ich überhaupt Stimme hatte. Dennoch hob er todesmutig den Taktstock, die Musiker nahmen Haltung an, und die schmissigen Rhythmen der Ouvertüre übertönten allmählich das unmutige Geblubber des Publikums.
Mitten in dieser Ouvertüre stürzte Steve zu mir in die Kulisse. Er glich einem Gespenst.
»Laß dir das eine Lehre sein«, japste er und ergriff meine Hand. »Immer Geduld haben! Eine solche Chance wird kaum jemandem im ganzen Leben geboten. Mach daraus, was du kannst. Die Leute warten.«
Dann fügte er noch die alte Beschwörungsformel »*Merde*« hinzu (in europäischen Ländern sagt man, glaube ich, so etwas wie »Hals- und Beinbruch«), gab mir einen Klaps hintendrauf und begab sich in den Zuschauerraum. Die Serviette vom Abendessen flatterte noch aus der Jackentasche, in die er sie geistesabwesend gesteckt hatte, als der Anruf kam.
Die Ouvertüre neigte sich dem Ende zu. Ich mußte plötzlich so dringend aufs Klo, daß ich kaum einen Schritt zu tun wagte. Doch schon öffnete sich der Vorhang.
Ich holte tief Luft und schaffte es, wohlbehalten in die Bühnenmitte zu kommen. Aus den Augenwinkeln sah ich das ängstlich gespannte Ensemble, das mich aus den Kulissen be-

obachtete. Das Publikum war jetzt mäuschenstill. Es schien sich in meine Situation hineindenken zu können. Draußen saßen, unter anderen, die mächtigsten Show-Bosse. Sie waren wegen Carol Haney gekommen, und nun stand ich an ihrer Stelle. Ich rang noch einmal nach Luft und sprach meinen ersten Satz. Meine Stimme klang schrill und heiser. Der Satz war als »Lacher« gedacht, aber der Lacher kam erst, als ich schon verstört meinen Text weiter haspelte. Ich hatte nicht gewartet — ich hatte den Leuten nicht Zeit gegeben. Daß man selbst den Witz kennt, bedeutet nicht, daß auch das Publikum ihn sofort versteht. Glücklicherweise kapierte ich schnell und verlangsamte das Tempo meiner Darbietung. Bald merkte ich, daß die Leute und ich jetzt die gleiche Wellenlänge gefunden hatten. Sie entspannten sich, und ich ebenfalls. Es gibt nichts Schlimmeres als ein Publikum, das sich um einen Darsteller ängstigen muß. Plötzlich war der wunderbare Kontakt da, nach dem ich mich mein Leben lang gesehnt hatte. Es war nicht das Gelächter, nicht der Beifall, der mich beglückte; es war dieser magnetische Strom, der von Mensch zu Mensch geht, der hin- und zurückschwingt wie ein Riesenpendel. Ich war im Einklang mit dem Publikum, ich stand nicht mehr abgesondert hinter der Rampe.
John Raitt sang Carols ersten Song für mich *(Hernando's Hideaway)*, und ich erinnere mich noch heute, wie seltsam dieser Song aus fremdem Mund klang. Seit Wochen hatte ich nur Carol sprechen und singen gehört, und jetzt erst konnte ich ganz ermessen, welche Leistung sie allein vollbracht hatte. Ich mußte mich noch gewaltig anstrengen!
Dann kam der gefürchtete zweite Akt mit *Steam Heat*. Carols Smoking paßte mir, und sogar der steife Hut — eine Sonderanfertigung für sie — war in Ordnung.
Die gestopfte Trompete leitete beim Aufgehen des Vorhangs die Nummer ein, die schon damals fast als »klassischer« Musicalschlager galt. Wir drei posierten regungslos, bis der Vorschußapplaus abebbte. Ich fühlte das Gewicht der Melone auf dem Kopf, wagte kaum zu atmen und wünschte, ich hätte das Jonglieren mit dem Hut ein paarmal öfter geübt.
Im Gleichtakt tanzten wir zur Rampe vor, warfen gleichzeitig unsere Hüte in die Luft und fingen sie wieder auf. Das Publikum klatschte schon jetzt animiert. Vielleicht kam ich doch glatt durch die ganze Nummer! Die Trompete führte das Orchester zu einem mitreißenden Crescendo, und das

ganze Theater schien mitzuschwingen. Unsere Tricks klappten wie geschmiert. Dann brach die Musik jäh ab: unser Glanzstück hatte sich unter atemlosen Schweigen zu vollziehen.
Wir standen mit dem Rücken zum Publikum. Gleichzeitig ließ jeder von uns dreien seinen steifen Hut vom Kopf über die Arme trieseln, in derselben Kreiselbewegung durch die Luft fliegen und wieder auf dem Kopf landen, ehe die Leute auch nur erraten konnten, wie wir das eigentlich machten. So sollte es wenigstens sein – aber da passierte es: Ich ließ meinen Hut fallen. Ein hörbarer Ruck ging durch das Publikum. Die Melone kullerte über die Bühne bis an die Rampe, wo sie gnädigerweise innehielt, statt ins Orchester zu hüpfen. Da ich das Publikum im Rücken hatte, vergaß ich in diesem Moment, daß ich kein Chorus-Girl mehr war, sondern im Mittelpunkt der Beachtung stand.
»Schiet!« zischte ich – in der irrigen Meinung, höchstens meine beiden Partner könnten mich hören.
Wieder ein hörbarer Ruck in den ersten Reihen des Zuschauerraums, und das Wort wurde kichernd und flüsternd bis nach hinten weitergegeben. Aus, dachte ich. Nun habe ich so lange geschuftet, so lange gewartet – und das ist das Ende!
Ich flitzte zur Rampe, hob die Melone auf, knallte sie mir auf den Kopf, grinste so etwas wie eine achselzuckende Entschuldigung ins Publikum und führte die Nummer irgendwie zu Ende. Wie, weiß ich nicht mehr. Ich weiß auch nicht, ob hinterher geklatscht wurde oder nicht, und der Rest des zweiten Aktes ist meinem Gedächtnis vollends entschwunden.
Endlich fiel der letzte Vorhang, und dann hob er sich wieder für den Schlußapplaus.
Ich traute meinen Augen und Ohren nicht. Das Publikum stand, brüllte vor Begeisterung und warf mir Kußhändchen zu. Ich fühlte mich wie in einer Riesenumarmung. Das Ensemble trat im Halbkreis zurück und applaudierte mit.
Ich stand ganz allein in der schwarzweißgestreiften Häftlings-Pyjamajacke – die passende Hose dazu trug mein Partner Eddie Foy. Ich winkte dem Ensemble frenetisch zu, es solle wieder ordentlich in Reih und Glied treten, aber sie wichen alle noch mehr zurück und ließen mich allein den Beifall entgegennehmen. Ich fühlte mich plötzlich unheimlich isoliert. Wenn man vom dritten Lebensjahr an nur Ballett

getanzt hat, ist einem der Teamgeist in Fleisch und Blut übergegangen. Das eigene Talent ist nur Teil eines Ganzen. Man denkt kaum noch daran, daß man besonders hervortreten könnte. Gewiß, der Wunsch ist da, aber man hat ihn jahrelang unterdrückt. Darum veränderte sich bei diesem Solo-Debüt *Picknick im Pyjama* die ganze Welt für mich. Ich war im wahrsten Sinne des Wortes »aus der Reihe getanzt« und mußte den Preis dafür bezahlen: Einsamkeit. Und doch fühlte ich, während der Beifall andauerte und der Vorhang sich immer wieder hob und senkte, daß ich nun etwas ganz Neuem angehörte. Von heute an konnte und durfte ich aus der Reihe tanzen und ich selbst sein, und es war daher meine Pflicht, dieses Selbst so gut zu entwickeln, wie es nur immer in meinen Kräften stand. Keine geschwärzten Zähne, keine Eisreklame mehr! Alles war anders geworden. Training, Arbeit und Kampf waren auf eine höhere Stufe gerückt. Talent besteht bekanntlich aus 99 Prozent Transpiration.

Endlich in die Garderobe zurückgekehrt, klappte ich zusammen. Aber Steve erwartete mich schon mit den Worten: »Wir haben eine Menge zu tun. Deine Schwipsszene im zweiten Akt war unecht. Wir müssen also vor allem ausgehen und dafür sorgen, daß du mal einen richtigen Schwips kriegst. Dann wirst du es dir für immer merken.« Er wischte mir lächelnd den Schweiß von der Stirn. »Nebenbei bemerkt — du warst großartig.«

»Wirklich?«

»Für das Publikum auf jeden Fall. Aber du hast noch sehr viel zu lernen.«

»Danke«, murmelte ich, innerlich ergrimmt, daß er mich nicht auf meinen Lorbeeren ausruhen ließ.

»Dein herzhaftes ›Schiet‹ war übrigens ... na ja. Ich glaube, ein Star kommt eher aus dem Chor als die Chorgewohnheiten aus einem Star. Ich habe vorhin mit Hal Prince gesprochen. Carol Haney wird mindestens drei Wochen außer Gefecht sein. Und nun komm — besaufen wir uns!«

Am zweiten Abend, als ich als Ersatz für Carol auf der Bühne war, lernte ich einen weiteren Mann kennen, der entscheidend in mein Leben eingreifen sollte, auch wenn ich später (was ich damals nicht wußte) heftig mit ihm aneinandergeriet, vor Gericht und anderswo. Zunächst führte er sich mit den Worten ein, von denen jedes junge Mädchen träumt.

»Miß MacLaine, mein Name ist Hal Wallis. Ich möchte

Ihnen einen Filmkontrakt anbieten. Für Hollywood.« Er stand ganz bescheiden im Bühnengang und wartete auf mich, als ich nach der Vorstellung aus der Garderobe kam.
Hal Wallis!
Ich sah einen eleganten, leicht verwachsenen, offensichtlich reichen Herrn vor mir, mit kühl abschätzendem Blick und sonnengebräuntem, birnenförmigem Gesicht. Natürlich kannte ich den Namen des großen Filmproduzenten, fiel aber trotzdem nicht in Ohnmacht.
»Sind Sie nicht der, der die Filme mit Dean Martin und Jerry Lewis macht?« erkundigte ich mich.
»Ja. Die habe ich auch entdeckt.«
»Auch —?«
»Ja. Heute abend habe ich Sie entdeckt. Ich war in der Aufführung.«
»Wollen Sie mich zu einem der Mädchen machen, die bei Ihnen dauernd in gelben Sonnenhöschen treppauf und treppab rennen?«
»Ähem ... Steht Ihnen eine andere Farbe besser?«
Das war nur das erste Vorgeplänkel.
Wir verabredeten uns auf seinen Wunsch für später. Steve und ich zogen zu dem Rendezvous, das im Plaza-Hotel stattfand, extra unsere abgewetzten Blue jeans an.
Der Oberkellner, offenbar auf unser Erscheinen vorbereitet, ließ uns trotz der schockierenden Blue jeans in den Saal und steuerte uns zu einem Ecktisch, an dem sich Wallis mit gequältem Grinsen (denn er legte großen Wert auf Äußeres) zu unserer abermaligen Begrüßung erhob.
Er bewirtete uns mit Drinks, Suppe, Salaten, saftigen Steaks und einem tollen Dessert. Er selbst begnügte sich mit Ry-Krisp. Im Laufe der Unterhaltung begriff ich auch, warum. Seine mindestens vierzig Millionen Dollar waren ihm so ans Herz gewachsen, daß er es kaum ertragen konnte, sich von einem davon zu trennen.
Was er mir offerierte, war ein Siebenjahresvertrag mit Nebenrechten; allerdings behielt er die meisten Nebenrechte sich selbst vor. Nachdem wir unser Kirschendessert aufgelöffelt hatten, meinte Steve, wir wollten das Angebot lieber noch ein bißchen in der Schwebe lassen, bis ich einen passenden Manager gefunden hätte. Außerdem wollten wir abwarten, ob nicht noch andere Angebote kämen.
Wir bedankten uns sehr herzlich für das Genossene und

kehrten in unser Apartment zurück, um an meiner Schwipsszene weiterzuarbeiten.
Theateragenten wittern erstaunlich schnell, wo es frisches Fleisch gibt. Vor meiner Tür warteten schon drei weitere Abgesandte von drei verschiedenen Agenturen, bei denen ich eine Woche früher, wenn *ich* mich um ein Engagement beworben hätte, nicht über die Vorzimmerdame hinausgelangt wäre. Ich beobachtete staunend, wie Steve mit allen fertig wurde. Weder ich noch sonst ein geschäftsunerfahrenes junges Mädchen wäre dazu imstande gewesen. Ich verließ mich schon damals ganz auf ihn.
Während wir Wallis hinhielten, konzentrierte ich mich mit Steves Hilfe auf die Verbesserung meines Spiels im *Picknick im Pyjama*. Allnächtlich nach der Vorstellung probte Steve mit mir. Auch einige mit ihm befreundete Regisseure wurden zwecks Rat und Kritik hinzugezogen. Er fand auch einen zuverlässigen Manager für mich, der keiner der gefräßigen Korporationen angehörte, und er sorgte dafür, daß alle bedeutenderen Hollywood-Vertreter mich auf der Bühne sahen.
Sie kamen und sahen mich, und ich wunderte mich, daß sie sich soviel Mühe machten. Denn wenn sie sich hinterher mit mir unterhielten, hatten sie immer nur zwei brennende Fragen:
Erstens: Wie waren meine genauen Körpermaße?
Zweitens: Wäre ich bereit, für Pinup-Photos zu posieren?
Keiner machte ein vernünftiges Angebot. Übrig blieb also nur Wallis, der Mann mit der Spürhundnase.
Ich wandte mich ratsuchend an Hal Prince, und der meinte: »Gehen Sie vorläufig nicht nach Hollywood. Sie haben noch nicht genügend Erfahrung. Machen Sie lieber erst noch ein paar Broadway-Shows mit.«
»Wieder im Ballettkorps??«
»Egal, als was. Wenn Sie jetzt schon nach Hollywood gehen, wird man nie wieder etwas von Ihnen hören.«
Mein neuer Manager setzte einen leicht abgewandelten Vertrag mit Wallis durch, der mich nur für fünf, nicht für sieben Jahre band. Ich unterschrieb.
»Sie werden es bereuen!« jammerte Hal Prince.
Doch nun kehrte die genesene Carol Haney an ihren Platz zurück; ich verschwand wieder im Chorus und wartete auf Wallis' Ruf nach Hollywood.

Zwei Monate später mußte ich wieder für Carol einspringen. Diesmal hatte die Ärmste eine Kehlkopfentzündung und konnte keine Silbe hervorbringen. Und abermals war ein wichtiger Mann im Publikum – ein Abgesandter von Alfred Hitchcock.
Nach der Vorstellung besuchte er mich in der Garderobe und sagte: »Mr. Hitchcock sucht eine aparte Hauptdarstellerin für seinen nächsten Film *Immer Ärger mit Harry (The Trouble with Harry).* Ich glaube, Sie wären gerade die Richtige dafür.«
»Ich?« heulte ich auf. »Ich habe doch schon einen Vertrag mit Hal Wallis!«
»Mr. Hitchcock weiß das. Er bittet Sie, ihn trotzdem morgen in seinem Apartment im St. Regis aufzusuchen. Wenn Sie ihm gefallen, wird er sich mit Wallis schon irgendwie einigen.«
Am nächsten Tag klingelte ich pünktlich an der Tür von Hitchcocks Hotelsuite. »Nur herein, mein Kind.« Der Tonfall war unverkennbar, noch ehe er höchstpersönlich die Tür aufriß und mich zum Sitzen einlud. »Machen Sie sich's bequem und erzählen Sie mir, in welchen Filmen Sie bisher mitgewirkt haben.«
Na, dachte ich, dieses Interview wird nicht lange dauern. »Leider in gar keinem, Sir.«
Hitchcock sah mich an, nickte gedankenvoll und begann im Zimmer auf und ab zu schreiten. »Vielleicht könnte ich dann eine Fernsehshow sehen?«
»Nein, Sir. Ich war auch noch nie im Fernsehen.«
»Hm... Was haben Sie am Broadway gemacht?«
»Ich bin im Corps de Ballet.«
»Wollen Sie behaupten«, er lief noch immer hin und her, »daß Sie noch nie eine richtige Rolle gespielt haben?«
»Doch, Sir, aber nur aushilfsweise.«
Er machte abrupt halt, stützte den Fuß schwer auf einen Schemel und die Ellbogen auf das gebeugte Knie, alles in einer einzigen blitzschnellen Bewegung. »Dann sind Sie also ein richtiger Grünschnabel, oder?«
»Es sieht so aus, Sir.« Ich stand auf. »Soll ich nicht lieber gehen?«
»Von wegen! Setzen Sie sich! Ihre Aussagen zeigen mir, daß ich Ihnen weniger schlechte Angewohnheiten austreiben muß als den andern. Sie sind engagiert.«

Ich sank in meinen Sessel zurück.
»Ich brauche Sie in drei Tagen in Vermont«, fuhr er fort. »Können Sie das schaffen?«
Mir lag die Gegenfrage auf der Zunge: »Was denken Sie denn?« – aber dazu kannte ich ihn noch nicht gut genug.
Ich verließ das Hotel wie im Traum und schwebte auf Wolken in unser Apartment, wo Steve mich erwartete. Ich sprudelte meine Neuigkeiten heraus. Vermont – in drei Tagen! Und niemand verlangte von mir, in einem gelben Sonnenhöschen treppauf, treppab zu laufen!
Steve freute sich mit mir, um so mehr, als wir in eine Gegend kamen, in der er einen Teil seiner Kindheit verbracht hatte.
Hal Prince und Bobby Griffith, meine Broadway-Produzenten, waren weniger entzückt und meinten, ich beginge einen schweren Fehler.
»Aber Sie entlassen mich doch aus meinem Chorus-Kontrakt?« bat ich.
»Meinetwegen«, war die Antwort. »Sie werden bald genug zurückkommen.«

Am nächsten Tag, zwischen der Nachmittags- und Abendvorstellung, ließen Steve und ich uns standesamtlich trauen, was niemanden mehr überraschte.
Nach der Zeremonie fuhr ich ins Theater, gab meinen Abschiedsauftritt im *Picknick im Pyjama,* dankte Bobby und Hal für ihr Verständnis, verabschiedete mich von allen Kollegen – und eilte meiner Hochzeitsnacht entgegen, die sicher eine der verrücktesten der gesamten Weltgeschichte wurde.
Ich habe nur einmal von einem frischgebackenen Ehepaar gehört, das seine Hochzeitsnacht splitternackt mit *Parchesi*-Spielen verbracht haben soll. Bei uns wurde es nicht ganz so schlimm. Und unsere Gründe hatten nichts mit Psychiatrie zu tun, sondern mit dem geltenden Recht.
Vor meiner Heirat galt ich juristisch noch als Minderjährige, und meine Eltern hatten meine Verträge mit unterzeichnen müssen. Mit der Eheschließung wurde ich, obwohl erst zwanzig, automatisch volljährig und durfte, wenn ich wollte, alle bisherigen Verträge für ungültig erklären und selbständig neue abschließen.
Nun hatte ich damals noch gar nicht den Wunsch, meinen Vertrag mit Wallis rückgängig zu machen. Aber mein Manager – derselbe, den wir für so zuverlässig gehalten hatten –

entpuppte sich als Aasgeier. Er verkaufte mich sofort an die »Famous Artists«, eine große Agentur, was meinen ersten Rechtsstreit nach sich zog.

Agenten haben eine Nase für leichten Gewinn. Mit dem Tage meiner Mündigkeit war ich für kurze Zeit wieder vogelfrei, und die Tatsache, daß Hitchcock mich für einen Film engagiert hatte, gab mir offensichtlich neuen Glanz.

Ich hatte meine Wohnung am Hochzeitsmorgen weitervermietet, und Steve wohnte offiziell im Lambs Club, in dem keine Frauen über die Schwelle dürfen. Da wir uns nichts Besseres leisten konnten, nahmen wir ein kleines Zimmer im Piccadilly-Hotel, dem Theater gegenüber.

Von dem Moment an, als wir nach meiner Abschiedsvorstellung aus dem Bühnenausgang traten, glich alles weitere einem Groteskfilm.

Sechs Vertreter der Famous Artists blockierten unseren Weg, schwenkten Vertragsformulare, boxten sich gegenseitig weg, traten einander auf die Füße und schrien im Chor: »Kündigen Sie alles! Unterschreiben Sie hier! Wir machen einen Star aus Ihnen! Hier, hier ist der Kontrakt Ihres Lebens!«

Steve und ich wichen ins Theater zurück und schlugen ihnen die Tür vor der Nase zu. Aber als wir zum Vordereingang herauswollten, sahen wir uns wieder einem Rudel mit gierig funkelnden Augen gegenüber. Ein sehr schmächtiger kleiner Mann versuchte sich sogar durch die Gitterstäbe der Kasse zu zwängen. Wir flüchteten aufs neue, rannten zum Nachtwächter und baten um Schutz. Er zeigte uns einen Geheimgang, der so alt sein mußte, daß wahrscheinlich schon Fanny Brice und Nicky Arnstein ihn benutzt hatten, und so stahlen wir uns aus dem Theater und hinüber ins Piccadilly-Hotel und dachten, wir hätten das Ärgste überstanden.

Aber als wir aus dem Lift kamen, sahen wir schon von weitem, daß unsere Zimmertür weit offenstand und drinnen, gedrängt wie die Heringe, Agenten mit Vertragsformularen und gezückten Kugelschreibern auf uns warteten.

Dafür war unser Gepäck verschwunden.

»Wir haben Ihnen die Hochzeitszimmer im Sherry-Netherland-Hotel reservieren lassen«, erklärte eine dunkle Type, die sich dann als Präsident der Famous Artists vorstellte, »natürlich auf unsere Kosten. Und Ihre Kleider haben wir schon vorausgeschickt, um sie aufbügeln zu lassen.«

Auf dem wackligen Tischchen stand eine Superflasche Cham-

pagner, rundherum mit geeistem Kaviar garniert. Ein kleiner Dicker wies mit grandioser Geste darauf hin. »Eine Aufmerksamkeit von der William-Morris-Agentur«, erläuterte er.
In gefährlicher Nähe unseres Brautbettes schwankte eine dreistöckige Hochzeitstorte. In der Zuckerglasur steckte eine Karte mit den Worten: »Wir kommen, sobald die anderen Gauner weg sind! M. C. A.« Ich brach in Lachen aus, und Steve übernahm die Verhandlungen.
»Tja, meine Herren, was schlagen Sie vor? Es ist ja wohl klar, daß meine Frau nicht mit Ihnen allen abschließen kann.«
Der Präsident der Famous Artists, der unser Gepäck bereits umgeleitet hatte, ergriff das Wort. »Ich dachte, wir begeben uns in die Hochzeitssuite des Sherry-Netherland-Hotels und unterhalten uns in angenehmer Umgebung.«
»Nur wenn wir alle mitkommen!« schrien die Konkurrenten.
»Unten wartet eine Limousine — Aufmerksamkeit der William-Morris-Agentur«, sagte der kleine Dicke. »Fahren wir?«
Steve und ich wechselten einen belustigten Blick. »Shirley und ich gehen lieber«, sagte er. »Wir treffen uns dort.«
Alle erstarrten. Sie dachten, wir wollten ihnen entwischen, oder wir hätten schon eine geheime Verabredung mit einem von ihnen, und die anderen gingen leer aus.
Argwöhnische Blicke werfend, machten sie sich an die Arbeit. Wie die Angestellten einer Lieferfirma bepackten sie sich mit den Hochzeitsgaben, und wir zogen im Gänsemarsch hinunter, Steve und ich an der Spitze. Hinter uns keuchten Agenten unter der Last der Hochzeitstorte, des Champagners und des Kaviars. Keiner wollte in die Limousine steigen. Der verdutzte Chauffeur fuhr langsam neben uns her.
So zog die sonderbare Karawane ostwärts über die 44. Straße zur Fifth Avenue und immer weiter zur 59. und dem Sherry-Netherland. Die Hochzeitstorte erregte natürlich allgemeines Aufsehen. Ein Passant grölte: »He, junge Dame, welcher von den Kerlen ist denn der glückliche Bräutigam?«
Endlich erreichten wir als geschlossener Trupp das Hotel und wurden in die prunkvollen oberen Regionen hofiert. Die berühmte Flitterwöchner-Suite war tatsächlich ein Märchentraum — oder wäre es gewesen, wenn uns dort nicht schon weitere gerissene Agenten aufgelauert hätten. Ein zwölf Fuß

langes, mit schneeigem Damast gedecktes kaltes Buffet, flankiert von gardeoffizierähnlichen Lohndienern, war aufgestellt, unsere frischgebügelten Kleider hingen im Schlafzimmer, und eine Art Kammerfrau stand sprungbereit für den Fall, daß wir uns umziehen wollten.
Das Hochzeitslager war mit Schweizer Spitzen bezogen, und die beiden Nachttischlämpchen schimmerten sanft wie Pfirsicheisbecher. Das Badezimmer spiegelte nur so von Kristallglas und hatte eine eingelassene Badewanne von der Größe eines mittleren Swimmingpools. Die Toilette erhob sich lotosblumengleich aus einem See von kuscheligem rosa Frottee. In dem weiten Zwischenraum zwischen Toilette und Wanne hätten wir Polo spielen können.
Kurzum, es war die geeignetste Umgebung, alle etwa vorhandenen Flitterwochengefühle im Keim zu ersticken.
»Du, Steve...«, ich lauschte erschreckt dem hallenden Echo meiner eigenen Stimme, »... ob wir sie alle einladen sollen, die ganze Nacht dazubleiben und zuzusehen?«
Es bedurfte keiner Einladung. Sie waren ohnehin sämtlich auf eine lange Nachtwache vorbereitet.
Steve ließ sich resigniert in einen Sessel sinken, öffnete reihenweise Sektflaschen und animierte alle Anwesenden zum Trinken. Die ungebetenen Gäste, einschließlich der Lohndiener, waren tief beeindruckt von seiner Kameradschaftlichkeit. Sie wußten nicht, daß Steve, je mehr er trinkt, desto besser reden kann und jeden, der es ihm gleichtun will, um Längen schlägt.
Das Telefon klingelte unaufhörlich. Die verschiedensten Hollywood-Agenturen riefen an, um sich nach dem Stand der Dinge zu erkundigen. Jedesmal nahm Steve den Hörer ab, ehe ihm einer zuvorkommen konnte, und hielt fließende Vorträge über die Brooklyn Dodgers oder die Aussichten auf einen baldigen Stopp der Atombombenversuche.
Die Agenten hatten sich auf die Fensterbretter verteilt, bargen die Köpfe in den Armen, lagen mit halbem Oberkörper auf dem Schreibtisch. Ihre Augen wurden glasig oder verquollen, und Steve begann allmählich unter ihnen aufzuräumen. Einige Zeit nach Mitternacht verließen die Lohndiener das Lokal. Ich schlief auf dem Sofa ein.
Als ich um sieben Uhr früh aufwachte, lagen immer noch in allen Ecken des Prunkzimmers Agenten herum. Sie waren nicht mehr zu sprechen. Steve redete noch.

Wir zogen uns heimlich um und packten. Ehe wir uns französisch verabschiedeten, sprangen wir auf dem herrlichen Brautbett herum wie auf einem Trampolin — nur um es doch wenigstens irgendwie benutzt zu haben. Dann fuhren wir zum Flughafen, Vermont und der Filmwelt entgegen. Mir schien es lange her, seit ich nachts in der elterlichen Küche Crackers mit Tabascosauce verschlungen hatte.

4

Das Aufnahmeteam brüllte ohrenbetäubend durcheinander. Was da gebrüllt wurde, war ein Gemisch von Rotwelsch und abgedroschenen Filmblödeleien, das ich noch nie gehört hatte und von dem ich keine Silbe verstand. Auch den großen Hitchcock, der wohlwollend mit seinem Spitzbäuchlein auf mich zu watschelte, verstand ich zunächst nicht, wenn er auf diese Art witzelte. Natürlich hatte ich das Gefühl, alles falsch zu machen, und entdeckte erst später, daß einige der Redensarten als Lob aufzufassen waren.

Wir waren in Vermont — und waren es nicht. Vermont war zugleich real und ein unbekanntes, mythisches Reich mit eigenen Gesetzen und Maßstäben, eben ein Hollywood-Filmgelände. Seine Einwohner, zu denen wir nun gehörten, taten, als gäbe es gar keine Außenwelt mehr. Unser Nationalbanner bestand aus Flitter, und die Nationaldevise hieß: Arbeite, amüsiere dich und vergiß, oder auch gelegentlich: Hör zu und lerne. Die Sozialstruktur war so starr und eindeutig wie jede beliebige Militärhierarchie. Name, Rang und Gage bestimmten die gesellschaftliche Reihenfolge.

Der Regieassistent, erfüllt von der Gesetzmäßigkeit besagter Hierarchie, näherte sich mir.
»Warum picknicken Sie unter diesem Baum — und mit solchen Leuten?«
»Die Dame ist meine Friseuse, und der Herr ist mein Maskenbildner. Sie sind die einzigen in dem Film, die ich bisher näher kennengelernt habe, und ich betrachte sie als Freunde.«

»Sie müssen aber drüben an dem Tisch mit der rotkarierten Decke und den echten Silberbestecken essen. Die sind extra für Sie hingelegt worden. Sie sind der Star.«
»Irgendwann mal vielleicht«, erwiderte ich. »Vorläufig fühle ich mich noch ganz als Chorus-Girl.«
Er seufzte und half mir auf die Füße. »Fühlen Sie sich, als was Sie wollen. Aber nun kommen Sie bitte mit.«
Ich bemerkte mit Trauer, daß meine beiden Freunde, die Lohnsklaven, bereits das Weite suchten, wobei sie noch den Rest ihrer Milch aus den Pappbechern sogen. Man behelligt einen Star nicht mit unerwünschter Vertraulichkeit.
Mißmutig trat ich in meine hochhackigen Schuhe. Ein Star kann nicht gut barfuß zum Tisch der Herren gehen.

Solange man für eine Filmgesellschaft arbeitet, werden alle Spesen bezahlt. Ich konnte es kaum fassen, daß ich auf einmal so viel essen durfte, wie ich wollte, ohne die Rechnung zu sehen. Ich futterte all meine Lieblingsgerichte: Pfannkuchen, Würstchen, Eier, vier Scheiben Toast mit Marmelade plus Orangensaft und hinterher noch eine duftige Waffel mit Ahornsirup — das war mein Frühstück in der für uns gemieteten Wohnung. Gegen elf Uhr vormittags stürmte ich in die Kantine, um Apfelkuchen und Kaffee zu mir zu nehmen. Zur Lunchzeit aß ich erst richtig: zwei bis drei Portionen von allem, was geboten wurde, und danach wieder Apfelkuchen mit Eiskrem. Zur Teestunde gab es immer exquisite französische Törtchen mit Schlagsahne und Borkenschokolade. Und beim Abendessen war ich schon wieder dem Hungertod nah. Nach einem gewaltigen Steak nebst gebackenen Kartoffeln mit Sauerrahm und Schnittlauch, dazu Toast mit Butter, nahm ich gern noch einen Hummer aus Maine, der eigens für die Gesellschaft eingeflogen worden war, und zwei Portionen Dessert. Dann erst ging ich beruhigt zu Bett.
Der Erfolg blieb nicht aus. Nach drei Wochen hatte ich 25 Pfund zugenommen. Bei Beginn der Dreharbeiten war ich noch elfenhaft schlank, aber als wir den Film-Harry zum letztenmal begruben, glich ich einem Luftschiff.

Es war rührend, wie das Team um mich besorgt war. Einmal, beispielsweise, fühlte ich, wie mir der Staub in die Nase kroch. Ich kämpfte um Selbstbeherrschung, schnaubte unterdrückt in ein Kleenex, aber der Staub saß fest, und ich

wußte, daß die Explosion nicht mehr lange auf sich warten lassen würde. Dabei mußte ich doch dringend das Spiel meiner Kollegen studieren, um endlich zu lernen, wie man einen Film, der 30 000 Dollar pro Tag kostet, unfallfrei abdreht! Aber der Juckreiz in meiner Nase kribbelte sich allmählich bis zum Siebbein empor. Ich konnte es nicht länger aushalten.
»Haa--tschiii!« Mein unüberhörbares Niesen ruinierte eine gute Aufnahme. Ich entschuldigte mich zerknirscht.
»Um Himmels willen«, schrie der Regieassistent, statt mich auszuschimpfen, »macht die Türen zu! Mir egal, wie heiß es hier drin wird – Hauptsache, die Kleine kriegt keinen Schnupfen!«
So was tut einem gut. Man fühlt, daß man gebraucht wird.
... Außerdem wirkte offenbar die Tatsache, daß ich noch in den Flitterwochen war, besonders romantisch auf die ausgehungerte Phantasie des Filmteams.
»Warum, zum Teufel«, hieß es, »mußte sie gerade am Start ihrer Karriere heiraten? Sie hätte sich von nichts und niemandem aufhalten lassen dürfen!«
»Schlecht beraten vermutlich. Na, jedenfalls ist ihm der Zutritt hier untersagt.«
Ich löste mich von der schützenden Mauer, an die ich zurückgewichen war, und tauschte die vom Drehbuch vorgeschriebenen langen, leidenschaftlichen Küsse mit meinem Partner. Wir mußten zehnmal proben, bis die Szene überzeugend genug ausfiel, um gedreht zu werden.

Jeden Morgen um 4.30 Uhr bummerte es an unsere Tür: der reitende Bote, der Herold war da, um mich ins Reich der Illusionen zurückzuführen.
Ich mußte Steve verlassen und in die frostige Morgenluft hinausstolpern, und wenn dann die Sonne heraufkam und die Kameras aktionsbereit waren, wurde ich die wunderliche junge Drehbuch-Witwe, die in den Hügeln Vermonts herumstrich und die Leiche ihres Gatten mehrfach aus- und wieder eingrub, die Erde festklopfte, den Spaten schulterte und so nonchalant in die Kamera lächelte, wie Mr. Hitchcock es wünschte.
Steve verlassen ... Der Gedanke würgte mich in der Kehle. War das der Preis? Hatte ich mein Leben lang daran gearbeitet, meine ehrgeizigen Träume wahr zu machen, um zu

entdecken, daß der Moment der Erfüllung meinen tiefsten Lebensinhalt gefährdete? Ich schaute auf mein zwanzigstes Jahr zurück: es war in mancherlei Hinsicht ein gutes Jahr gewesen. Aber was Steves und meine Liebesgeschichte betraf, so stand sie noch immer im Beginn. Und ich mußte Steve gerade jetzt jeden Tag in herbstkühler Morgenfrühe allein lassen. Er schien sich damit abzufinden. Das wirkliche Drama fing erst an, als die Situation umgekehrt war.

Steve und ich waren mit ganzen anderthalb Dollar gemeinsamen Vermögens in Hollywood angekommen, um *Immer Ärger mit Harry* abzudrehen. Alles, was wir sonst besaßen, mein Gagenvorschuß inbegriffen, war bei der Bezahlung unserer Schulden in New York und unserer vorläufigen Einrichtung in der Traumfabrik draufgegangen.

Durch halbgeschlossene, vom Smog gereizte Augen musterten wir die ersten Einwohner Hollywoods, die uns begegneten. Sie waren sämtlich bronzebraun, hatten Jackettkronen oder falsche Gebisse und trugen enorme Sonnenbrillen. Sie hatten Gesichter, aber keine Augen. Das von den blendendweißen Häusern widergestrahlte Sonnenlicht nötigte mich zu dauerndem Zwinkern.

Aber die sprunghafte, gespannte Atmosphäre New Yorks war weg. Die Leute bewegten sich hier wie in Zeitlupe.

Die Männer in Tennis-Shorts, die im Empfangsgebäude des Flughafens Gin und Mineralwasser balancierten, waren nicht etwa mangelhaft bekleidete Luftlinienangestellte, wie wir zuerst dachten, sondern hochbezahlte Filmmanager, die sich den Umständen angepaßt hatten. In Kalifornien werden die wichtigsten Filmgeschäfte auf sonnendurchglühten Golfplätzen abgeschlossen oder am Rande türkisfarbener Swimmingpools, wo Gartengrilldüfte auf der sanften Brise schweben und Cool Jazz aus Stereoanlagen Menschen berieselt, die ihr Grundstück nur selten verlassen.

Von einem MCA-Manager geleitet, der den New Yorker Einfluß noch nicht verleugnen konnte (man sah es an dem schwarzen Anzug und der langen, dünnen Krawatte), wurden wir in einem Cadillac durch Bel Air und Beverly Hills gefahren. Palmengesäumte Boulevards, kreisrunde Auffahrten, Rolls-Royces, japanische Gärtner, smaragdgrüne, luxuriöse Herzogtümer: alles zeigte den Abglanz der phantastischen Profite, die das Filmgeschäft bringen kann.

Teure Kinderwagen wurden von weiß uniformierten Kinder-

mädchen spazierengefahren, während die Herzoginnen den Tag im Komfort ihrer pastellenen Patios verdösten und sich nur gelegentlich regten, um mit zarter Hand im Brunnen zu plätschern. In Schweizer Stickereikleidchen, Spielzeug aus Uncle Bernie's Toy Shop in den Armen, wurden die Kinder der Reichen und Prominenten an der Hand durch ihre Tage geführt; sie wichen schon von selbst jeder Pfütze aus, in der sie normalerweise sicher gern gespielt hätten. Dafür durften sie — stets unter Aufsicht — in Onkel Bernie's »richtigen« Autos fahren oder auf seinen batteriebetriebenen Kamelen reiten, die sie, naturgerecht wiegend, durch imaginäre Wüsten dem Abend entgegentrugen.
Für Steve und mich war jede der palastartigen Villen eine neue Sensation. Ob sie sich nun auf gepflegten Hügeln spreizten oder in lauschigen Parks verbargen — jede war ein Juwel, einzeln auf grünem Samt ausgestellt, und führte uns so recht zu Gemüte, was für arme Schlucker wir waren.
Es dauerte ziemlich lange, bis wir Bel Air und Beverly Hills auch nur besuchsweise wiedersehen wollten. Bis dahin hatten wir erkannt, wieviel an dem überwältigenden Eindruck des ersten Nachmittags nur Fassade war. Das richtige Hollywood sah weitgehend anders aus.

Wir kauften auf Kredit einen gebrauchten grünen Buick für 45 Dollar und fuhren an die Küste von Malibu. Dort mieteten wir eine winzige Einzimmerwohnung in einem Pfahlbau, der bei jeder Brandungswoge in seinen Grundfesten erzitterte. Ich stand weiterhin allmorgendlich um 4.30 Uhr auf und versuchte meine Hausfrauenpflichten zu erfüllen: Waschen, Bügeln, Putzen und mit Hilfe eines Kochbuchs Herumexperimentieren. Um sechs fuhr Steve mich zum Studio, wo die letzten Szenen von *Immer Ärger mit Harry* abgedreht wurden.
Eines Abends, als wir auf dem Heimweg vor einer roten Ampel stoppten und uns friedlich unterhielten, prallte jemand von hinten so heftig auf uns auf, daß mir die Füße über den Kopf flogen. Ich wußte nicht mehr, wo oben und unten war, griff aber schreiend nach Steve. Der Stoß hatte unseren Wagen auf die andere Seite der Fahrbahn in den entgegenkommenden Verkehr geschleudert, den Kofferraum eingedrückt und Steve in gräßlich verdrehter Haltung unter dem Steuerrad festgeklemmt. Aber er rief mir zu: »Bist du in Ordnung?«

Er lebte also, aber mich packte rasende Wut, als ich sah, wie er zugerichtet war. Ich befreite mich aus der eigenen Klemme und sauste zu dem Wagen, der uns angefahren hatte. Eine platinblond gebleichte Person saß am Steuer und machte große Puppenaugen, als ob gar nichts geschehen wäre. Ich schrie sie an. Sie lächelte nur. Aber als ich genauer hinsah, merkte ich, daß sie vor Schreck wie gelähmt war, und gab es auf, sie zur Rede zu stellen.

Steve wurde per Krankenwagen abtransportiert; er hatte ernste Schnitt- und Quetschwunden und eine verrenkte Kniescheibe. Ich mußte einen Monat lang den Arm in der Schlinge tragen, die ich nur vor der Kamera abnahm.

Die Platinblonde stellte sich übrigens als unsere nächste Nachbarin heraus, und der schrottreife Buick wurde bald durch einen MG ersetzt, ein nachträgliches Hochzeitsgeschenk von Hal Wallis. Da Steve im Krankenhaus war, blieb mir nichts anderes übrig, als selbst fahren zu lernen.

Mit Beendigung von *Immer Ärger mit Harry* wurde ich rasch als »aufsteigender junger Stern« bekannt. Steves Nachnamen kannte kein Mensch. Die Reklameabteilung legte uns nahe, uns gemeinsam bei der Premiere sehen zu lassen. Ich borgte mir ein abgelegtes Abendkleid von Joan Crawford aus dem Fundus, und so fuhren wir in unserem MG vor, einem Wagen, der nicht gerade für lange Kleider bestimmt ist. Während ich noch mit meinen Beinen und dem Rock kämpfte, um aus der Autotür zu kommen, stiegen überall Stars aus ihren chauffeurgelenkten Limousinen, einstige und gegenwärtige Berühmtheiten, junge und alte, strahlende und verbleichende, um über den dicken Teppich, der von der Bordschwelle bis ins Theaterfoyer ausgerollt war, zu schreiten und sich von den Horden ihrer Fans zujubeln zu lassen. Natürlich geht kein Star in eine Kinopremiere, um sich den Film anzusehen. Sie gehen hin, um gesehen zu werden, und ihre Auftritte sind heimliche Publicitywettbewerbe. Majestätisch, nach außen hin unberührt von Applaus und Fanfaren, schreiten sie über den Teppich, aber sie spitzen die Ohren, und alle ihre Sinne werden zu hochempfindlichen Gradmessern der Beifallsbekundungen. »Nur drei Minuten Jubelgeschrei heute abend«, meldet das innere Präzisionsinstrument. »Letzte Woche waren es vier. Vielleicht steht mir das Kleid nicht? Oder hätte ich nicht lieber dreißig Sekunden warten sollen, bis der Teppich ganz frei für mich war? Wem gilt denn jetzt die Auf-

regung hinter mir? Ob ich mich umdrehe? Nein, das würde einen miserablen Eindruck machen — ich brauche mich doch nicht für andere zu interessieren! Na, einen kurzen Seitenblick riskiere ich. Oh, es ist bloß diese stupide blonde Naive vom Fernsehen. Und deswegen schreien die Leute so? Die können sie doch jeden Donnerstagabend auf der Mattscheibe haben... Das Gewöhnlichste vom Gewöhnlichen.«
Und so weiter. Ein ätherisches Wesen in weißem Hermelin schwebt heran wie eine Schneeflocke mit hochgetürmter brandroter Frisur. Ein geschmeidiger Panther mit goldenen Flecken und goldenem Turban. Eine Portion Aprikoseneis mit raffiniert aufgesetzten Schokoladenschleifchen hängt am Arm eines von der Publicity-Abteilung ausgesuchten Begleiters.
Die Herren sehen aus wie frischgestärkte Pinguine. Sie lassen die nagelneuen Gebisse funkeln und lächeln huldreich ins Publikum, obwohl sie weit lieber in einer Bar beim Poker säßen. Und alles dies für einen Blick, ein anerkennendes Nikken des Allgewaltigen: Gut, mein Junge, so ist es richtig...
Unter dem Lächeln und Zähneblinken ist viel Furcht verborgen. »Bitte sagt, daß ihr uns noch liebt« — das ist das Stoßgebet der Könige und Königinnen des Films. Und wenn sie beim Volk nur lauen Beifall finden, kehren sie in ihre Paläste zurück und schlafen schlecht.

Immer Ärger mit Harry schlug wie eine Bombe ein, eine überaus raffiniert gemachte, mit subtilem Humor geladene Bombe, und ich kam ganz gut dabei weg. Man begrüßte mich als knusprige junge Neuentdeckung, ein komödiantisches Talent, ein frisches Gesicht. *Kooky* war das Modewort, mit dem man mich behängte und dem ich bald nicht mehr entrinnen konnte. Alles, was ich hatte, tat und sagte, war *kooky*. Ich habe im Lexikon nach der Herkunft dieses Wortes gesucht. Das Stammverwandteste, was ich finden konnte, war der australische Vogel *Kookaburra,* auch »Lachender Hans« genannt.
Für die Filmillustrierten und Klatschspalten war ich eine willkommene neue Beute.
Sie wohnt in einem Ein-Zimmer-Pfahlbau am Strand.
Sie ist noch nie in einem Hollywood-Swimmingpool gewesen.
Sie besitzt nicht einmal ein eigenes Abendkleid, geschweige denn einen Pelz.

Der Studiowächter schickt sie morgens manchmal mit den Worten weg: »Für heute bauchen wir keine Statisten mehr.«
Sie ist mit einem netten, verständnisvollen Mann verheiratet. Die beiden sind offenbar sehr ineinander verliebt ...
Ich hatte nie auf diese Art von Berühmtheit hingezielt. Es war nicht mein Bestreben, als Star zu gelten; auch jetzt betrachtete ich es höchstens als Nebenerscheinung. Ich wollte nur das, wozu ich fähig war, mit allen mir zur Verfügung stehenden Kräften tun. Eine andere Einstellung erschien mir nicht nur sinnlos, sondern gefährlich. Wenn Talent und Eigenart vorhanden sind, sollten sie auch entsprechend ausgedrückt werden. Können sie sich nicht Luft machen, so kehren sie sich nach innen und fressen sich ein wie der Fuchs, den der spartanische Jüngling unter der Toga trug.
Das Star-Sein brachte vieles mit sich, wovon ich nichts gewußt hatte und woran ich mich erst mühsam gewöhnen mußte. Zum Beispiel hatte ich mir bisher immer am meisten darauf zugute getan, daß ich von der Pike auf gelernt hatte. Der langsame Aufstieg hatte mir Zeit gegeben, mich anzupassen, zu reifen und alles gründlich zu überlegen. Vor jedem neuen Schritt hatte ich meine inneren Kräfte abgeschätzt und mich meiner selbst versichert. Jetzt, plötzlich ein »Star«, hatte ich nie mehr genug Zeit. Mir schwirrte der Kopf, wenn ich allem nachkommen wollte, was an mich herangetragen wurde. Die Tage waren eine einzige Hetze. Keine Zeit zur Besinnung. Meine Hauptaufgabe war, mich attraktiv zur Schau zu stellen.
Für mich war das kein angenehmes Gefühl. Mir kam es vor, als ginge ich mir Stück für Stück selbst verloren und würde von anderen für ihre eigenen Zwecke benutzt. Mit Nebensächlichkeiten war ich gern großzügig, aber mich selbst wollte ich nicht weggeben, und ich nahm es sehr übel, wenn mir wieder ein Stück Privatpersönlichkeit genommen wurde.

Mr. Hal Wallis war und ist eine höchst eindrucksvolle Figur. Er geht leicht gebeugt und etwas schlurfend und trägt Strickpullover und schwarze Slipper wie alle anderen auch, aber es nützt ihm nichts — er *ist* nun mal nicht wie die andern. Er steht außer Konkurrenz. Mit seiner Spürnase für Talente und seinem unfehlbaren Geschäftssinn hat er einige der brillantesten Filme produziert, die es je gab. Leider habe ich in keinem mitgewirkt.

Für Hal Wallis war und blieb ich »die Kleine, die ich aus dem Chorus geangelt habe«. Er betrachtete mich als sein fragloses Eigentum. Ich meinerseits wußte, daß ein Kontrakt ein Kontrakt ist und er mein Boß war, und zunächst ärgerte ich mich auch nicht weiter über seine Knickrigkeit. Immerhin war ich von einem Fünfundsiebzig-Dollar-Job in relative Höhen aufgestiegen; sein Vertrag billigte mir ein paar hundert mehr zu. Dennoch wünschte ich nicht wie eine Büchse Erbsen verkauft zu werden.
Ich war an harte Arbeit gewöhnt und tat sie gern. Ich war bestrebt und immer bereit, alle meine Energie einzusetzen, um meine Leistungen zu verbessern. Eine Büchse Erbsen hat das gar nicht nötig. Sie wird von einem Regal aufs andere geschoben und je nach Marktlage weiterverkauft. Ab und zu wird das Etikett aufgefrischt, um die Käufer anzulocken. Das Markenzeichen wird eingepreßt, und wenn das Stempeleisen weh tut... Nun, Gemüsekonserven spüren ja nichts. Statt empfindlicher Nerven haben sie ihren Produzenten, und der weiß alles am besten. Sollte eine kleine grüne Erbse eines Tages zu denken anfangen und sich äußern, so gäbe es einen schönen Aufruhr in der Fabrik. Meine kleine, runde Grüne-Erbsen-Rebellion mußte eines Tages kommen, aber ich brauchte noch etliche Jahre, um genügend Munition zu sammeln.
Zunächst nahm Wallis mich vom Regal, um einen Film mit Dean Martin und Jerry Lewis mit mir zu garnieren. Der Film hieß *Maler und Mädchen (Artists and Models)*, und richtig, ich mußte darin einen gelben Sonnenanzug tragen. Meistens rannte ich durch die Szenen und kreischte: »In welcher Richtung sind sie abgehauen?« und wenn ich Jerry dann endlich erwischte (ich bekam Jerry zugeteilt, meine Mitspielerin kriegte Dean), mußte ich mich auf ihn stürzen, ihn zu Boden reißen und festhalten. Damit verkörperte ich all die armen Mädchen im Publikum, die nie zu einem Mann kommen, wenn sie ihn nicht festnageln. Ich glaube, damals merkte ich zum erstenmal, daß es möglich ist, die Leute gleichzeitig zum Lachen und zum Weinen zu bringen.
In den Klatschspalten stand:
Sie wohnt immer noch in der Baracke am Strand.
Sie ist immer noch mit Mr. Wie-heißt-er-doch-schnell verheiratet, und sie scheinen sehr verliebt zu sein.
Aber wie lange kann das dauern?

Die Flammenschrift steht schon an der Wand.
Mister MacLaine...

Steve kam niemals aufs Filmgelände, solange ich dort arbeitete. Er war sehr viel allein. Er half mir, wo er konnte, aber ich wußte, daß sein Leben und sein Ruf als »ihr Manager« ihm mißfielen, auch wenn wir es nie offen aussprachen. Er war stolz auf meine Fortschritte und meine wachsende Selbständigkeit. Aber der Gedanke, nur der Mann eines Stars zu sein, ging ihm gegen den Strich.
Er holte mich jeden Abend im Studio ab, heiter, an allem interessiert, was ich über die Tagesarbeit, besonders über ihre technischen Seiten, zu berichten hatte, und erzählte mir seinerseits von Untersuchungen in Farbfilmlaboratorien und geschäftlichen Besprechungen mit Leuten, die an internationalen Koproduktionen interessiert waren. Mir kam es so vor, als entwickelte er eigene Pläne.
Wir fuhren zu unserem Pfahlbau zurück und begrüßten die abendlichen Flutwellen, die an den Strand und den Unterbau unserer Behausung donnerten. Wir liebten das Meer. Die Wogen brachten uns in einer Sprache, die wir verstanden, Botschaften aus fernen Ländern. Ich fand Steve oft schweigsam und grüblerisch in die Brecher starrend und fühlte, daß die nur vorübergehend eingeschläferte Wanderlust sich aufs neue in ihm regte. Seine eigenen Fähigkeiten fanden in Hollywood kein Betätigungsfeld, und die Idee des Überflüssigseins machte ihn nervös. Vor unserem Zusammenleben hatte er zwar nie ein wirkliches Heim gekannt, aber ein Mann braucht vor allem Selbstbestätigung, wenn er sich irgendwo zu Hause fühlen soll.
Eines Abends, nach einem langen Strandspaziergang, buddelten wir eine Grube in den Sand und brieten uns Steaks über offenem Feuer. Wir lachten und plauderten, wir priesen unser Glück, das uns zu Liebe und Freude zusammengeführt hatte — und doch wußte ich, daß etwas nicht stimmte. Ich streckte mich im Sand aus, blickte zum sternenlosen Himmel auf und wartete. Eine Aussprache war fällig; aber Steve mußte das erste Wort finden. Ich konnte nicht. Endlich machte er den Mund auf. »Shirl, ich habe dir etwas zu sagen. Bitte versuche mich zu verstehen.«
Der Moment war da, vielleicht der wichtigste in unserem Leben und sicherlich der wichtigste in seinem.

»Als wir heirateten«, fuhr er gedämpft fort, »wußte ich noch nicht genau, ob du das Zeug hättest, dich durchzusetzen. Jetzt weiß ich es, und das ist gut so, es ist wunderbar. Ich bin stolz auf dich, stolzer, als du ahnst. Aber ich will auch auf mich selbst stolz sein dürfen. Ich muß es. Ich möchte als Eigenpersönlichkeit gewertet werden und nicht nur dein Manager sein. Und ich weiß, daß auch du das gar nicht von mir verlangst.«
Ich wartete. Er stocherte in der erloschenen Glut herum.
»Wenn ich in Hollywood bleibe, bin ich immer und ewig Mister MacLaine. So ein Stigma wird man nie wieder los. Ich habe mir den Betrieb hier lange genug mit angesehen, um es zu wissen. All den armen Schweinen, die in derselben Lage wie ich sind, ergeht es so. Mir — uns — soll das nicht passieren. Ich brauche deine Hilfe und dein Verständnis, um wenigstens das zu bewahren, was wir haben.«
Ich wartete immer noch.
»Ich möchte nach Japan zurück«, schloß er.
Es traf mich wie ein betäubender Schlag. Ich wußte, daß unsere Ehe problematisch geworden war, aber auf eine so drastische Lösung war ich nicht vorbereitet.
»Ich fühle mich hier fehl am Platze«, erklärte Steve nach einer Pause. »Ich habe meine früheren Verbindungen wieder aufgenommen und möchte an japanischen Bühnen arbeiten. Es ist ein Land, das ich kenne und verstehe, und ich glaube, dort etwas zum Kulturleben beitragen zu können. Hier wäre das unmöglich, und ich reiße mich auch nicht danach. Du hingegen bist auf dem besten Weg und brauchst meine moralische Unterstützung nicht mehr. Im Gegenteil, mit der Zeit würde es dir immer schwerer fallen, mich zu respektieren. Und wie solltest du einen Menschen achten, der seine Selbstachtung verloren hat? Bitte versteh mich recht. Ich sage dies alles, um unsere Ehe zu retten, nicht um sie auffliegen zu lassen.«
Ich fühlte mich hohl und leer. Einen Tag ohne Steve konnte ich mir überhaupt nicht mehr vorstellen. Seit unserer ersten Begegnung waren wir nie länger als acht Stunden getrennt gewesen. Mein Leben und alle meine Gedanken drehten sich um diesen Mann, der mir eine Welt erschlossen hatte. Und nun drängte er fort, um er selbst zu sein und Dinge zu tun, auf die ich ebenso stolz sein sollte wie er auf mich! Ich hätte am liebsten gellend in das Wogenrauschen hineingeschrien: *Nein! Verlaß mich nicht!*

Statt dessen erhob ich mich lächelnd. Ich wagte kaum, mir die Bedeutung meiner Antwort zum Bewußtsein zu bringen, als ich in gezwungen leichtem Ton hinwarf: »Warum nicht? Wir können es ja mal versuchen.«

Nicht lange nach diesem Strandabend saß ich an einem riesigen Mahagonischreibtisch einem großmäuligen, aber bezaubernden Mann gegenüber. Seine Zigarre war länger als er, und er konnte in fünf Telefone zu gleicher Zeit sprechen. Er war eine kurzgewachsene, aber konzentrierte Ballung von Witz und Energie, und sein Name war Mike Todd.
Schon wie er hereinkam, war denkwürdig. Die Zigarre zwischen die Zähne geklemmt, noch damit beschäftigt, den Reißverschluß seiner Blue jeans hochzuziehen, stürmte er wie ein Hurrikan in sein Büro, wo, wie aufs Stichwort in einem gutgeprobten Bühnenstück, sofort alle fünf Telefone zu klingeln begannen. Während er, noch im Stehen, seinen Anzug vervollständigte und mit den Hörern jonglierte, führte er zwischendurch seine Unterhaltung mit mir, zu der er mich vor einer Stunde bestellt hatte.
»Hör'n Se mal, Kid, ich mach 'n neuen Film und brauch' Se dazu. Okay?«
»Wie ist der Titel?« erkundigte ich mich.
»*In achtzig Tagen um die Welt (Around the World in Eighty Days)*. Sie spielen 'ne entführte Hinduprinzessin, okay?«
»Eine Hinduprinzessin mit rotem Haar und Sommersprossen?«
»Ich hab' extra ›entführte‹ gesagt, nich?«
»Aber...«
»Hör'n Se zu, Kid«, fiel er mir ins Wort, »Sie und Ihr Herr Gemahl sollen sich doch so für Japan interessieren, oder?«
»Ja, aber was hat das damit zu tun?«
»Zufällig fliegen wir für den Film zuerst nach Japan. Per Chartermaschine. Wenn Sie wollen, müssen Sie sofort weg.«
Ich sprang auf. »Wann startet das Flugzeug?«
»Morgen vormittag um zehn. Gehn Se 'rüber zum Friseur und lassen Se sich die Haare schwarz färben. Um die Sommersprossen kümmern wir uns in Tokio.«
Ich riß das Drehbuch an mich, von dem einzigen Gedanken beseelt, Steve sofort anzurufen. Dieser Flug paßte ja wie bestellt, und er wurde sogar bezahlt!
An der Tür fragte ich Mike Todd anstandshalber noch ein-

mal, ob er wirklich sicher sei, daß eine schottisch-irische Hinduprinzessin für die Leute das richtige sei.
»Is' doch schnurz«, erwiderte er. »Sind alles bloß Menschen. Ihr Mann is' doch auch sowas wie 'n schottisch-irischer Jap, nich? Und ich werd' drüben in Japan als *Joop* angesehen — so heißt nämlich ›Jude‹ auf japanisch.«
Nach dieser Erklärung war ich überzeugt, daß Steve Parker und Mike Todd irgendwann in grauer Steinzeit einmal als Brüder auf die Welt gekommen sind.

5

Weihnachten 1955, anderthalb Jahre nachdem ich für Carol Haney eingesprungen war, verbrachten wir in Tokio. Ich war zuvor noch nie aus den Vereinigten Staaten hinausgekommen, abgesehen von einem kurzen Trip nach Kanada, als Warren und ich noch sehr klein waren. Nur meine Phantasie hatte sich von Erzählungen aus fernen Ländern und exotisch klingenden Namen genährt. Dies freilich in einem Maße, daß ich mich ein bißchen wie eine Traumwandlerin fühlte, als ich mich tatsächlich in fremdartiger Umgebung befand. Auf die Wirklichkeit des Exotischen, besonders in Japan, war ich keineswegs gefaßt.
Weißbekittelte Händler wuselten durch ein Feenland zierlich geformter Dinge. Auf halbdurchsichtigen *shoji*-Wänden spielten die Schatten von Familien, die sich vor dem gemeinsamen Abendessen zeremoniell verbeugten. Puppenähnliche Kinder mit wie über einen Topf geschnittenen lackschwarzen Haaren spielten mit winzigen Grillenkäfigen. Die Grillen, die darin zirpten, galten als Glücksbringer für das kommende Jahr. Die westliche Sitte, Weihnachten zu feiern, brachte bedeutende Umsätze in handgemaltem Teegeschirr, alten Holzfiguren und Spielzeug aller Art. Man sah modernste batteriebetriebene Modelle mit Fernsteuerung, andere Spielsachen, die doppelt so groß wie die Kinder waren, und alle waren mit Glöckchen und roten, fuchsien- und orangefarbenen Papierschlangen geschmückt.
Für meine Neulingsaugen war Japan das reinste Kinderparadies. Sie trieben sich frei und unbewacht im Käufergedränge

herum, ohne Furcht und ohne daß ihnen etwas zustieß. »Kidnapping« war ein unbekannter Begriff. Hunderte von atemlos glücklichen kleinen Rotznasen wurden am Ende des Einkaufsbummels wohlbehalten wieder aufgelesen, sagten den zahlreichen fernöstlichen Nikolausen artig gute Nacht und wurden zu Hause in ihre *futons* auf dem Fußboden verstaut, nachdem sie ihr stilles Gebet zu Buddha verrichtet hatten.

Wie stark hoben sich doch der westliche Einfluß und das Ureigene des Landes voneinander ab! Die meisten Japanerinnen trugen noch Kimonos und schützten sich gegen die eisige Dezemberluft nur mit flauschigen Woll- oder Pelzschals. Sie sahen unbeschreiblich sanft, weiblich und zerbrechlich aus. Diejenigen, die westlich gekleidet waren, hatten dagegen außer dem unbestreitbaren Chic etwas Durchtriebenes, Anrüchiges — eine Wirkung, die von jeder hübschen Orientalin, die sich nach westlicher Mode kleidet, auszugehen scheint. Sie waren ausschließlich in Begleitung von Europäern und Amerikanern.

Traditionsbewußte Japaner blickten verwirrt und schweigsam in dieses neuartige Durcheinander, offenbar außerstande, sich dem Wandel der Zeiten anzupassen. Die alten Gewänder kamen ihnen zwar überholt vor, wenn sie ihr Spiegelbild in den blinkenden neuen Schaufenstern sahen, aber die modernen Anzüge, die sie sich machen ließen, paßten ihnen auch niemals richtig. Der stolze Samurai-Gang, den sie sich weder abgewöhnen konnten noch wollten, wurde von den engen Hosen gehemmt, und die Schulternähte behinderten die Bewegungsfreiheit von Männern, denen ihre kriegerische Vergangenheit noch im Blut steckte.

Es geht alles viel zu schnell, schienen die Samurai-Nachkommen zu denken, diese Begegnung mit dem Westen, dieser plötzliche Sprung in andere Kulturformen, andere Ideen. Ihre Frauen wagten, ihnen zu widersprechen, und ihre Töchter verlangten, den Söhnen gleichgestellt zu werden. Ich war Zeugin der Verwirrung, die das Antlitz Japans ergriffen hatte, und ich war selbst verwirrt. Was war echt, was war Tünche? Aber ich wurde von einem Mann geleitet, der den Wandel Japans vielleicht besser verstand als die Japaner selbst. Und dieser Mann wußte auch, daß mein erster Aufenthalt in einer fremden Welt mich und mein Leben für immer verändern würde.

Steve Parker war glücklich, wieder zu Hause zu sein. Die Gelegenheit, auf die er gewartet hatte, war für uns beide schneller gekommen als erhofft.
Es gab Wiedersehenstränen, asiatische Verbeugungen, amerikanisches Schulterklopfen, Tee in hauchdünnen Tassen, gefolgt von harten Schnäpsen. Die angebotenen Zigaretten hatten die Handelsnamen »Frieden«, »Hoffnung« und »Taube«. Über die Okkupationszeit, General MacArthur und die Kamikaze-Piloten wurde gewitzelt. Der Krieg schien abgetan und erledigt — außer wenn die Rede auf Sachiko kam. Jeder unserer Gastgeber wollte wissen, was aus Steves Sachiko geworden war.
Steve hatte mir schon früher erzählt, daß er mit seiner Fallschirmjägereinheit unter den ersten gewesen war, die Hiroschima nach dem Abwurf der ersten Atombombe sahen. Die Verwüstungen waren unbeschreiblich. Nur wenige Familien blieben verschont. Tausende von verwaisten Kindern irrten durch die Trümmer und wimmerten leise, denn sie hatten einen so tiefgreifenden Schock erlitten, daß sie nicht einmal mehr laut schreien konnten. Unter ihnen war eine etwa Zweijährige mit Augen wie Untertassen und einem verschreckten Dauerlächeln. Soweit Steve es beurteilen konnte, war sie unverletzt und konnte den Verlust ihrer ganzen Familie noch gar nicht begreifen. Er fragte sie, wie sie heiße. Sie wußte es nicht.
Aber von Stund an hing sie an ihm wie eine Klette. Steve setzte sich über alle Vorschriften hinweg und beschaffte ihr Essen, Kleidung und eine kleine Schlafkammer. Er nannte sie Sachiko, was auf japanisch »Glückliches Kind« bedeutet, und versuchte sie so glücklich wie möglich zu machen. Sie lernte ein paar Brocken Englisch und spielte selig mit Papa-san. Steve hatte, ehe er sich's versah, eine offizielle Adoptivtochter. Als der Gedanke ihm unerträglich wurde, sich wieder von ihr zu trennen, beantragte er die legale Adoption. Sein Gesuch wurde bewilligt. Als die Papiere kamen und er Sachiko erzählte, er würde sie mit nach Amerika nehmen und immer für sie sorgen, war Sachiko überglücklich. Sie lächelte und lächelte ...
Zwei Wochen später wurde Steve dringend ins Hospital gerufen, wo die Kleine an der Atomkrankheit starb.
Ich verstand allmählich, wie tief Steves ganzes Wesen in Japan verwurzelt war. Es war, als hätte er schon ein volles

Leben dort verbracht, ehe wir uns kannten. Nun befriedigte es ihn sichtlich, mich in seine einstige Welt einzuführen. Ein Fensterchen nach dem andern öffnete sich, und ich wunderte mich nicht mehr, warum er so geworden war, wie er war.
Eine seiner Lieblingskneipen war ein »Vogelnest« weit außerhalb des Zentrums. Es war streng den »Eingeweihten« vorbehalten und verdankte seine Beliebtheit zum Teil dem Umstand, daß die Sperrstunde für Alkoholausschank in Tokio reichlich früh begann. Kein Fremder hätte auch nur ahnen können, daß sich in dem völlig dunklen Haus ein Lokal befand. Der Geschäftsführer stand draußen, um etwaige Ankömmlinge mit der Taschenlampe abzuleuchten. Als wir aus dem Taxi stiegen, erkannte er Steve sofort, und sie erneuerten murmelnd ihre alte Freundschaft, bevor wir, vom Strahl der Taschenlampe dirigiert, eine wacklige Treppe hinunterstiegen.
Ein paar kerzenerhellte Tischchen standen vor der Bar herum. Japaner lachten und scherzten in der Sprache, an deren Klang ich mich allmählich gewöhnte. Der Bar und dem Spiegel dahinter sah man den Zahn der Zeit und die Kriegsschäden an. Einige Gäste blickten erstaunt auf, als wir hereinkamen. Ausländer in ihrem privaten Schlupfwinkel waren sie deutlich nicht gewohnt; aber mit typisch japanischer Höflichkeit wandten sie die Augen sofort wieder ab, statt uns anzustarren.
Wir setzten uns an die Bar und bestellten Scotch-Soda. Ich zog eine Friedens-Zigarette hervor, steckte sie in den Mund und wartete darauf, daß Steve sie mir anzündete. Nichts da. Er sah ohne ein Wimpernzucken auf meine Zigarette und redete weiter. Dann nahm er sich selber eine – und überreichte mir die Streichholzschachtel! Stumm und demütig erfüllte ich das Ritual, das in der Welt wohl nur an zwei Orten üblich ist, in Japan und in unserem Haushalt. Ich hatte noch viel in dieser Ehe zwischen zwei Welten zu lernen.
Während wir uns unterhielten, bemerkte ich, daß Steve das Spiegelbild eines Mannes fixierte, der links von uns an der Bar saß. Es war ein etwa 36jähriger Japaner in einem modischen Zweireiher mit Nadelstreifen und mit einem wunderschönen Goldzahn.
»Wer ist das?« fragte ich leise.
Steve schüttelte den Kopf. »Ich weiß nicht genau, aber ich kenne ihn bestimmt von früher.«

Der Mann schien von Steve ebenso gefesselt wie Steve von ihm; er starrte immer wieder in den Spiegel und ließ dann den Blick verlegen beiseite schweifen. Schließlich trafen sich ihre Blicke, und als — immerhin — Amerikaner entschloß sich Steve, den ersten Schritt zu tun. »Wie geht's? Mein Name ist Steve Parker«, sagte er auf Japanisch. Der Mann stellte sich ebenfalls vor.

»Ich mag dieses Lokal«, sagte Steve unverbindlich. »Sooft ich in Tokio bin, suche ich es auf.«

»Ganz meine Meinung«, erwiderte der Mann ebenso unverbindlich, »und heute war das Wetter so schön.«

Daß es in Japan als unschicklich gilt, direkt zur Sache zu kommen, wußte ich schon. Der kürzeste Weg zwischen zwei Punkten ist dort mindestens ein Kreis.

Sie sprachen von ihren Familien, ihren Geburtsorten und so weiter und so weiter. Ich wurde nicht vorgestellt, weil ich ja nur eine *okusan* (Frau) bin, und es war auch besser so, denn ich hätte sicherlich schlechte Manieren gezeigt und den Mann geradeheraus gefragt, ob er sich von früher her an Steve erinnerte. Ihr Gespräch schien sich jetzt um den Krieg zu drehen. Und plötzlich riefen sie wie aus einem Munde: »*Leyte!*«, fielen sich in die Arme und hatten Tränen in den Augen.

Leyte — 1944. Steve und seine Fallschirmtruppe waren abgeordnet, ein strategisch wichtiges Reisfeld in Leyte auf den Philippinen bei Nacht nach dem Feind abzusuchen. Der Vollmond warf trügerische Schatten. Steve war außer Sicht seiner Kameraden.

Plötzlich, wie aus dem Boden gewachsen, stand ein japanischer Soldat vor ihm. Sie erstarrten beide, nur auf Armeslänge voneinander entfernt. Keiner brachte es über sich, als erster zur Waffe zu greifen. Dann, genau im selben Moment, kehrten sie sich den Rücken zu und flohen.

Steve fiel über eine Ackerfurche und pikte sich mit dem eigenen Bajonett in die Nase. Er hat davon noch heute eine kleine, herzförmige Narbe.

Das Gesicht des »Feindes« aber hatte sich ihm unauslöschlich eingeprägt, und dem Japaner war es ebenso ergangen. Nun, in einer mondlosen Nacht in Tokio, wurden sie Freunde fürs Leben, denn jeder war überzeugt, daß er sein Leben dem anderen verdankte.

Steve hatte mir viel über seine Kindheit in Japan erzählt, über seine Verbundenheit mit dem japanischen Volk und sein Grauen vor dem mörderischen Krieg. Ich konnte ihm nachfühlen, wie stolz er jetzt auf »sein« Land war, das sich zusehends von Schmach und Vernichtung erholte. Ich dachte an seine kleine Sachiko und wußte, daß er nur hier inneren Frieden fand.

Aber dahinter steckte noch mehr. Mike Todd hatte ihn einen schottisch-irischen Jap genannt, und das traf beinahe ins Schwarze. Denn der Mann, den ich geheiratet hatte, war nicht einfach ein Amerikaner, der eine Zeitlang im Osten gelebt hatte. Steve war Asiate in jeder Beziehung geworden: in seiner Gedankenwelt, seiner Philosophie, in Gefühl und Temperament, in seiner Kunstauffassung, in seinem Sinn für Liebe und Schönheit — kurz, auf allen Gebieten, wo der Mensch zum Individuum wird. Und, was noch wichtiger war, er lebte in Japan auf, wie ich es nie in Hollywood gesehen hatte. Falls seine Pläne und Verhandlungen zu etwas führten, wollte er hier bleiben. Ich sah schon, daß Japan auch in meinem Leben eine große Rolle spielen würde, ob es mir nun paßte oder nicht. Darum nahm ich mir vor, das Land so gut wie möglich kennenzulernen — dieses Land, in dem Geduld und Höflichkeit zur Lebensart gehören, in dem niemand für geistesgestört gehalten wird, wenn er einen ganzen Feiertag nur damit verbringt, das Geäder eines Blütenblattes zu studieren, in dem sich zwei vornehme Herren so lange tief und immer tiefer voreinander verbeugen, bis sie versehentlich mit den Köpfen zusammenstoßen (wie ich es einmal mit eigenen Augen sah).

Was ich sonst noch sah — es ist nur eine kleine Auswahl:

Ein Nudelverkäufer auf seinem Fahrrad wurde von einem Taxi angefahren. Nudeln und Fahrradteile flogen durch die Luft, desgleichen der Verkäufer, der in der Gosse landete. Im Nu versammelte sich eine Menschenmenge. Der Taxichauffeur achtete kaum auf die Beule in seiner Stoßstange. Er eilte voller Besorgnis zu dem Radfahrer, der inzwischen, umgeben von matschigen Nudeln, auf die Füße gekommen war. Beide verbeugten sich entschuldigend voreinander. Der Taxifahrer fuhr weiter. Der Nudelverkäufer fegte seine Ware in ein Gully und ging klaglos seiner Wege.

Zwei Männer flanieren die Straße entlang. Einer erzählt einen mild gepfefferten Witz. Der andere lacht verlegen und

hält dabei die Hand vor den Mund. Dann bittet er seinen Begleiter, einen Moment zu warten, und pinkelt freimütig in die Straßenrinne. Eine Frau, die vorbeikommt, tut, als ob sie nichts sähe. Japaner sehen nur, was sie sehen wollen.
Ein junger Japaner will trotz Stoßverkehr die Straße überqueren. Er hat nur einen Gedanken im Kopf: er will auf die andere Seite. Für ihn ist der Verkehr nicht vorhanden. Wie ein geölter Blitz schießt er von der Bordschwelle auf sein Ziel zu. Bremsen quietschen, Hupen tuten, er entgeht dem Tod um Haaresbreite. Er hat es überhaupt nicht bemerkt. Er ist da, wo er hinwollte.
Ein Mensch fällt mitten auf der Straße hin; er ist krank oder hat einen Anfall. Die Passanten kümmern sich nicht um ihn. Sein Schicksal ist vorbestimmt. Das ist die buddhistische Lehre — *Shikataganai* —, und niemand darf dem Schicksal in den Arm fallen. Täte er es dennoch, so würde er das Opfer für den Rest seines Lebens unerträglich verpflichten. Das Opfer versteht das und stirbt in Frieden oder sieht zu, wie es sich allein wieder aufrappelt.
Niemand beantwortet eine plump-direkte Frage. Das Protokoll, und zwar in japanischer Sprache, muß eingehalten werden und mit der Höflichkeitsformel *Ano-ne* beginnen.
Einmal bestellten wir »Gibsons« in einem Restaurant, das angeblich auf westliche Kunden eingestellt war. Die süße, puppenähnliche Kimono-Kellnerin schaute verständnislos drein, bis wir ihr erklärten, daß ein Gibson nichts weiter als ein Martini mit einer Perlzwiebel sei. Bald darauf erschien sie stolz mit einem Tablett, auf dem sich eine Flasche süßer Wermut nebst einer großen, frischen Gartenzwiebel, Brettchen und Messer befanden.
Wir baten den Kellner um eine Tasse Kaffee. Lächelnd und dienstfertig enteilte er in Richtung Küche, wurde aber unterwegs von jemand anderem um eine Serviette gebeten. Er änderte seinen Lauf in Richtung des Serviettenständers, und auf diesem Weg bat jemand um seine Rechnung. Das war zuviel — der Kellner rannte blindlings in eine Wand.
Stellt man einem Japaner, der gerade ein Telefongespräch führt, nur die kürzeste Informationsfrage, so legt er den Hörer beiseite, redet endlos und vergißt dabei ganz, daß er schon jemand anderen an der Strippe hat.
Ein japanischer Freund, der eine erfolgreiche Illustrierte besaß, lud mich zum Plaudern und Teetrinken in sein Büro ein.

Mittendrin verschwand er plötzlich für eine Dreiviertelstunde. Als ich schließlich nach seinem Verbleib forschte, fand ich ihn auf den Knien vor einem wundervollen Blumenarrangement. Er meditierte, seinem Seelenfrieden zuliebe.
Eines Tages fragte ich, ob Mr. Soundso angerufen habe. »Nein« war die schlichte Antwort. Später erfuhr ich, daß mich unterdessen fünfzehn andere Leute angerufen hatten, aber das wurde mir verschwiegen – ich hatte nicht danach gefragt!
Steve erkundigte sich, ob die und die geschäftlichen Angelegenheiten auf gutem Wege seien, und die tröstliche Antwort war »Ja«, egal, ob dies der Fall war oder nicht. Aber ein Nein hätte als krasse Unhöflichkeit gegolten, da er doch ein Ja zu hören wünschte.
Einmal schickte ich einen mir völlig unbekannten jungen Mann zu einer kleinen Besorgung und gab ihm mangels Kleingeld eine weit größere Summe mit, als nötig war. Zwischendurch wurde ich unerwartet zu einer langen Besprechung abberufen. Nach vielen Stunden stöberte mich der Bote in einem anderen Stadtteil auf, um mir das Wechselgeld zurückzugeben.

Japan ist ein Land, in dem man sich nicht vom Zeitdruck knechten läßt. Wichtig sind nur die menschlichen Beziehungen. Reibungen müssen um jeden Preis vermieden werden, und diesem Zweck dient das hochentwickelte Höflichkeitsritual. Japanische Höflichkeit ist als ästhetischer Wert gar nicht mit westlichen guten Manieren zu vergleichen. Unangenehme Wahrheiten werden meistens unterdrückt. Höflichkeit rangiert weit vor der Aufrichtigkeit.
Tiefen Eindruck machte mir auch das Bestreben der Japaner, stets im Einklang mit der Natur zu bleiben. Niemand versuchte, sie zu erobern und zu beherrschen. »Sei wie der Bambus«, lautet ein Sprichwort, »beuge und biege dich anmutig, wie der Wind es will, und du wirst niemals brechen.« Das bedeutet noch lange keine Charakterlosigkeit; es ist die einzige Art, in aller Sanftmut zu siegen. Das Land und seine Bewohner haben es verstanden, sich der Natur anzupassen. Sie sind nicht darauf aus, ihr überall ein Korsett anzulegen, die Wildnis zu zähmen und Raum zu gewinnen. Sie beugen sich vor den Elementargewalten und finden auf diese Weise das lebensnotwendige Gleichgewicht. Es ist die alte Überlebensregel: Wenn dir Ertrinken droht, breite die Arme aus

und spiele »toter Mann«. Dann wird dich das Wasser in den meisten Fällen tragen.
Zwischen Recht und Unrecht gibt es in Japan keine scharfe Trennungslinie. Alles wird von mehreren Standpunkten aus zugleich betrachtet. Falls es ausnahmsweise zu Streitigkeiten kommt, wird ein Vermittler berufen, der nicht unbedingt dem »Recht« zum Siege verhilft, aber wenigstens einen Kompromiß einfädelt. Niemand braucht dabei das Gesicht zu verlieren. Wer so etwas versucht, macht sich der äußersten Beleidigung schuldig, und lieber verzichtet man auf sein Recht. Das Recht ist nicht halb so wichtig wie die Gefühle des Mitmenschen.
Ich versuchte das Land von vornherein zu verstehen, nicht nur weil Japan mich ungeheuer reizte, sondern weil mein Mann soviel japanische Denkart in sich aufgenommen hatte. Steve war fröhlicher, als ich ihn je gekannt hatte. Er machte lange Spaziergänge, nahm lange heiße Bäder und gab lange Glücksseufzer von sich. Meine Eingewöhnungszeit machte ihm riesigen Spaß, und er half mir hier und da mit sanften Rippenstößen.
Er kicherte über meine anfänglichen Hemmungen, mich in ein öffentliches Bad zu begeben, wo japanische Geschäftsleute um mich herum splitternackt die Tagesereignisse erörterten. Der Gegensatz zwischen meinem langen, eckigen, linkischen Körper und den zierlichen japanischen Raumverhältnissen war ihm immer wieder eine Quelle unbändiger Heiterkeit. Meine langen Beine waren zum Hocksitz nicht geeignet; binnen zwei Minuten hatte ich einen Wadenkrampf. Und wenn ich sie vor mir ausstreckte, knickte ich in der Taille ein, ganz zu schweigen davon, daß meine Füße unter jedem Tisch den anderen ins Gehege kamen. Ich wagte nur noch selten, aufrecht zu gehen. Mein Kopf knallte an jeden Türrahmen. Ich wußte nie, wohin mit meinen Habseligkeiten; es gab keine Schränke. Im Spiegel des Miniaturtoilettentischchens, das sich eine Handbreit über den Boden erhob, konnte ich günstigenfalls meine Füße sehen. Und die waren immer eiskalt, weil die Schuhe vor der Tür zu bleiben hatten.
Jeder Japaner wird von klein auf zu dieser spartanischen Lebensweise erzogen. Sie ist der einzig wahre Weg zum Glück. Man kann besser meditieren und denken, wenn man immer ein bißchen Hunger hat, immer ein bißchen friert und nie der Verlockung zur Selbstverhätschelung nachgibt. Nur Selbst-

disziplin und Verzicht führen auf den Weg der Erleuchtung, den Weg des Buddhismus. Das Zurschaustellen irdischer Güter gilt als äußerst geschmacklos. Auch der reichste Mann kauft nichts, nur um zu zeigen, daß er es sich leisten kann. Seine Statussymbole sind anderer Art: Er hält sich die schönste Geisha und besucht die vornehmsten Teehäuser und Golfclubs. Bei ihm zu Hause oder in seinem Büro wird man keine äußeren Merkmale seines Reichtums finden.
Diese bislang unbekannte Welt kam mir von Tag zu Tag näher. Ich machte Stielaugen und spitzte die Ohren, um soviel wie möglich von den fremden Sitten und Gebräuchen in mich aufzunehmen und zu begreifen. Meine Neugierde war grenzenlos. Je mehr ich andere kennenlernte, desto mehr erfuhr ich über mich selbst. Ich begann zu verstehen, warum ich Schauspielerin geworden war. In die Haut einer anderen Figur zu schlüpfen war bei mir ja schon mein Leben lang eine treibende Kraft gewesen. Mein eigenes Wesen weitete sich dabei. Die Welt ist so reich an unterschiedlichen Charakteren, Gesichtspunkten und Lebensformen, daß man nie auslernt. Und bei jedem neuen Erlebnis kommt man sich selbst ein bißchen besser auf die Sprünge.

Der Zweck unserer Japanreise waren, wie vielleicht erinnerlich, Außenaufnahmen für *In achtzig Tagen um die Welt*. Eines frühen Morgens kletterten wir also an Bord einer Fischerdschunke vor dem Dorf Numazu, um eine Szene abzudrehen, die eigentlich im Hafen von Jokohama (der inzwischen viel zu modern war) spielen sollte. Meiner Sommersprossen wegen, die nur mit dickem Make-up abzudecken waren, hatte ich immer den Rücken zur Kamera. Wind kam auf, die Wellen kräuselten sich hoch und höher, und die Kamera fiel über Bord. Das war der vorläufige Schluß der Außenaufnahmen.
Anschließend wurde ich krank. Ich hielt meine Gefühle erst für Seekrankheit und versuchte sie zu bagatellisieren, was aber nach einer Weile nicht mehr möglich war. Kein Mensch bleibt tagelang seekrank, wenn er wieder auf festem Boden ist. Wenn ich mich überhaupt zum Essen aufraffte, brachte ich nur Spaghetti hinunter, und aus irgendeinem Grunde wurde mir jedesmal von neuem schlecht, wenn ich die Farbe Grün sah. Steve holte einen Arzt, der meine Beschwerden als asiatische Grippe diagnostizierte und einige Tage Ruhe emp-

fahl. Ich, die ich Schlaf stets nur als notwendiges Übel betrachtet hatte, konnte jetzt gar nicht genug schlafen. Müde und matt avancierte ich langsam von Spaghetti zu Schokoladenriegeln mit Nüssen, und eines Tages war ich wieder zu gebrauchen.

Ich entwickelte eine Leidenschaft für das japanische Theater. Oft war ich vor Begeisterung buchstäblich »außer mir«. Es war eine Welt für sich, die zugleich uralte Traditionen pflegte und moderner war als jedes moderne Theater auf Erden. Doppelt so große Bühnen wie die in der Radio City Music Hall waren gang und gäbe. Zweihundert spärlich bekleidete Chorus-Girls schwärmten fächerförmig über die Szene; die Hauptdarsteller trugen üppige Brokat- und Seidenkostüme in den unwahrscheinlichsten Farben, die vom Publikum als selbstverständlich betrachtet wurden. Kosten spielten keine Rolle, da das japanische Theater, um es milde auszudrücken, auf gesunden Füßen stand. Den ganzen Tag folgte eine Show der anderen, und nie blieb ein Platz leer. Die Leute drängten sich in den Gängen und im Hintergrund, als ob es keine Feuervorschriften gäbe. Manche brachten sich ihre Tagesverpflegung mit und blieben mehrere Vorstellungen lang sitzen; andere kauten zwischendurch *osembe* und Dörrfisch, und das Papiergeknister und Schmatzen erfüllte den Zuschauerraum. Japaner essen immer. Sie sättigen sich nie mit einer ausgiebigen Mahlzeit, sondern verteilen ihren Nahrungsbedarf in kleinen Portionen über den ganzen Tag: Reisbällchen mit rohem Fisch, eingemachtes Gemüse mit heißer Rettichsauce, *wasabe* genannt; Reis, in *nori* (Seetang) gewickelt und in *shoyu*-Sauce getaucht, Reis und Sojabohnenquark, und zu alledem grünen Tee, der nach nichts schmeckt.

Ich sah auch die alten No-Dramen auf der Bühne. Die Darsteller spielten in plakathaften, überlebensgroßen Masken mit streng vorgeschriebenen Bewegungen, die einem zum Bewußtsein brachten, wie viele Jahrhunderte Tradition in dieser uralten Kunstform steckten. Es war weniger ein Spiel als das Zelebrieren der Vergangenheit in ihrer formgebundenen, strengen Pracht. Und die Zuschauer waren nicht nur der Unterhaltung wegen da, sondern im Geist verehrungsvoller Pflichterfüllung in die Ritualien des Althergebrachten flüchtend.

Das Kabuki-Theater, eine ganz spezielle japanische Kunstform, war wie ein gewaltiges, tragisches Märchen. Die lebensvollen Kulissen waren mit großzügigen Pinselstrichen und doch mit zartesten Details auf die Bühne gezaubert. Irisierende Farben schmeichelten dem Auge. Ich hatte fast Angst, zu genau hinzusehen, um die Illusion aufrechtzuerhalten. Plötzlich waren die prunkvoll gekleideten Schauspieler über mir: sie glitten von der Bühne auf einem Laufsteg ins Publikum hinein. Ihr rabenschwarzes, hochgetürmtes Haar war von Blüten in allen Regenbogenfarben durchflochten. Die mehlweißen Geishagesichter waren zu einem Dauerausdruck holden weiblichen Erstaunens geschminkt. Sie wiegten sich in graziösen Bewegungen, ungeachtet der schweren, ausladenden Kimonos, deren straffe *obis* (Gürtelschleifen) ihnen den Atem abschnürten. Lange, weite Ärmel streiften die Köpfe der Zuschauer, und zierliche Händchen gestikulierten maßvoll über die Menge hin.

Hinter der Bühne klapperten Schlaghölzer, ertönten Flöten, dröhnten dumpfe Trommeln. Mit einem ungeheuren, donnernden Satz sprang der Shogun auf die Szene. Seine Augen waren von dicken scharlachroten Strichen umrahmt, die schräg aufwärts zur Stirn wiesen; sein Mund dagegen war schwarzgemalt und wies grimmig nach unten. Er stand mit gespreizten Beinen da, den feuerfarbenen Kimono eng um die Hüften gerafft, und fing herausfordernd an zu stampfen. Er schwenkte sein Samurai-Schwert, stieß gutturale Schreie aus und näherte sich mit Herrschermiene einer der erstarrten Geishas. Kaum aber hatte er sie erreicht, so brach er vor ihr in die Knie und jammerte wie in ungläubiger Furcht.

Das Stück heißt *Chushingura*, soll eine wirkliche historische Begebenheit darstellen und ist das beliebteste aller Kabuki-Dramen. Steve hatte besonders gewünscht, daß ich es sähe, um mir einen Begriff von dem noch heute gültigen Ehrenkodex des japanischen Volkes zu machen. Es ist ein düsteres Blutrache-Stück. Zum Schluß verüben 49 Samuraikrieger Massenmord, um den gewaltsamen Tod ihres Herrn zu rächen. Nachdem diese Ehrenschuld abgetragen ist, begehen sie gemeinsam Harakiri. Der Schnee rieselte über die Leichenansammlung, als der Vorhang von schwarzgekleideten Statisten zugezogen wurde. Die Zuschauer hatten Tränen in den Augen, und verzückter Stolz leuchtete aus ihren Gesichtern. Ja, die Ehre bedeutete auch ihnen mehr als das Leben!

Nach der Vorstellung geleitete uns ein alter, krummer Inspizient hinter die Bühne, zur Garderobe des *sensei* (Lehrer).

Schauspieler, die beim Abschminken waren, verbeugten sich vor uns, als wir vorübergingen. Die Kugellager der hochmodernen Drehbühne wurden von Mechanikern frisch geölt.
Eine *shoji*-Tür glitt beiseite. Der grimme Shojun kniete vor einem kleinen Schminktisch mit Spiegel. Auf der Bühne hatte er imponierend groß gewirkt, aber als er sich nun zu Steves Begrüßung erhob, sah man, daß er ziemlich klein war. Er verbeugte sich würdevoll und lud uns zum Tee ein. Steve unterhielt sich mit ihm und beugte sich hin und wieder zu mir, um ein paar Sätze zu dolmetschen. Der *sensei* betrachtete mich mißbilligend, weil ich nicht einmal die Sprache meines Ehgemahls verstand. Er selbst war so in der klassischen Vergangenheit seines Landes verwurzelt, daß jede Konzession an die Neuzeit, etwa die Zumutung, Englisch zu lernen, von ihm nur belächelt werden konnte.
Der *shoji* teilte sich abermals. Eine blumenduftende Geisha schwebte herein, kniete in zerbrechlicher Anmut vor uns nieder und äußerte die Hoffnung, daß uns die Vorstellung gefallen habe. Als sie wieder draußen war, sagte ich, wie sehr ich ihre Schönheit und Grazie bewunderte. Dergleichen sei selbst beim Theater nur selten zu finden.
»Ergebensten Dank«, erwiderte der *sensei* auf Japanisch. »Ich habe diesen echten Künstler mit aller Sorgfalt herangezogen. Er ist nämlich mein Sohn.«
Ich erfuhr erst jetzt, daß nur Männer im Kabuki-Theater auftreten. Der Sohn des *sensei* spielte seit seinem siebten Lebensjahr ausschließlich die Geisha, während sein Bruder auf die Rolle eines Samurai gedrillt war. Keiner von beiden würde je etwas anderes spielen. Sämtliche Mitglieder der Kabuki-Truppe waren Nachkommen der ursprünglichen alten Schauspielerfamilien, also eine Art blutsverwandter Dynastie.
Die Lebenskraft des japanischen Theaters ist enorm. Es vereint klassische und modernste Stilelemente in sich. Seine technischen Errungenschaften sind erstaunlich: Der Regen prasselt wie ein April-Wolkenbruch, Schneewehen und Stürme sind absolut naturgetreu, Gebäude brennen, wenn Japans chronische Erdbebenkatastrophen auf der Bühne nachgeahmt werden. Balken und Giebel ehrwürdiger Tempel, Treppenhäuser monströser Paläste brechen vor den Augen des gebannten Publikums zusammen; echter Rauch steigt aus der Asche, Samurais und Geishas kämpfen sich aus den Trümmern empor — nur um dem grausamen Schwert des be-

nachbarten Kriegsherrn zum Opfer zu fallen. Alles ist ungeheuer aufregend und könnte es sogar für ein westliches Publikum sein. Steves Pläne gingen in diese Richtung. Seine Zukunft lag in asiatischer Theaterkunst, und auch ich gestand gern ein, daß mir Japan als zweite Heimat durchaus nicht unlieb wäre.

Was meine fortdauernde Mattigkeit und häufige Übelkeit betrifft, so wurden wir, als der Abschied nahte, an jeder Straßenecke von Leuten beglückwünscht, die schärfere Augen zu haben schienen als die Ärzte. Wir selbst waren zwar noch nicht ganz sicher, aber möglicherweise hatten wir ein Andenken »Made in Japan«. Wenn es ein Mädchen wurde, wollten wir es Sachiko nennen. Hoffentlich war es dann wirklich ein glückliches Kind.
Hätte ich je den verwegenen Gedanken gehegt, Steve würde sich als werdender Vater von der Rückkehr nach Japan abhalten lassen, so wurde ich schleunigst und gründlich eines anderen belehrt. Seine künftige Aufgabe als Familienoberhaupt bestärkte ihn in seinem Entschluß, sich selbst zu beweisen, und er hatte nichts Eiligeres zu tun, als nach Japan zurückzukehren.
Ich rüstete mich melancholisch für die Zeit meiner Schwangerschaft in Kalifornien. Mein Zustand setzte mich außer Gefecht. *Immer Ärger mit Harry* hatte zwar ein Ei in Technicolor gelegt, *Maler und Mädchen,* aber da rangierte ich doch nur unter »Ferner liefen«. Was *In achtzig Tagen um die Welt* betraf, so ermunterte mich der Telefonanruf eines guten Freundes, der in der Produktion zu tun hatte, ganz ungemein: »Krieg dein Kind bloß schnell und arbeite noch mal, ehe dieser Film freigegeben wird — sonst arbeitest du womöglich nie mehr.«
Das ging ins Auge. Aber er hatte recht. Mike Todd mochte sich damit begnügen, auf seiner Zigarre zu kauen und mit irgendeiner nebensächlichen Hinduprinzessin Geld zu machen. Ich hingegen konnte nur hoffen, daß die Kritiker nicht zu genau hinsahen. Meine paar Auftritte auf der Leinwand waren gähnende Lücken. Es sah so aus, als würde meine kaum begonnene Schauspielerkarriere an einem exemplarischen Fall von Fehlbesetzung zugrunde gehen, ganz zu schweigen von der Tatsache, daß ich noch nicht richtig schauspielern konnte.

Mir blieb nichts zu tun, als in verzweifelter Ungeduld herumzusitzen und zu warten. Jeder Tag wurde länger, jede Nacht einsamer, der Bauch wölbte sich, und das Sodbrennen wurde unerträglich.
Endlich war es soweit. Ich bekam eine direkte Verbindung vom Kreißsaal in den Warteraum der Entbindungsabteilung, wo Steve saß, erschöpft von seinem Transpazifik-Flug.
»Sagen Sie's Ihrem Mann, laut und deutlich«, redete mir der freundliche Doktor zu. »Sie werden beide die allerersten sein, die wissen, ob sie einen Jungen oder ein Mädchen bekommen haben.«
Ich schaute, benommen von Dämpfungsmitteln, auf die noch unabgetrennte Nabelschnur des Neugeborenen. »Furchtbar lang«, bemerkte ich, »aber es scheint ein Junge zu sein.«
»Parker – ein Sohn!« bestätigte der Assistent über die Hausleitung, weil ich zu leise gesprochen hatte.
»Gut!« hörte ich Steves Antwort aus dem Warteraum. »Hauptsache, es ist gesund.«
Der Arzt schüttelte lächelnd den Kopf. »Gucken Sie lieber noch mal hin, Shirley.«
»Oh«, sagte ich erstaunt. »Es ist ja ein Mädchen!«
»Parker – ein Sohn und eine Tochter«, meldete der Assistent.
»Zwillinge?« schrie Steve. »Ist ja phantastisch!«
»Nein, nur ein Kind«, berichtete der Assistent hastig. »Ein Mädchen.«
»Was ist los?« fragte Steve. »Wo ist der Junge geblieben?«
Die Hebamme übernahm das Gespräch. »Ein kleines Mißverständnis, Mr. Parker. Ihre Frau hat zuerst falsch gesehen. Ich empfehle ihr eine Brille, wenn sie wieder zu Hause ist. Jetzt möchte sie Ihnen nur sagen, daß das Baby gesund ist. Es ist ein Mädchen – eindeutig ein Mädchen! – von neunzehneinhalb Zoll Länge und sechs Pfund Gewicht. Es hat schon einen brandroten Schopf.«
»Und es sieht aus«, dachte ich selig ermattet, »wie eine Kreuzung zwischen Pablo Casals und Winston Churchill.«
Das Kind wurde in die Babystation gebracht, und ich wurde in mein Zimmer gerollt. Ich war Mutter! Das Gefühl der Verantwortung, das sich auf mich senkte, war noch nicht auszuloten. Wie sollte ich für die Kleine sorgen, woher sollte ich das wissen? Die Aufgabe, die vor mir lag, brachte mich schier zum Verzagen.

Was hatte ich mir dabei gedacht, ein hilfloses Kind in meine liederliche, experimentelle, unsichere Welt zu setzen? Saß mein Kind nicht von vornherein zwischen zwei Stühlen? In welche unserer beiden Welten würde es gehören?
Während der Schwangerschaft hatte sie sich durch nichts anderes als meinen schwellenden Bauch, in dem es gelegentlich zappelte, bemerkbar gemacht. Sie hatte noch kein Gesicht, keine Zukunft, kein Eigenwesen. Aber nun war der Bauch weg, und das Kind war draußen, unter uns. Ich hatte sie gesehen, ihren ersten Schrei gehört, und bald würde ich das winzige, fordernde, hoffnungsvolle Geschöpf in den Armen halten. Eines Tages würde es stehen und gehen und sich vertrauensvoll auf meine Führung verlassen. Wer und was war eigentlich so ein Kind? Sein Erscheinen hatte mich im Laufe eines einzigen Nachmittags völlig umgekrempelt. *Ich* war die Lernende; ich fühlte mich den kommenden Anforderungen kaum gewachsen.
Und Steve? Würde unsere Tochter verstehen, was er war, was er wollte, was er mußte? Würde sie sich mit den langen Trennungen abfinden? Würde sie merken, daß ich darunter litt, und sich fragen, warum? Und würde sie, wenn sie reif genug dazu war, eine richtige Frau werden und erkennen, daß dies im Leben einer Frau immer das Wichtigste blieb? — Ich merkte plötzlich, daß ich mir noch nie solche Gedanken über mich selbst gemacht hatte.
Die Schwester trat in mein Zimmer. »Was machen Sie denn auf dem Bettrand?« fragte sie sanft tadelnd. »Es ist ja erst eine halbe Stunde her!«
Ich murmelte etwas über die Probleme der Mutterschaft, während sie mir das weiche, warme Bündel in den Arm legte.
Steve kam herein. »Danke für unsere neue Sachiko«, sagte er mit nassen Augen. Ich ließ mich zurücksinken. Sachie regte die Fäustchen. Auf einmal war ich eine Mutter, als hätte ich seit Jahrzehnten nichts anderes getan.
Unser Pfahlbau in Malibu genügte nun nicht mehr. Wir brauchten ein Haus mit normalen Schlafzimmern, normaler Küche, normaler Heizung und Personal. Es war Zeit, daß wir aus unserem versponnenen Kokon herauskamen.
Wir bemühten uns also, uns der menschlichen Gesellschaft anzugleichen, und mieteten ein großes Haus. Außen war es grün, innen muschelrosa, mit weißen Böden und einem hoch-

eleganten Schlafzimmer mit Blick auf den Pazifik. Auch dieses Haus gehörte zur Malibu-Kolonie, wo die glänzendsten Filmstars wohnten. Vielleicht war unsere Nachbarin Marion Davis, aber man merkte nichts davon. Die Kinder der Berühmten tobten gemeinsam am Strand, während ihre Eltern sich hinter hohen Gartenmauern versteckt hielten.
Daß wir uns das Haus leisten konnten, verdankten wir freundschaftlicher Vermittlung. Wir schlossen einen Zweijahresvertrag ab, und der Besitzer wußte, daß wir schon aus diesem Grunde pfleglich mit dem Inventar umgehen würden. Leute, die nur für einen Ferienaufenthalt kamen, waren mit Recht berüchtigt. Und von den Parkers war bekannt, daß sie niemals Gesellschaften gaben.
Das Haus verschlang uns geradezu. Unsere bescheidenen Habseligkeiten aus dem Pfahlbau verschwanden in Räumen mit Glasschiebetüren und hohen Decken. Die Welt des Überflusses war uns dermaßen fremd, daß das Haus uns beherrschte statt umgekehrt. Ich kam mir immer vor wie in einem abgelegten Kleid, das für mich ein paar Nummern zu groß war.
Steve liebte es trotzdem, und Sachie krabbelte später fröhlich über die geräumigen Böden. Caesar, unser junger Boxer, und Bolo, unser Kater, der sich für einen Hund hielt, waren sofort mit der neuen Umgebung einverstanden.
Bald nach unserem Einzug flog Steve nach Japan zurück. Er wurde in Tokio zum Aufbau seiner eigenen Theatergruppe dringend benötigt.
Für mich hieß die Lösung: Arbeiten. Sachie war gesund, vergnügt und stets in guter Hut. Sie begleitete mich bei allen täglichen Besorgungen und gurgelte entzückt über all das Neue, das sie sah und hörte. Und, falls ich wieder beim Film beschäftigt werden sollte, hatte ich ein verläßliches Kindermädchen, das mich während der Arbeitsstunden vertreten konnte.
Aber das Schweigen des Telefons war ominös. Wallis filmte, wie ich wußte, mit Leuten, die bisher gar nicht unter Kontrakt mit ihm standen. Die anderen Produzenten hatten mich wahrscheinlich in *In achtzig Tagen um die Welt* gesehen. Mir wurde angst und bange.
Dann fiel mir ein, daß es ja auch noch das Fernsehen gab. Ein paar Monate lang kurierte ich meine Komplexe, indem ich in Unterhaltungssendungen tanzte und sang. Meine Muskel-

spannung wurde wieder normal, und es tat mir wohl, unter Kollegen zu sein. Die Filmindustrie ließ allerdings immer noch nichts von sich hören.
In meiner Verzweiflung heuerte ich bei der Probetournee einer künftigen Broadway-Show an. Es war fast drei Jahre her, seit ich vor einem lebendigen Publikum gestanden hatte, damals bei dem chaotischen *Picknick im Pyjama*. Für mich schienen die Rampenlichter ausgegangen zu sein.
Das Ensemble von *The Sleeping Prince* hatte Hermione Gingold und Francis Lederer als Hauptdarsteller. Das Stück wurde so billig wie möglich inszeniert, und das machte nichts, denn es kamen sowieso kaum Zuschauer. Nach zwei Wochen fragte uns der Produzent, ob wir mit der halben Gage zufrieden wären. Wir fügten uns. Mit einer Würstchenbude hätten wir mehr verdient, aber die Kritiken in Los Angeles, San Francisco und Santa Barbara, wo wir im ganzen fast drei Monate hingen, waren nicht schlecht. Ich wurde besonders wohlwollend beurteilt – möglicherweise lernte ich allmählich doch schauspielern. Am letzten Abend in San Francisco erwies Hal Wallis mir die Ehre, in der Vorstellung anwesend zu sein.
»Die Kritiker haben Sie gelobt, und ich muß ihnen beistimmen«, begrüßte er mich hinterher. »Kommen Sie doch mal auf dem Rückweg in mein Büro in Los Angeles. Da können wir uns näher unterhalten.«
Unterhalten? Hatte er etwas für mich?
Ja. Mehr als ich ahnte.
Er begrüßte mich mit offenen Armen an der Schwelle seines Allerheiligsten und verpaßte mir als erstes einen Kuß, der mich in äußerste Verlegenheit brachte. Es war keiner der üblichen Branchenküsse, sondern so etwas wie eine seiner Filmszenen. Dergleichen war mir noch nie passiert. Ich entzog mich ihm schleunigst.
»Sie waren ausgezeichnet in der neuen Show«, sagte er unbefangen. »Hätte ich nie von Ihnen erwartet.«
Das hielt er vermutlich für eine Schmeichelei. Dabei grapschte er noch immer nach mir. Ich gedachte der Lehre meiner Mutter: »Benimm dich in jeder Situation wie eine Dame.« Wenn ich ihn jetzt in die Rippen boxte – galt das noch als damenhaftes Benehmen? Nein. Ich nieste krachend. Und dann nieste ich noch einmal.
»Gesundheit«, sagte Hal Wallis säuerlich.

Mein Sprühregen hatte uns beide getroffen. Ich entschuldigte mich und bot ihm ein Taschentuch an. Daraufhin sagte er endlich: »Na, meinetwegen, setzen Sie sich.«
Ich nahm vor seinem Schreibtisch Platz, er dahinter, von Filmpreisen, Statuetten, Tonbandgeräten, Fotos selbstgefangener Riesenfische und Manuskriptstapeln umrahmt. Er zog ein Skript aus der obersten Schicht.
»Würden Sie in einem dramatischen Film unter Danny Mann mitmachen?«
Danny Mann hatte bei meinen Probeaufnahmen Regie geführt. »Aber gern«, antwortete ich.
»Okay. Der Titel ist *Hitzewelle (Hot Spell)*. Melden Sie sich am 6. März wieder.«
»Was für eine Rolle soll ich spielen?«
»Das sage ich Ihnen dann.«
Das war unsere ganze Unterhaltung. Mir war leicht übel. Ich verließ halbbetäubt das Büro.
In diesem Zustand trat ich die einsame Fahrt nach Hause an. Die Kinderschwester hatte Sachie beaufsichtigt, solange ich nicht da war. Offenbar erwartete sie mich nicht so früh zurück. Die Haustür stand halb offen. Meine Gummisohlen waren unhörbar.
Was ich sah und hörte, war ein Schlag für mich. Sachie krabbelte auf dem Teppich auf die breite, untersetzte Person zu, die ihrerseits auf dem Boden kniete und ihr winkte. Dadada, mein süßes Babylein, komm zu deiner Mami. Ich bin deine richtige Mami. Die fremde, böse Dame hat dich kein bißchen lieb.«
Ich erstarrte. Leona hatte mich noch nicht bemerkt. »Dadada«, lockte sie weiter. Ich sauste die Treppen hinauf, warf ihre Sachen in einen Koffer und rief den Taxidienst an. Mit blankem Haß in den Augen wälzte sich Leona in das Taxi und fuhr ab.
Ich nahm Sachie auf den Schoß und sah lange auf den Ozean hinaus.
Sachie und ich wohnten nun ganz allein in dem großen Haus. Der neue Film, *Hitzewelle*, sollte erst in acht Wochen anfangen. Steve trieb sich in Japan herum, und ich hatte nur brieflichen Kontakt mit ihm. Jeden Abend unterhielt ich mich mit ihm auf dem Papier, Sachie auf dem Schoß, Caesar und Bolo zu meinen Füßen. Die Heizung funktionierte nicht ordentlich. Unsere Hauptwärmequellen waren der Kamin und un-

sere gegenseitige Nähe. Nach dem Abendessen kuschelten wir uns vor dem offenen Feuer zusammen und verschoben es so lange wie möglich, ins naßkalte Schlafzimmer hinaufzugehen. Zum Glück war Sachie kerngesund; sie bekam nicht den kleinsten Schnupfen. Sie war immer um mich. Beim Einkaufen saß sie auf meiner Hüfte, und beim Spazierenfahren hatte sie ihr Kinderwägelchen dabei.

Dann begann der Klatsch von neuem.
Arme Shirley, allein und verlassen, mit so einem reizenden Kind!
Er scheint sich drüben mit einer Geisha zu amüsieren. Dort badet man sogar zusammen, wie Sie wissen.
Könnte er sich nicht damit begnügen, zu Hause zu bleiben und ihr Manager zu sein? Was tut er denn überhaupt?
Er sollte endlich einsehen, daß sie das Talent der Familie ist. Nicht er. Nebenbei — in welchen Filmen war sie bisher zu sehen?
Das Gezischel war nicht abzustellen. Und die Klatschbasen, die das »arme verlassene Kind« beweinten, waren nicht einmal die schlimmsten. Außer ihnen kreisten die Aasgeier über mir. Für den Durchschnittsmann scheint nichts so reizvoll zu sein wie eine halbwegs gutaussehende junge Mutter, die zwar verheiratet, aber allein ist. Sie laufen kein Risiko. Sie sind sicher. Eine Frau in ihrer Lage kann keine Forderungen stellen. Und irgendwen *muß* sie doch für ihre weiblichen Bedürfnisse haben, nicht wahr, und wenn's nur aus reiner Frustration wäre?
Nun, sie mußte nicht.
Ich lernte eine Menge über die anderen, wenn ich die schmuddligen Anspielungen in ihren Klatschspalten entzifferte. Ich war ihnen ein Rätsel. Sie konnten mich in kein Schema pressen. Schlimm! Nur in einem Punkt hatten sie recht: Ich war sehr einsam.
Ich fing an, mich auf Dinner-Parties in Hollywood zu zeigen, einem einzigartigen Auswuchs der westlichen Welt. Man wird nur eingeladen, wenn man eine Rolle spielt oder im Gespräch ist. Die Aufnahmen zu *Hitzewelle* hatten begonnen. Das machte mich gesellschaftsfähig. Solange ich Einladungen annahm, bekam ich welche. Ich wurde ein Mitglied der Dinner-Party-Clique.
Ich wußte, daß ich mit diesem Schritt verriet, wie einsam ich

war, daß ich von anderen abhing und sie brauchte. Es war eine Art Kapitulation und somit eine Genugtuung für diejenigen, die schon lange vor mir kapituliert hatten. Nun war ich eine der Ihren — aber nicht für lange.

Diese Abendgesellschaften waren eine Szene, die fortwährend wiederholt wurde, unter verschiedenen Adressen zwar, aber immer im gleichen Rahmen: smaragdener Rasen, großzügige Parkplätze, Rolls-Royces auf der kiesbestreuten Einfahrt. Gäste, die nur in Buicks kamen, parkten schamhaft in einer Seitenstraße, wo sie außer Sicht blieben.

Ein Butler im Frack oder weißem Jackett macht die Honneurs, ohne ein Wort zu sprechen. Er bittet einen mit stummer Verbeugung hinein. Ein Durcheinander berühmter Stimmen dringt vom Salon in die Diele, wo man noch einmal tief Luft holt, um den bereits Versammelten mit der nötigen Fassung gegenüberzutreten. Man fragt sich, ob die andern zuerst auch solches Lampenfieber hatten. Man strafft die Schultern, zieht den Bauch ein, wirft einen letzten prüfenden Blick in den Spiegel.

Dann hört man hohe Absätze heranklappern: die Gastgeberin naht über eingelegtes Parkett; ihre Röcke rascheln in genau der richtigen, von der Mode vorgeschriebenen Länge. Brillantengehänge glitzern unter den wohlfrisierten Locken. Sie weiß, wie blendend sie aussieht, und vergißt keinen Moment, was sie dafür bezahlt hat, während sie einen mit charmantem, leerem Lächeln begrüßt und einem ein herablassendes Kompliment über den hübschen Modeschmuck macht, den man anhat. O daß sie geschwiegen hätte! — Sie führt einen in den Salon, denn sie erinnert sich dunkel, daß man ohne Begleitung gekommen ist. Dutzende von bekannten Gesichtern drehen sich gleichzeitig um — Stars, Regisseure, Produzenten, Agenten, Frauen berühmter Männer und Männer berühmter Frauen. Man hätte sie gern in kleinerer Dosierung, aber leider ist man »in«, wie all die anderen auch, und kann sich den überschwenglichen Begrüßungen und Umarmungen nicht entziehen. Die Damen zucken bei den angedeuteten Küßchen im letzten Augenblick ein wenig zurück, damit keine Lippenstiftspur ihr kunstvolles Make-up verhunzt. Während der nun anhebenden Plaudereien weiß man, daß niemand sagt, was er wirklich denkt, und daß jeder es von seinem jeweiligen Gesprächspartner weiß. Liebenswürdige Täuschung gehört zum allseitig akzeptierten guten Benimm. Nur geschmacklose Narren oder extrem naive Leute wagen zuweilen, ehrlich zu sein. Wenn so etwas vorkommt, läuft nervöses Gekicher durch die Reihen, und irgendwer bemerkt, es sei doch bezaubernd, jemanden dazuhaben, der seine Illusionen noch nicht verloren habe. Beliebt macht man sich mit Ehrlichkeit nicht.

Dabei dürsten die Verfechter der herkömmlichen Formeln unbewußt nach ein paar Momenten der Wahrheit wie ein ausgetrockneter Garten nach Regen. Beim kleinsten Anlaß schießt die Wahrheit ins Kraut, alle Schranken fallen, die leeren, freundlichen Gesichter entspannen sich. Und sonderbarerweise wird Wahrheit sofort mit Bosheit verwechselt. Keiner läßt ein gutes Haar am andern (Anwesende ausgenommen). Scharfe, beißende Witzworte schlachten irgend jemanden ab. Nie wurde eine Hinrichtung auf amüsantere Art vollzogen.

Zuerst steht man als Zuhörer fassungslos und schuldbewußt daneben. Man hat Ehrlichkeit gewollt, aber nicht dies. Und plötzlich merkt man mit Entsetzen, daß man mit sadistischem Genuß ins gleiche Horn stößt wie die andern. Man lacht mit und weiß doch im Herzen, wie grausam es ist.

Wenn man bei dieser Erkenntnis allmählich spürt, daß sich einem der Magen umdreht, wird zu Tisch gebeten. Die berühmtem Profile schwenken marionettengleich in Richtung Speisesaal. Jeder fragt sich, mit wem er wohl den Rest des Abends verbringen muß.

Einiges Herumirren, gefrorenes Lächeln, gekonnte Freudenschreie von Tischnachbarn, die einander nicht ausstehen können. Dann kommen die delikaten Gerichte: Wildgeflügel, Reis, Artischockenböden mit frischen jungen Erbsen und Perlzwiebeln, gewürzt mit den üblichen Witzen über das figurgefährdende Kartoffelessen. Die Dienstboten sind angesichts der vielen Publikumslieblinge leicht überfordert; ihre Arme und Hände zittern unter den formvollendet dargereichten Platten.

Die Tischgespräche kann man mit ziemlicher Sicherheit voraussagen.

»Sein letzter Film war pseudorealistisch. So geht es im Leben nie zu.«

(Nein, im Leben geht es zu wie hier!)

Herren und Damen, die sonst nichts miteinander zu tun haben, heucheln Interesse für ihre zufälligen Tischnachbarn —

so weit, daß sie manchmal sogar ihre Telefonnummern austauschen, um einen verstohlenen Blick in die private Öde des andern werfen zu können.

Kleinere Grüppchen, die sich angeregt unterhalten, ziehen die allgemeine Aufmerksamkeit auf sich. Es klingt fast erfreulich.

»Aber nun reden wir endlich von Ihnen! Wie fanden Sie meinen letzten Film?«

»Sein letzter Film war eine Katastrophe. Mir egal, ob er sich für die neue Rolle eignet oder nicht.«

Andere Themen als Filme erhöhen die Nervosität. Es ist unmöglich, über etwas anderes zu reden. Also schnellstens zurück auf vertrautes Gebiet:

»Letzte Woche haben wir vierzehntausend eingespielt.«

Dann kommt das Dessert, meistens eine mit Rum übergossene und angezündete Gala-Angelegenheit von neunhundert Kalorien, die eindrucksvoll aus dem Dunkel lodert und von Mokka in zarten Täßchen begleitet wird, und dann scharren die Füße wieder auf den Orientteppichen.

Eine Welt in sich, von einer Auswahl atemberaubend markanter Typen bevölkert. Wenn man einzeln mit ihnen sprechen konnte, waren sie sogar nett. Nur in der Masse wirkten sie niederschmetternd, ein Brei ohne jede Individualität.

Mich behandelten sie durchwegs freundlich. Ich weiß nicht, warum sie mich in ihren Kreis aufnahmen, jedenfalls taten sie es. Aber ich zog mich trotzdem nach des Tages Arbeit lieber ins eigene Heim zurück, aß allein vor dem Panoramafenster zu Abend, hörte dem Brandungsdonner zu und sah, wie der Gischt an die Scheiben sprühte und in trägen, geschlängelten Bächlein abwärts rann. Ich fror immer. Besucher waren selten; Malibu lag zu weit außerhalb, besonders im Winter. Die kalte, feuchte Wildnis wurde nur gelegentlich durch Steves Heimatbesuche erhellt. Aber was heißt »erhellt«? Unser Glück wurde nur zu oft von Streitigkeiten getrübt.

Nach anderthalb Jahren begann mir nämlich die Geduld zu reißen. Ich war den erst belächelten Klatschbasen nun selbst zum Opfer gefallen und argwöhnisch geworden.

»Was hält dich denn da so lange?« schrie ich ihn an. »Deine Gesellschaft funktioniert; zwei Filme sind fertig. Warum stellst du nicht endlich deine Live-Show zusammen und kommst mit ihr her, wie du's vorgehabt hast?«

Jedesmal erklärte er mir geduldig von neuem die fernöstliche Mentalität.
Bei einem dieser Besuche kam es zu einer furchtbaren Auseinandersetzung, nach der wir, so schien es, einander nichts mehr zu sagen hatten. Steves Argumente gingen über meinen Horizont. Ich ließ ihn schließlich allein im Wohnzimmer sitzen und schleppte mich zu Bett.
Auf meinem Kopfkissen fand ich ein Gedicht von Rudyard Kipling:

> Es ist nicht gesund und es hat keinen Zweck,
> Asiaten zur Eile zu treiben;
> Der Weiße hechelt —
> Der andre lächelt
> Und geht drüber weg und läßt's dabei bleiben.
>
> Das Ende wird sein
> Ein Grab und ein Stein
> Und ein Kranz mit flatternden Bändern:
>
> Ruh sanft, armer Narr,
> Der auf eigne Gefahr
> Versuchte, den Osten zu ändern!

Das mußte er mir schon vor unserem Krach hingelegt haben. Ich nahm mir vor, noch ein Weilchen länger Verständnis aufzubringen.

6

Ich gab mir redliche Mühe. Ich machte *Hitzewelle* fertig und spielte dann in einem unbedeutenden Film nach dem anderen. Ich war mit Händen und Füßen kontraktlich an Wallis gebunden und konnte nicht das geringste dagegen unternehmen. Natürlich war ich froh, daß ich überhaupt beschäftigt war; aber die Qualität meiner Arbeit war den Preis der Einsamkeit wahrhaftig nicht wert.
Das Filmstudio wurde meine Zuflucht wie für zahllose meiner Vorgänger. Mochten die Filme auch noch so mies und

künstlerisch wertlos sein — während der Drehzeit ist man wenigstens eine Art Familienmitglied.

Der Regisseur wird zum Waisenvater, die Mitspieler werden zu Geschwistern, und wenn man selbst ehrlich nett ist, kümmern auch sie sich ehrlich um einen. Man teilt seine Hoffnungen, Ängste und Träume und versucht, oft bis zur Erschöpfung, das Äußerste aus seinen Fähigkeiten herauszuquetschen. Anerkennendes Lächeln und gelegentliche humoristische Geistesblitze sind wie eine warme Hülle. Hat man mal schlechte Laune, so wird es taktvoll übersehen. Die alten Hasen arbeiten mit diplomatischem Raffinement weiter, denn sie wissen, wie ängstlich und unsicher man innerlich ist und daß man bald wieder mit allen gut Freund sein möchte. Alles liegt am Aufnahmeteam, den Unbekannten im Hintergrund, mit denen ein Film steht und fällt. Sie müssen mit überempfindlichen Schauspielern, Drehbuchautoren und Regisseuren fertig werden. Unerschütterlich versuchen sie eine freundliche Atmosphäre zu schaffen, ungeachtet der Grobheiten, ja oft Gemeinheiten, die sie von denen, die sich schon etwas Besseres dünken, einstecken müssen. Manche befriedigen ihre Tyrannengelüste, indem sie die »kleinen Leute« drangsalieren. Dabei sind gerade die Unsichtbaren das Rückgrat der gesamten Filmindustrie, und ihr Beitrag ist meist noch höher einzuschätzen, als sie selbst wissen.

Die Dreharbeit nimmt den ganzen Menschen in Anspruch. Das eigene Heim wird zum puren Nachtquartier, wo man zu Abend ißt und schläft. Zu Hause ist man in einer Studiokulisse mit Rollwänden und Kronleuchtern, die an Seilen herabgelassen werden.

Die Sonne geht nicht auf, ehe die Leute, die ihr Leben auf der Beleuchterbrücke verbringen, die Scheinwerfer einschalten. Sie winken, und man freut sich dazusein, und man gibt sich Mühe, jeden beim richtigen Namen zu nennen — dann sind sie entzückt. Kleine Huldigungen schweben von oben herab: ein Stückchen eingewickeltes Kaffeegebäck, eine Melodie, ein brandneuer Witz. Man fühlt sich mit ihnen unlösbar verbunden, denn auch sie sehen kaum etwas von ihren Angehörigen.

Nun beginnt man zu spielen, und die Rolle wird zur vorübergehenden Wirklichkeit. Man fühlt sich entspannt und sicher im Schutze der Aufnahme-Familie. Sie lassen einen nicht aus den Augen. Sie gleichen ungünstige Schatten sofort

mit Beleuchtungstricks und Vorsatzlinsen aus und gestikulieren stumm-beredt, bis man die hübscheste Kopfhaltung gefunden hat. Man kann sich ihnen unbedingt anvertrauen, denn sie haben keine Hintergedanken. Hat man nach einer schlaflosen Nacht Ringe unter den Augen, so schimpfen sie nicht, sondern stellen die Scheinwerfer wortlos so ein, daß das Publikum später nicht sieht, was sie gesehen haben.
Filmarbeit ist so sachlich und so persönlich zugleich, daß man sie nur mit der Beziehung zwischen Arzt und Patienten vergleichen kann. Der Regisseur gibt seine Verordnungen, leitet unklare Vorstellungen und Gefühle auf die richtige Bahn, ermutigt zum allgemeinverständlichen Ausdruck. Man begreift bald, daß Vertuschung oder Unterdrückung privater Gefühle Betrug wäre. Eine glatte Oberfläche nützt niemandem. Man muß den Mut haben, alles zu geben, auch sein Innerstes. Zuerst fühlt man sich ungeheuerlich bloßgestellt, aber dann merkt man, daß kein Mensch weiß, was talentiertes Spiel und was Selbstenthüllung ist. Die Mitarbeiter sind dankbar und glücklich, daß man »locker spielt«, und tun desgleichen.
Und so wird das Filmen, egal, wie mittelmäßig oder schlecht die Resultate sein mögen, doch zu einer wichtigen Lebensschule. Man durchläuft eine Periode totaler Hingabe an die Arbeit, und wenn man sich abends todmüde trennt, weiß man doch, wo man hingehört. Und wenn man in sein einsames, dunkles Haus zurückkehrt, sehnt man schon den nächsten Morgen herbei, um wieder dabeizusein.
Ich wußte natürlich, daß mein Leben keineswegs im Gleichgewicht war. Ich hatte nur meine Arbeit und Sachie. Während die Monate und Filme sich aneinanderreihten, klammerte ich mich mit immer heißerer Liebe an Sachie.
Und dann wurde mir auch Sachie genommen. Steve war an Leberentzündung erkrankt und lag in einem Krankenhaus in Jokohama. Ich war mitten in einem Film und schickte ihm Sachie allein für einen Weihnachtsbesuch. Sie saß angeschnallt auf ihrem Flugzeugsitz und strahlte übers ganze Gesicht, weil sie ihren Daddy wiedersehen durfte. Das Kindermädchen, das Steve für sie engagiert hatte, sollte sie in Japan am Flughafen abholen.
»Letzte Aufnahme ... Fertig!« schrie der Regieassistent. »Nochmals Dank für Ihre Mitarbeit. Ich glaube, wir haben einen guten Film im Kasten. Cocktails nebenan, im Namen

der Gesellschaft, und hoffentlich arbeiten wir alle bald wieder zusammen.«

Das war's mal wieder. Man schüttelte sich die Hände, man tauschte Scherzworte und kleine Souvenirs aus. Die Scheinwerfer erloschen; die letzte Filmdekoration sank ins Dunkel.

Ich saß allein in meiner Garderobe. Die Kostüme waren schon aus dem Schrank geholt, der Schminktisch aufgeräumt. Das abgedrehte Skript lag mit dem Titel nach unten auf einem Stuhl. Keine biederen Männerstimmen kamen mehr von oben, keine Garderobiere vertrieb sich die Zeit zwischen zwei Auftritten mit Kreuzworträtsellösen. Die Klappstühle mit unseren Namen auf der Rückenlehne waren bereits für das nächste Filmteam, das das Studio gemietet hatte, zusammengeklappt und weggestellt. Keine als Cowboys und Indianer verkleideten Statisten benutzten die ewigen Wartezeiten zu Wochenendverabredungen. Das sonst so aufdringliche Telefon war verstummt. Keine wütende Stimme aus dem Hauptbüro begehrte zu wissen, woran es denn heute hänge und wie viele Szenen wir abzudrehen gedächten.

Alles war still, bis sich der Studiopförtner mit rhythmischem Besengeraschel näherte.

»Sind Sie noch nicht fertig, Miß Shirley?« fragte er und sah mich mit leidgewohnten Augen an.

»Doch. Entschuldigen Sie. Ich war nur in Gedanken.« Ich versuchte, leichthin zu sprechen, als sei ich nur müde.

»Das war ein netter Film«, sagte er (wie immer). »Aber Sie sind jetzt bestimmt ziemlich kaputt. Ruhen Sie sich mal ein bißchen bei Ihrer Familie aus.«

Damit verabschiedeten wir uns, und ich beeilte mich, in die Nacht hinauszukommen. Nach der zeitlosen Helle des Ateliers war es für mich immer wieder eine Überraschung zu sehen, daß die Erde sich inzwischen weitergedreht hatte. Die Dunkelheit empfing mich unfreundlich. Außer ein paar Nachzüglern war niemand mehr auf dem Filmgelände. Die hatten wahrscheinlich auch kein besonderes Zuhause. Spätschichtarbeiter zimmerten an neuen Dekorationen; einer pfiff anerkennend, als ich vorbeiging. Ich lächelte.

Dann packte ich die wenigen Dinge, die ich immer in die Garderobe mitnahm, in den MG. Waschlappen, Handtücher, Zahnpasta und -bürste, Pulverkaffee und ein Foto von Steve und Sachie. Morgen schon würde mein wahres Zuhause, die Filmgarderobe, jemand anderem gehören. Und wo blieb ich?

Natürlich in einer anderen »großen Familie«, die auseinanderlief, sobald die letzte Aufnahme abgedreht war und der Regisseur sein »Fertig!« rief.
Hätte ich wenigstens mit jemandem sprechen können! Über das trostlose Gefühl, nirgendwohin zu gehören, keinen festen Halt zu haben, über die Sinnlosigkeit, für eine Weile mit Leuten vertraut zu sein, die man dann nie wieder sah.
Ich fuhr zu meinem leeren Haus am Strand und dachte an den Abend, an dem ich Sachie ins Flugzeug gesetzt hatte. Wie stolz hatte sie eigenhändig ihren Paß vorgezeigt, und wie hatte es mir ins Herz geschnitten!

> Stephanie Sachiko Parker
> Alter: 2
> Gewicht: 30 Pfund
> Größe: 2 1/2 Fuß
> Beruf: Kind

Ich hatte die Tränen nicht zurückhalten können, als ich sie im Flugzeugsitz festschnallte. Die anderen Passagiere schauten höflich weg, und ich hätte mich am liebsten in nichts aufgelöst. Woher sollten sie wissen, daß ich nicht nur eine »Hollywood-Mutter« war, die ein Kind herumschob wie eine Schachfigur? Aber warum mußte sie allein fliegen? Warum durfte ich nicht bei den zwei Menschen sein, die ich auf Erden am meisten liebte?
Ich sah das Flugzeug starten. Sachie hatte eine Alleinreise von achttausend Meilen vor sich — ein winziges Bindeglied unserer »Ehe auf Distanz«. Warum mußte das so sein? Weil Männer ihre eigenen Aufgaben haben und von Frauen immer und ewig Verständnis verlangt wird?
Es war *das* Problem meines Lebens geworden. Und nun, als ich nach Beendigung des Films heimwärts fuhr, faßte ich einen Entschluß. Was ich durchmachte, war unerträglich. Ich mußte es zugeben. Ich hatte arbeiten wollen; das war von Kind an eine Haupttriebfeder meines Wesens. Nicht nur beruflich, sondern auch als Frau wollte ich keine Niete sein. Aber was ich bisher geleistet hatte, schien mir nichtig — oder, noch schlimmer, mittelmäßig. Es war den Aufwand nicht wert. Ich gehörte zu Steve und Sachie. Das würde er sicherlich einsehen. Von drei Bestandteilen, aus denen ich zusammengesetzt war — Schauspielerin, Frau und Mutter —, mußte einer rigoros entfernt werden.

Ich rannte in das dunkle Haus; mein Entschluß stand fest. Zum Teufel mit meinen Träumen, eine Berühmtheit zu werden! Viel wichtiger war es für mich, bei meinen beiden Liebsten zu sein.
Am nächsten Vormittag konnte der Jet gar nicht schnell genug fliegen. Ich würde schon lernen, mich von rohem Fisch und Reisklößchen zu ernähren.

7

Steve empfing mich mit offenen Armen. Auch er hatte sich einsam gefühlt, aber nie zugeben wollen, daß er mich brauchte. Sachie hatte ihm sozusagen das Leben gerettet. Sie war in den vier Monaten, seit ich sie nicht gesehen hatte, sehr gewachsen und kam mir mit ihren zweieinhalb fast wie eine junge Dame vor. Ihr blondes Schnittlauchhaar und ihre Sommersprossen kontrastierten drollig mit dem vornehmen Kimono, den sie anhatte. Sie gab japanische Weisheiten von sich und benahm sich auch im übrigen reif und unabhängig. Sie und Steve liebten sich heiß und innig. Ich gehörte sowieso dazu, und nun waren wir drei wieder glücklich vereint.
Steve hatte ein Haus in Shibuya, einem Vorort von Tokio, gemietet. Seine neuen Büroräume waren nicht allzu weit entfernt. Ich beschäftigte mich mit *Ikebana* (dem traditionellen Blumenarrangieren), Kochen und Lesen. Sachie ging in den internationalen Kindergarten von Nishi Machi. Dort traf sie Kinder aus allen möglichen Ländern, und obwohl sie noch zu jung für die Vorschulklasse war, bedeutete die Begegnung mit kleinen Thailändern, Indern, Chinesen, Burmesen, Deutschen, Franzosen, Engländern, Indonesiern und Japanern, mit denen sie täglich spielte, schon eine wichtige Erziehungsgrundlage. Sachie und ein anderer kleiner Junge waren in diesem Kindergarten die einzigen Amerikaner. Sie schnappte auf natürlichste Art Sprachen auf und konnte sich bald in mehreren verständlich machen. Die Lehrer von Nishi Machi hatten eine goldene Regel aufgestellt: Die Sprache des Kindes, das beim Ballspiel gewann, mußte für den Rest der Spielzeit auch von den übrigen gesprochen werden. So wurde die gegenseitige Verständigung ein Spaß und keine aufgezwungene Mühsal.

Steves Geschäft blühte. Er gewann zwei internationale Festivalpreise für seine japanischen Dokumentarfilme und redete wieder davon, ein japanisches Ensemble in die USA zu bringen. Meine Karriere lag auf Eis. Wir drei blieben ein halbes Jahr lang zusammen. Es war die glücklichste Zeit unserer Ehe. Aber es konnte nicht dauern.

Allmählich packte mich wieder die Ruhelosigkeit. Ich mußte mehr mit mir anfangen. Mein Leben lang hatte ich meine Energien aufs höchste angespannt. Das Zusammensein mit Steve und Sachie, so schön es war, genügte mir nicht mehr. Mein brachliegendes Talent machte mir weniger zu schaffen als die Tatsache, daß ich auf höchstens zwanzig Prozent meiner Kräfte zurückgeschraubt war.

Steve und sogar Sachie spürten es bald. Man kann so etwas bei innigem Zusammenleben gar nicht verbergen. Dabei schien mein Dilemma so abgedroschen: Junge Hausfrau fühlt sich unausgefüllt; sie hat mehr zu geben, als liebevoll Geschirr zu spülen, liebevoll auf ihr Kind zu achten und besonders liebevoll zu ihrem Mann zu sein. Es klang wie ein Leserbrief an die Briefkastentante von *Ladies' Home Journal*. Und *Dear Abby* würde allen jungen Frauen in meiner Lage antworten, nichts sei wundervoller und wichtiger als eine glückliche Familie. Ich begann daran zu zweifeln, als Sachie mich eines Tages fragte, warum ich nicht mehr filmte. Die Antwort »Weil du mich brauchst«, wäre nur halb wahr gewesen. Was Sachie brauchte, war die Gewißheit, daß ich immer zur Stelle sein würde, *wenn* sie mich brauchte, nicht daß ich für sie da sei, egal, ob sie mich brauchte oder nicht. Es gefiel ihr gar nicht, meinen Zwiespalt mit anzusehen. Es belastete sie, so klein sie war. Und wenn ich Freiheit und Unabhängigkeit für ein heranwachsendes Wesen wie sie predigte, warum nahm ich dasselbe nicht für mich in Anspruch? Wie konnte ich erwarten, daß sie sich zu einer selbständigen Persönlichkeit entwickelte, wenn ich ihr kein Beispiel gab? Ich machte mir klar, daß ich sie mit der Unterdrückung meiner eigenen Wünsche nur verwirrte. Alles, was ich mir versagte, erlaubte ich ihr, und sie stieß mich, wie die meisten Kinder, mit der Nase auf meine Widersprüchlichkeit.

Steve sagte lange nichts. Er wartete auf meine Entscheidung. und erst als er sah, daß ich nicht den nötigen Mumm hatte, sprach er das erlösende Wort.

»Du hast dein Leben lang auf ein Ziel hingearbeitet: dich zu

verwirklichen, dich mitzuteilen und alle Kraft dafür einzusetzen. Ich laube nicht, daß du diesen Vorsatz bei der ersten Klippe aufgeben solltest. Nichts, was sich lohnt, ist leicht zu erreichen. Natürlich möchte ich dich gern bei mir haben; aber als ich den harten Entschluß faßte, in Japan zu leben und meiner eigenen Arbeit nachzugehen, habe ich nicht von dir erwartet oder verlangt, daß du mir folgst — weder aus innerer Leere noch aus mißverstandener Pflicht. Ich glaubte dich stark genug, dich durchzusetzen. Hast du keinen Ehrgeiz mehr? Du bist nicht zur Hausfrau geboren. Nach spätestens einem Jahr hier würdest du dich jämmerlich fühlen, dich wegen deiner Schwäche verabscheuen, und mich, weil ich im Grunde daran schuld bin. Versuche es lieber noch mal mit der Arbeit. Wenn du in absehbarer Zeit nicht weiter bist als jetzt: schön, dann gib's auf. Aber nicht vorzeitig. Flieg zurück und arbeite!«
Steve kannte mich besser als ich selbst.
Ich kehrte nach Hollywood zurück und vertauschte das leere Haus am Stadtrand mit einem, das dem Filmgelände näher war.
Sachie pendelte zwischen Nishi Machi und dem amerikanischen Kindergarten hin und her. Das einzige, was sie dabei verwirrte, war die Frage, wann und wo sie die Schuhe anoder auszuziehen hatte. Die Klatschbasen Hollywoods hatten neuen Redestoff. Und ich bekam weiterhin mittelmäßige Rollen.
Bis zum Wendepunkt — dem Durchbruch, den Steve vorausgeahnt hatte — und den Wallis mir beinahe vermasselt hätte. Das Studio war Metro-Goldwyn-Mayer, und der neue Titel war *Verdammt sind sie alle (Some Came Running)*. Frank Sinatra und Vincente Minnelli hatten mich in einer Fernsehsendung gesehen und meinten, ich sei genau die Richtige für die Rolle der Ginny — eine Rolle, »in der sogar *sie* weiß, wie minderwertig sie ist«.
Sie setzten sich mit meinem Agenten in Verbindung, der eine Gage für mich aushandelte, die ich nie zu erträumen gewagt hätte — 75 000 Dollar —, und die Metro willigte ein, weil Minnelli darauf bestand. Und dann betrat Wallis die Bühne.
Er erklärte den Metro-Leuten, daß sie mich für den halben Preis haben könnten, aber nur über ihn. Auf die Frage, was dann für mich übrig bliebe, erwiderte er: 10 000, wie ich es gewohnt sei und wie es im Vertrag stehe. Für die Metro war

alles eins. Sie kam ein bißchen billiger weg, und Wallis verdiente bei dem Kuhhandel 29 000 Dollar. Mein Agent protestierte, und da er die mächtige Music Corporation of America hinter sich hatte, war auf einmal die Hölle los.
Aber ich fand das Drehbuch herrlich. Das war's, worauf ich gewartet hatte! Ich rief Steve an.
»Mach es«, riet er mir. »Mach den verdammten Film, auch wenn du gar nichts dafür kriegst. Das große Geld kommt immer erst nach der wirklichen Entdeckung.«
Um Wallis eins auszuwischen, wartete ich immerhin bis zum ersten Drehtag, ehe ich mich meldete. Minnelli und Sinatra stärkten mir den Nacken, und die Metro war zu sehr im Druck, um etwas einzuwenden. Die Kostüme paßten mir, und die Rolle der Ginny lag mir dermaßen, daß keine besonderen Vorstudien notwendig waren.
Während der Außenaufnahmen in Madison, Indiana, begann meine Beziehung zu dem sogenannten »Clan«. Die Bezeichnung war von einem Journalisten erfunden, der von einer Illustrierten beauftragt war, über die Fortschritte des Films zu berichten. Frank Sinatra und Dean Martin, die Schlagerkomponisten Jimmy van Heusen und Sammy Cahn sowie etliche Italiener, die auch irgendwas mit dem Film zu tun hatten (einer machte wunderbare *cannelloni*), nisteten sich in einem Haus neben dem Hotel ein, das den übrigen Aufnahmestab beherbergte. Aus unbekannten Gründen war ich die einzige Frau, die dieses Männerreservat betreten durfte, und ich machte oft und lange von meinem Vorrecht Gebrauch. Ich räumte auf, ordnete Blumen und verteilte Appetithappen auf den Tischen. Die Männer waren imstande, fünfzehn Stunden hintereinander zu trinken, zu rauchen und Witze zu reißen. Ich habe mich in meinem Beruf selten besser unterhalten. Unser Regisseur Minnelli war in puncto Ausstattung unheimlich gewissenhaft und rief uns nie, ehe nicht alles wirklich aufnahmebereit war. Wir verdankten ihm daher viel freie Zeit.
Die Einwohnerschaft von Madison, Indiana, belagerte uns pausenlos. Wir konnten nicht kommen oder gehen, ohne ein Volksgetümmel zu verursachen. Die Hoteldirektion brachte schließlich eine Seilabsperrung an, womit sie den Leuten aber erst recht auf die Nase band, daß »etwas los war«. Frank und Dean waren Publikumsidole, immer tip-top, immer heiter und selbstbewußt. Die Frauen warfen sich den beiden Be-

rühmten buchstäblich an die Hälse und ließen ihre Männer, die zuweilen knallrot und einem Schlaganfall nahe waren, im Hintergrund stehen. Eines Abends durchbrach eine Dame die Barriere, stürzte ins Haus, warf zwei Stehlampen um, überfiel Frank, Dean und mich beim friedlichen Fernsehen, schleuderte Frank rücklings auf die Couch und begann ihn abzuküssen. Ihr Mann, der ihr nachkeuchte, schrie: »Aber Helen, du kennst den Burschen doch gar nicht!!« Helen, deren purpurnes Gewand ihrer Leidenschaft angepaßt war, ließ sich durch nichts anfechten und verfolgte stracks ihr Ziel, bis Frank seine Geistesgegenwart zurück- und dadurch die Oberhand gewann. Er bat Helen ernst und ruhig, ihn wenigstens wieder aufrecht sitzen zu lassen. Sie tat es. Und er, ganz Kavalier, führte sie zum Ausgang und schenkte ihr zum Abschied ein Bild mit Autogramm – statt seiner selbst.

Ich fragte mich oft, ob und wie Franks und Deans männliches Gefolge den Rest bewältigte. Wahrscheinlich gab sich die Masse der weiblichen Fans, die nicht an die Stars herankommen konnte, auch mit ihren Trabanten zufrieden.

Ich hingegen schien so eine Art Maskottchen zu sein. Kein Mensch stellte mir je unzüchtige Anträge oder zudringliche Fragen. Sie wußten, daß mein Privatleben kompliziert war, ließen mich in Ruhe und schützten mich vor taktlosen Außenseitern.

Nach und nach wurden auch Sammy Davis, Peter Lawford, Joey Bishop und ein paar andere in den »Clan« aufgenommen. In den nächsten fünf bis sechs Jahren habe ich mit jedem, manchmal öfters, gefilmt, und unsere Freundschaft blieb stets die gleiche. Sie brachten mir selbstlos alle Komödientricks bei. Manchmal, wenn ich in Japan oder sonstwo auf Reisen war, sahen wir uns monatelang nicht, aber bei der Rückkehr war alles wie früher. Sie fragten kaum, wo ich mich in der Zwischenzeit herumgetrieben hätte. Wir knüpften einfach wieder da an, wo wir aufgehört hatten.

Nach der Freigabe von *Verdammt sind sie alle* wurde ich für einen Oscar vorgeschlagen. Während ich früher nie richtig eingesetzt worden war, bekam ich jetzt lauter Bombenrollen, die mir wie auf den Leib geschneidert waren. Ich hatte es nicht mehr nötig, mich von Produzenten auf pure Hübschigkeit hin begutachten zu lassen. Die Erfolge jagten sich: *Cancan, Das Appartement (The Apartment), Children's Hour (Infam), Spiel zu zweit (Two for the Seesaw), Irma la*

Douce — weitere Preise, Geld und vor allem das Gefühl, endlich etwas Ordentliches zu leisten.
Steve war wunderbar und echt stolz auf mich. Ich fand zu mir selbst und merkte, daß meine seelischen Reserven noch keineswegs ausverkauft waren. Mit kühnen Drehs brachten wir es fertig, doch die meiste Zeit beieinander zu sein. Sachie gedieh prächtig. Ich verbrachte das halbe Jahr, wenn sie zur Schule ging, in Japan, und wenn sie im Sommer zu mir nach Kalifornien kam, filmte ich. Unser Zusammengehörigkeitsgefühl wurde durch die notgedrungenen Trennungen stärker, nicht schwächer.
Auch Steves Geschäfte blühten. Er war der Neid aller Amerikaner, die vergebens versuchten, sich bei Verhandlungen auf die japanische Mentalität einzustellen. Seine Show, *Holiday in Japan,* wurde drei Jahre lang von verschiedenen Tourneen durch ganz Amerika getragen. Manche Produzenten versuchten seine Mischung von Tradition und Moderne zu kopieren, scheiterten aber, weil sie weder Geduld noch Zeit aufbrachten, sich in die asiatische Gedankenwelt einzufühlen.
Alljährlich, auf kaiserlichen Wunsch, inszenierte Steve den Hofball, zu dem er Talente aus allen Teilen des Orients zuzog. Er sah sich auf den Philippinen um und exportierte auch das Philippinische Festival nach Amerika. Als der Staatsstreich gegen Syngman Rhee in Korea zur Regierungsneubildung führte, brachte Steve das dahinsiechende Theaterleben mit staatlicher Unterstützung wieder auf die Beine. Sein Name wurde stellvertretend für das asiatische Theater überhaupt. Er war ein ausgefüllter Mann. Unser Experiment war gelungen. Mit Verständnis und gegenseitiger Hilfe hatten wir es beide geschafft.

Aber was nützte das schöne neue Selbstbewußtsein? Meine Seele gehörte zwar wieder mir selbst, meine Zeit jedoch Hal Wallis. Der ursprünglich für fünf Jahre abgeschlossene Vertrag dehnte sich nun durch Beurlaubungen und Verlängerungen auf volle neun Jahre aus, und je länger er sich dehnte, desto mehr brachte er Wallis ein.
Im neunten Jahr, nachdem ich in einigen wirklich guten Filmen gespielt hatte (keiner davon war von ihm!), wollte er mich zu einer vollkommen undiskutablen Sache zwingen. Ich bat ihn um ein anderes Skript, jedes nur halbwegs annehmbare wäre mir recht gewesen. Mir ging es auch gar nicht um

die nach wie vor knickrige Vertragsgage. Wallis raunzte meine Einwände unhöflich nieder und »bestand auf seinem Schein«. Der Kontrakt galt, und er war der Produzent, nicht ich.
Ich entschloß mich zur Klage vor dem kalifornischen Arbeitsgericht, das im Prinzip keine Verträge über sieben Jahre gegen den Willen eines der Beteiligten zuläßt. Es ist ein Schutz der Angestellten gegen die eigene Unwissenheit und daher hoch zu loben. Wallis war entrüstet. Wie konnte das einstige Chorus-Girl sich unterstehen, erwachsen zu werden und sein Recht zu fordern?
Ich hatte damals mit der Metro gerade einen Vertrag für die Rolle der *Molly Brown* abgeschlossen. Der Drehbeginn stand unmittelbar bevor. Aber dann bekamen die Metro-Leute es mit der Angst zu tun, daß Wallis infolge unseres Rechtsstreits dazwischenschießen könnte. Und, falls ich den Prozeß verlor, konnte er meine Mitwirkung in dem Streifen unterbinden, egal, ob wir schon mittendrin waren oder nicht. Folglich löste die Metro den Vertrag, und unter diesen Umständen hatte auch keine andere Filmgesellschaft den Mut, es mit mir zu wagen. Die Erbsendose, siehe oben, war rebellisch geworden, und die Erbsenfabrikanten verrammelten ihre Tore.
Freilich saß auch der mächtigste Fabrikdirektor in der Klemme. Wenn Wallis den Prozeß verlor, würde wahrscheinlich die Zumutbarkeit derartig langfristiger Verträge (oft »weiße Sklaverei« genannt) unter die kritische Lupe genommen und der entsprechende Paragraph abgeschafft werden. Es handelte sich um einen Paragraphen, über den niemand eine gerichtliche Entscheidung haben wollte. Ohne ihn wäre mancher Star niemals Star geworden, und manches Geschäft wäre in die Binsen gegangen. Einer von uns würde die Schlacht verlieren, hier ging es jedoch um den ganzen Krieg. Zwei Tage vor der Entscheidung bot Wallis einen Vergleich an. Gegen 150 000 Dollar »Konventionalstrafe« entband er mich von unserem Vertrag. Neun Jahre nachdem er mich im *Picknick im Pyjama* gesehen hatte, war ich endlich frei von ihm. In dieser Zeit hatte ich neun Filme für ihn gemacht, für die ich durchschnittlich 15 800 Dollar bekam, während er den Löwenanteil einsteckte. Aber nun konnte ich endlich ohne ihn unter den Angeboten wählen und meinen Preis selbst bestimmen.
In dieser Zeit passierte auch sonst noch allerhand. Da war

zum Beispiel der inzwischen verstorbene Klatschreporter Mike Connelly, der jedes Gerücht in seine Spalte brachte, ohne es auf seinen Wahrheitsgehalt zu prüfen. Ich glaube, offen gestanden, daß er sich das meiste selbst aus den Fingern sog. Politisch war er konservativ wie sonstwas; wer nicht dauernd die amerikanische Fahne schwenkte, war ihm schon verdächtig. Sein Motto war: Recht oder Unrecht – mein Vaterland und mein Klatsch!

Der Umstand, daß ich so oft außer Landes war, machte mich in seinen Augen zu einer »Wegläuferin« vom heimischen Kunstmarkt, obwohl ich in all den Jahren nur einen Film, *Meine Geisha (My Geisha)*, außerhalb Amerikas gemacht hatte. Politisch fand er mich unzurechnungsfähig bis übergeschnappt. Als ich für Stevenson und Kennedy demonstrierte, und erst recht, als ich in Sacramento mit Marlon Brando und Steve Allen gegen die Hinrichtung Caryl Chessmans protestierte, schrieb er, nun hätte ich den letzten Rest von Verstand verloren.

Er konnte mich nun mal nicht leiden. Als ich einmal für eine Weile verschwand, weil ich auszuruhen und mit mir selbst ins reine zu kommen suchte, schrieb er, ich hätte meine Nase operativ verschönern lassen wollen, sei aber verpfuscht worden und brauche nun längere Zeit zur Genesung.

Ferner schrieb er, ich hätte wegen einer unglücklichen Liebe einen Selbstmordversuch unternommen, und eine andere meiner Reisen habe einer diskreten Abtreibung gedient.

Daß ich im Laufe der Jahre beim Lesen solcher Nettigkeiten allmählich wild wurde, ist mir vielleicht nachzufühlen. Das Faß lief über, als Connelly just an demselben Morgen, als Hal Wallis und ich uns verglichen, verkündete, ich hätte meinen Prozeß verloren. Selbstmordversuch, mißglückte Nasenoperation, Abtreibung – solche leicht widerlegbaren Lügen konnte ich noch verschmerzen. Bis dahin hatte ich mich auch gegen keine Verleumdung öffentlich gewehrt, weil das den Tratsch ja nur in die Breite gezogen hätte. Aber das mit dem verlorenen Prozeß, das war doch der Gipfel!

Ich fragte meinen Rechtsanwalt, wie man jemanden ohrfeigen könne, ohne daraufhin wegen Körperverletzung belangt zu werden. Er sah in seinen Akten nach. »Mit der flachen Hand«, sagte er dann, »keinesfalls mit geballter Faust. Achten Sie nur darauf, daß der andere nicht zurückhaut. Vielleicht weiß er nicht, wie sehr Sie im Recht sind.«

Na, daß Mike Connelly nicht zurückhauen würde, war mir klar wie sonst nichts an seinem merkwürdigen Charakter. Dazu war er viel zu feige.
Ich rief Lori, meine Sekretärin, und fragte sie, ob sie bei einer für mich wichtigen Sache Augenzeugin sein wollte. Sie sagte bedingungslos ja, obgleich sie nicht wußte, was ich vorhatte, fragte, ob ich Connellys heutige Spalte schon gelesen hätte, und ich murmelte eine unverbindliche Antwort.
Wir fuhren zum Sunset Boulevard, hielten vor der *Hollywood-Reporter*-Redaktion und gingen in den ersten Stock, wo alle Stenotypistinnen in einem kleinen, lärmerfüllten Raum zusammen arbeiteten. Ich fragte die Empfangsdame höflich, ob ich, bitte, Mr. Connelly sprechen könnte. Zu meiner stillen Genugtuung sah ich noch zwei Reporter des Blattes, die sich gerade miteinander unterhielten. Einen erkannte ich und nickte ihm einen Gruß zu. In diesem Moment kam Connelly aus dem Lift ins Büro.
»Shirley!« Er lächelte gezwungen. »Das ist aber mal ein unverhofftes Vergnügen!«
»Kann man wohl sagen«, stimmte ich zu. »Besonders für mich.«
»Womit kann ich Ihnen dienen?«
»Ich wollte Sie nur mal was fragen. Vertreten Sie als Zeitungsmann die Wahrheit oder nicht?«
»Natürlich die Wahrheit. Das wissen Sie doch.« Er scharrte unbehaglich mit den Füßen.
Ich trat dicht an ihn heran und nahm ihm vorsorglich die Brille ab.
»Und warum, zum Donnerwetter, halten Sie sich nicht daran?« Damit holte ich aus und versetzte ihm, batsch, eine furchtbare Backpfeife. Ich hätte ihn gern mit geballter Faust k. o. geschlagen, dachte aber an den Rat meines Rechtsanwalts.
»Shirley«, kreischte er, »was fällt Ihnen denn ein?«
»Dasselbe, was Ihnen seit Jahren einfällt — anderen Leuten Hiebe zu versetzen.«
»Aber Shirley!«
»Aber Mike!« Und ich klebte ihm noch eine.
Die beiden anderen Reporter wühlten hastig Münzen aus der Tasche und rasten ans Telefon, um sich mit der Los-Angeles-*Time* in Verbindung zu setzen. Ich hörte nur den Beginn eines ihrer Gespräche: »Sie werden es mir nicht

glauben, aber ich hab's eben mit eigenen Augen gesehen ...«
Ich wünschte huldreich allseitig guten Tag, hoffte, daß ich den
Betrieb nicht gestört hätte, und verließ das Lokal, um mich
auf geradem Weg wieder zu meinem Rechtsanwalt zu bege-
ben, der noch mit Wallis' Vertretern beim Austüfteln unseres
Vergleichs saß.
Kaum war ich da, so klingelte das Telefon. Die Sekretärin
meldete, es sei Hedda Hopper, eine ebenso gefürchtete, aber
nicht ganz so gewissenlose Klatschtante wie Connelly.
»Shirley, Sie sollten sich schämen!«
»Okay, ich weiß schon«, sagte ich ergeben. Nun hatte mich
der andere Drachen beim Wickel.
»Nein«, sagte sie, »warum haben Sie ihn nicht gleich auf der
Stelle kaltgemacht? Was mich betrifft, so haben Sie sich nur
deshalb zu schämen.«
Das tat gut! Ich schickte Hedda zum Dank ein Hütchen aus
echten Orchideen, das sie wochenlang, bis zum völligen Ver-
dorren, getragen haben soll.
Für den Rest des Tages hatte ich mit den Rechtsanwälten zu
tun und achtete nicht auf das langsam anschwellende Getöse
draußen. Meine Ohrfeigen hatten im wahrsten Sinne des
Wortes Schlagzeilen gemacht. Was die Überlegungen betraf,
ob ich nun eine Anklage wegen vorsätzlicher Körperverletzung zu gewärtigen hätte, so war ich froh, daß ich Lori als
Augenzeugin mitgenommen hatte.
Abends ging ich mit einem Kollegen zu einer Party im Hin-
terzimmer von Chasens Restaurant. Als wir hereinkamen,
klatschten alle Beifall, und an meinem Platz erwartete mich
ein Paar Boxhandschuhe als zarte Aufmerksamkeit von
Rocky Graziano.
Andere warnten mich lachend, abends allein im Dunkeln spa-
zierenzugehen. Connelly könnte mir auflauern, um mich mit
einem nassen Lappen zu erschlagen!
Governor Brown bat telegraphisch um eine Liste meiner
nächsten Kämpfe.
Aber das schönste Telegramm kam vom Präsidenten
J. F. Kennedy und lautete:

LIEBE SHIRLEY GRATULIERE ZUM FAUSTSIEG STOP
JETZT MUMM ZEIGEN UND WALLACE NIEDERSCHLAGEN
STOP ICH MEINE DEN GOUVERNEUR UND NICHT HAL
WALLIS JFK

8

Das Leben bekannter Leute wird wohl nur deshalb in den Zeitungen so breitgetreten, damit Menschen, die sich sonst nichts zu sagen haben, irgendein anderes Ventil für unverarbeitete Gefühle finden.

Der Besuch Nikita Chruschtschows während der Dreharbeiten zu *Can-can* war wieder so ein Musterfall. Die Begegnung an sich war denkbar harmlos. Erst durch die Zeitungen wurde alles zur Sensation aufgebauscht.

Die Direktion der 20th Century-Fox bat Frank Sinatra und mich, als Gastgeber zu fungieren, wenn Chruschtschow und sein Anhang kamen, um sich mal anzusehen, wie ein amerikanischer Film gemacht wurde. Frank und Louis Jourdan übten den Song »Leben und leben lassen«, der für die Gelegenheit besonders passend schien, und ich lernte ein paar Sätze Russisch (rein phonetisch) auswendig und übte die große Cancan-Nummer mit dem Corps de ballet ein.

Das Ganze wurde durchs Fernsehen übertragen, und da ich russisch gesprochen, Chruschtschow angelächelt und ihm die Hand gedrückt hatte, bekam ich alsbald eine Sturzflut von Schmähbriefen: ich machte gemeinsame Sache mit dem Mörder Ungarns! Chruschtschow selbst lächelte den ganzen Nachmittag fröhlich, tat, als ob er mein Russisch verstünde, und strahlte angesichts der pikanten Tanzdarbietungen übers ganze Gesicht. Seine Frau schien weniger entzückt und behielt ihn scharf im Auge, als ich ihm die einzelnen Tänzerinnen vorstellte und er noch mehr strahlte. Die Pressefotografen sorgten dafür, daß ich, mit über den Kopf fliegenden Röcken, und Chruschtschow aufs gleiche Bild kamen. Im übrigen gab er sich in unserer Mitte nett, herzlich und natürlich. Aber das dicke Ende kam nach. Disneyland war nicht das einzige in den USA, was ihn aufregte. Als die Journalisten ihn nach seiner Meinung über mich und die Cancan-Gruppe fragten, sagte er: »Das Gesicht der Menschheit ist doch hübscher als ihr Hintern.« Ich konnte dazu nur achselzuckend bemerken, daß man, um ihm etwas typisch Amerikanisches zu zeigen, ihn besser zu einem Baseballspiel gebracht und ihn mit einem *hot dog* gefüttert hätte.

Etwa anderthalb Jahre später saß ich eines Tages bei Sardi in New York City. Chruschtschow hatte gerade während

einer UN-Sitzung mit dem Schuh aufs Rednerpult gehauen.
Außer dieser historischen Szene war mein Film *Das Appartement* eben angelaufen und von Presse und Publikum gut aufgenommen worden. Ein fremder Herr kam an meinen Tisch, stellte sich als Dolmetscher Chruschtschows vor und sagte, er habe mir etwas auszurichten.
»Der Premierminister möchte Sie wenigstens grüßen lassen, solange er hier ist, und sich in freundliche Erinnerung bringen. Er hat Ihren neuen Film gesehen. Und er findet, daß Sie Fortschritte gemacht haben.«

Eine der angenehmsten Seiten des Erfolgs ist die Möglichkeit, das Leben in seiner ganzen Vielschichtigkeit kennenzulernen. Meine Stöbereien waren für mich oft wertvoller als die ganze Schauspielerei. Ich tat Einblicke in das Privatleben der unterschiedlichsten Menschen — und war meistens sogar willkommen, denn sie brauchten eine Aussprache und wollten richtig gesehen werden.
Als ich Studien für meine Gittel in *Spiel zu zweit* machte, trieb ich mich viel in Greenwich Village herum, um eine innerlich zerbrochene jüdische Tänzerin kennenzulernen, die von allen als Fußabtreter benutzt wird und sich auch selbst dafür hält. Die Gittel, die ich fand, war nicht genau die, welche dem Drehbuchautor vorgeschwebt hatte, aber sie kam ihr enorm nahe, und sie war mir gegenüber ganz ehrlich.
Als Steve und ich in Japan *Meine Geisha* drehten, wohnte ich vierzehn Tage lang in einem *caburenjo* (einer Geisha-Schule), um die letzten Feinheiten der Teezeremonie, des *samisen*-Spiels und der kaum unterscheidbaren, nur angedeuteten japanischen Tanzgesten zu lernen. Nie zuvor war eine Frau aus dem Westen in eine Geisha-Schule aufgenommen worden.
Bei den Arbeiten zu *Children's Hour* informierte ich mich bei Ärzten stundenlang über das Problem latenter lesbischer Veranlagung.
Aber die ungewöhnlichsten »Forschungen« betrieb ich, nachdem Billy Wilder mich gebeten hatte, *Irma la Douce* zu spielen. Obwohl es im Filmgeschäft wirklich nicht an lockeren Mädchen mangelte, sollte meine Irma etwas Besonderes werden — nicht nur die grellgeschminkte Nutte mit dem goldenen Herzen (wie sie im Film dauernd auftaucht). Irma benutzt ihren Körper mit dem Stolz einer erfolgreichen Geschäftsfrau, ohne Scheu und ohne jede Rührseligkeit. Sie tut

sich etwas darauf zugute, die Meistbegehrte im Pariser Markthallenviertel zu sein ...

Um ein so patentes Mädchen glaubhaft darstellen zu können, mußte ich mir ein Modell aus dem wirklichen Leben holen. Ich fuhr mit einem jungen Mann nach Paris, dem Sohn französischer Bekannter, den ich hier nur Christian nennen will. Seinen Nachnamen behalte ich auf seinen Wunsch für mich, weil er inzwischen verheiratet ist und zwei Kinder hat. Aber damals, auf unserer Studienreise, hat er mindestens ebensoviel gelernt wie ich.

Leider werden die Hallen heute abgerissen. Damals waren sie noch der weltberühmte »Bauch von Paris«, in dem alle nur erdenklichen Lebensmittel frisch vom Lande an Hotels, Restaurants und Einzelhändler weiterverkauft wurden. Wir strolchten zwischen Riesenauslagen von roten Äpfeln, saftiggrünen Kohlpyramiden, Reihen von halbierten Schafen, Schweinen und Rindern hindurch. Die Lastwagen kamen meist erst nach Mitternacht an, und wenn die Fahrer ihre Güter abgeladen hatten, waren sie vor der Rückfahrt aufs Land einem kleinen Abenteuer oft nicht abgeneigt.

Die schmalen Bürgersteige um den Markt wimmelten demgemäß von Prostituierten — jungen und alten, dicken und dünnen, statuarisch wartenden und plump-zudringlichen. Der Abstand zwischen ihnen betrug immer nur ein paar Fuß; die mehrstöckigen, verlotterten Häuser waren sämtlich Stundenhotels. »Jedes Haus hat eine ›Madame‹«, erklärte Christian. »Unten sitzt ein Portier, der jedem Kunden die Bezahlung im voraus abknöpft. Oben sind natürlich nur Schlafzimmer.«

Daß für vollelektrische Küchen kein großer Bedarf war, konnte ich mir denken.

»Die Mädchen liefern das ganze Geld, das sie verdienen, ihrem Mec ab [dem Zuhälter, den sie meistens als ihre einzige wahre Liebe betrachten], und er beschützt sie dafür und sorgt für ihren Lebensunterhalt.«

Die Kleidung betonte immer das, was an besonderen Reizen da war oder dafür gehalten wurde. Wer eine gute Figur hatte, trug ganz enganliegende Sachen und stand in herausfordernder Pose herum. War das Gesicht besser, so waren Make-up und Ausdruck darauf berechnet, von der Figur abzulenken. War beides nicht besonders, so wartete die Betreffende einfach so auf Kundschaft. Jeder wußte, was sie wollte; da gab es gar keine Mißverständnisse.

Christian und ich nahmen aus einiger Entfernung eine stattliche, dunkle, recht hübsche Person, die annähernd meine Größe hatte, als »Modell« aufs Korn. Mit ihren mindestens zehn Zentimeter hohen Absätzen posierte sie — Standbein fest, Spielbein graziös angewinkelt — wie für ein Pin-up-Photo. Nicht einen Moment fiel sie aus der Rolle. Dreiviertelprofil, Vollansicht, Bücken, um vorgeblich den Strumpf glattzustreichen, und wellenförmiges Wiederaufrichten. Ihr Popo zeichnete sich deutlich unter dem weißen Etuikleid mit dem durchgehenden Reißverschluß ab. Später erfuhr ich, daß einige Schneider ausschließlich für die Schönen der Nacht arbeiten. Der Reißverschluß ist das Wichtigste. Zeit ist Geld, und gerade in diesem Beruf kommt es auf Schnelligkeit an. Keine Knöpfe oder Haken! Zipp! Das ist das A und O des Berufs.

Wir sahen zu, wie sich ein Kunde unserem Modell näherte. Wenige Worte genügten zum Vertragsabschluß; die beiden verschwanden im Torweg. Der Preis, wurde ich belehrt, hängt davon ab, wie weit sich das Mädchen ausziehen muß. Jedes Kleidungsstück, das auf Wunsch des Kunden fällt, kostet ihn etwas mehr. Am ärgerlichsten ist es für die Prostituierte, wenn sie auch Strumpfhalter und Strümpfe ablegen soll, denn der Zeitverlust, bis sie diese lästigen Dinger wieder anhat, steht in keinem Verhältnis zu der geringfügigen Mehreinnahme. In der Zeit könnte sie schon längst wieder unten stehen und sich einen neuen Kunden angeln.

Fünf Minuten später war unser Mädchen wieder da. Ihre Turmfrisur (damals große Mode) war, als wäre nichts gewesen. Jedes Härchen war an seinem Platz.

Christian faßte sich ein Herz und führte mich über die Straße. Die Damen betrachteten mich mit scheelen Blicken. Wahrscheinlich befürchteten sie eine neue Konkurrenz.

Wir sprachen die Dunkelhaarige an und zeigten ihr unsere Pässe. Sie stellte sich als Danielle vor. Christian erklärte ihr, daß ich die berühmte Irma im Film spielen würde, und fragte, ob sie etwas dagegen hätte, daß wir sie eine Weile beobachteten.

Ich fügte hinzu, daß ich mich gern mit ihr unterhalten würde, wenn sie ein paar Minuten frei hätte.

Das zerstreute ihr anfängliches Mißtrauen. Sie lächelte geschmeichelt, fast entzückt: »Was, Sie wollen wirklich eine von uns auf der Leinwand sein?« fragte sie interessiert. Ich nickte.

»Toll! Na, da kann ich Sie technisch beraten und Ihnen alle Tricks zeigen.« Mit immer breiterem Lächeln und immer lauterer Stimme, um die ängstlichen Kolleginnen zu beruhigen, sagte sie: »Ich glaube, Sie werden eine blendende Hure *spielen*.« Es klang, als würde ich im Fernsehen zur »Hausfrau des Jahres« ernannt.

Danielle hatte zur Zeit die Frühschicht, von 16.30 Uhr bis kurz nach Mitternacht. Es war August, ein bekannt schlechter Geschäftsmonat, da die meisten Pariser in den Ferien sind. Sie brachte es pro Nacht durchschnittlich nur auf 35 Männer.

Verführung zur Unzucht war damals — und ist es vielleicht noch heute — ein Verstoß gegen die französischen Gesetze. Danielle sprach daher grundsätzlich keinen der Männer an, die durch die Straße schlenderten und die gebotene Ware abtaxierten. Sie stand einfach in ihrem winzigen Revier, baumelte mit der Handtasche, vollführte ihre schon beschriebenen erlaubten Gymnastikübungen und sah unbeteiligt in die Luft. Mehr hatte sie auch nicht nötig, denn sie war, wie meine Irma, die Begehrteste in der ganzen Straße. In zwei Sekunden hatte sie heraus, welch ein Typ sich ihr näherte, ob sie mit ihm ins Geschäft kommen konnte oder ihn abblitzen lassen sollte. Letzteres tat sie ohne Zögern, wenn es sich um Betrunkene, Perverse oder Polizisten in Zivil handelte.

Christian und ich beobachteten drei Stunden lang, nun wieder außer Sicht, wie Danielle ihr Arbeitspensum absolvierte. Siebzehnmal war sie während dieser Frist oben und wieder unten. Ihr Durchschnitt war also doch ein bißchen besser als der sonst im August übliche.

Die meisten Kunden im Hallenviertel waren Franzosen, biedere Bürger und, natürlich, Lastwagenfahrer. Aber einmal kaum auch ein todschicker Mann in einem Chrysler mit Chauffeur. Er war so schnell wieder da, daß der Chauffeur den Motor erst gar nicht hätte abzustellen brauchen.

Dann machte Danielle Pause und lud uns ein, ihren Tätigkeitsort zu besichtigen. »Sie möchten ja sehen, wo und wie wir arbeiten.«

Während wir ihr die gewundene, altersschwache Treppe hinauf folgten, übte ich mich ein wenig im Kopfrechnen. Durchschnittlich fünfunddreißig Kunden: Das bedeutete siebzigmal Treppensteigen, und das mit hohen Stiftabsätzen und einem sehr engen Rock.

»Denken Sie daran, immer voranzugehen«, belehrte sie mich. »Manchmal wollen die Kerle noch im letzten Moment abhauen. Dies«, sie klopfte sich auf den Po und wackelte illustrierend mit den Hüften, »hält sie bei der Stange.«
Wir waren oben. Danielle riß eine der Türen auf und bat uns herein. Das kleine Zimmer verriet weder Eleganz noch allzu große Verworfenheit. Es enthielt ein breites Bett mit roter Tagesdecke, ein Tischchen, eine Lampe mit rotem Schirm, ein Waschbecken und ein Bidet. Allerdings waren die Wände mit Spiegeln bedeckt — wohl ein Zugeständnis an die Wünsche mancher Kunden. Ein Guckloch in der Tür war auch da, für etwaige Voyeurs, denen dank der Spiegel nichts entging. In besseren Häusern, erklärte Danielle, waren die Guddöcher verpönt; es gab dafür andere Spiegelsysteme.
Sehr bald bekamen wir Gesellschaft. Andere Prostituierte und Mecs, die gerade Pause machten, kamen herein. Danielle hatte ihnen erzählt, weshalb ich hier war. Sie begrüßten uns zutraulich und sagten, wieviel Wert sie darauf legten, daß ich eine richtige und glaubwürdige Irma spielte. Ein Mec holte einen Stapel pornographischer Fotos hervor und bot sie mir zum Kauf an. »Das wird Ihnen beim Film sehr helfen. Gukken Sie ab und zu hin. Kein technischer Berater zeigt Ihnen das.«
Meine höfliche Ablehnung ärgerte ihn, er wollte aufbegehren, aber Danielle verhinderte es.
»Jetzt sollen Sie mal sehen«, lachte sie, »wie fix ich mich ausziehen kann.« Und ehe ich auch nur ein Wort sagen konnte, hatte sie ihr Kleid von sich geschleudert, die Strümpfe heruntergestreift und sich arbeitsfähig gemacht. Ihre Kolleginnen und sogar die Mecs klatschten spontan Beifall.
Nun winkte Danielle mit strahlendem Lächeln Christian zu sich. Er folgte verlegen. Sie schob ihn sanft, aber zielbewußt aufs Bett und führte pantomimisch vor, was sie mit ihren »richtigen« Kunden machte. Jeder habe, so dozierte sie über die Schulter, eine breite Auswahl von Möglichkeiten. (Einiges, was ich nicht verstand, mußte der arme tomatengesichtige Christian mir stotternd übersetzen.) Es klang wie: Wählen Sie zwischen folgenden Gewürzmischungen!
»Eins noch«, sagte Danielle zu mir, während sie den Reißverschluß wieder zuzog. »Egal, wie weit Sie sich ausziehen müssen — nie, nie, *nie* lassen Sie die Schuhe weg! In unserem Geschäft sind nackte Füße furchtbar ernüchternd.«

Ich nickte dankbar und fragte mich im stillen, wie sie es fertigbrachte, mit ihren hohen Hacken niemanden ernstlich zu verletzen.
Christian hatte sich inzwischen vom Bett aufgerafft und, mit einiger Mühe, seine Fassung wiedergewonnen.
»Alors!« rief Danielle munter. »Alles bleibt noch einen Moment hier. Ich werde Ihnen zeigen, wie man sich die Arbeitszeit einteilt.«
Sie verschwand, und ich hörte ihre Absätze auf den Stufen klappern. »Wohin saust sie denn so?« fragte ich und erhielt die Antwort: »Natürlich wieder auf die Straße.«
Sehr rasch kam sie wieder herauf, einen Kunden im Schlepptau. Diesen schubste sie in ein anderes Zimmer und steckte bei uns nur schnell den Kopf durch die Tür. »Seht auf die Uhr!« Weg war sie. Nach genau vier Minuten meldete sie stolz: »Auftrag erledigt.« Wieder wurde sie durch allgemeinen Applaus belohnt.
»Man sollte diese Sportart bei den nächsten Olympischen Spielen aufs Programm setzen«, bemerkte ich. Christian lächelte gequält. Er war noch immer nicht ganz bei sich.
Nun aber wurde die Lage (infolge meiner Unerfahrenheit) unversehens kritisch. Danielle erwartete in wenigen Minuten einen alten Stammkunden, für den sie sich immer freihielt. »Er kommt stets pünktlich, zahlt sehr gut und will nichts weiter als reden. Aber nicht so, wie Sie vielleicht denken. Er redet nur von seiner Familie und seinem Geschäft und daß er sich für einen hoffnungslosen Versager hält.«
Schön, diese Methode war sicher im ganzen billiger als eine lange Reihe von Besuchen beim Psychiater.
»Und der kommt jetzt?« fragte ich.
»Nein, das ist wieder ein anderer Stammkunde. Der redet überhaupt nicht. Er engagiert mich und drei Kolleginnen für eine volle Stunde. Ein reizender Mensch.« Sie blickte auf ihre Uhr. »Er kann jede Sekunde hier sein. Ich möchte, daß Sie meine Arbeit mit ihm beobachten, damit Sie auch sowas verstehen.«
Ich lehnte dankend ab — womit ich, zu meiner peinlichen Überraschung, Danielle schwer kränkte. »Ja, Shir-lee«, maulte sie, »wenn Sie sich keine Mühe geben, alles, was zu unserem Gewerbe gehört, kennenzulernen — wie wollen Sie dann eine anständige Irma spielen? Und warum verschwende ich meine Zeit mit Ihnen?« Sie zündete sich wütend eine Zigaret-

te an. Die Luft war plötzlich gewitterschwül. Die Madame, die Mädchen, die Mecs – alle nahmen jetzt voller Verdruß gegen mich Stellung. Ich spürte ihre gerechte Erbitterung fast körperlich. Erstens waren sie ganz Danielles Meinung, daß ich dumm sei, so eine unbezahlbare Lektion auszuschlagen, und zweitens hatte ich eine Taktlosigkeit gegen den Stolz des Hallenreviers begangen. Mir wirbelte der Kopf. Was würde Billy Wilder sagen, wenn jetzt eine Razzia käme? Ich sah förmlich die Schlagzeile: SHIRLEY MACLAINE IN EINEM PARISER BORDELL AUFGEGRIFFEN!
Es war so still, daß ich das Bett im Nebenzimmer quietschen hörte. Auf der Bühne oder im Film hat der Schauspieler in solchen spannungsgeladenen Momenten ans Fenster zu gehen und unschlüssig hinauszustarren. Aber hier gab es statt der Fenster nur Spiegel, in denen ich mürrische Nutten, Mecs und mich sah. Ich holte tief Luft und murmelte: Danke, wenn es so wichtig sei ... natürlich, gern! Und sofort war die allgemeine Stimmung wieder sonnig.
Der Mann kam auf die Sekunde pünktlich, und Danielle ging mit drei Kolleginnen zu ihm hinaus. Ich blieb sitzen. Nach ein paar Minuten sagte die Madame: »Jetzt!«
Sie führte mich drei Türen weiter und wandte sich feierlich zu mir. »Nun werden Sie sehen, warum wir so stolz auf unsere Mädchen sind und warum wir wünschen, daß sie richtig dargestellt werden.«
Ich sah auf ihren Befehl durch das Guckloch – und traute meinen Augen nicht. Ich mußte an mich halten, um nicht zu kichern. Die Turnerei da drinnen glich einem Mickymausfilm. Die Mecs und Mädchen standen im Flur und beobachteten meine Reaktion. Ich richtete mich bald auf und dankte Madame für die Lektion.
»Oh, sie ist noch nicht zu Ende«, erwiderte sie und brachte mir einen Stuhl. Da ich sah, wie selbstverständlich alle die Sache nahmen, genierte auch ich mich nicht weiter. Der Zirkus drinnen dauerte fort.
Schließlich war es Zeit für den Mann, in die Endrunde zu gehen. Er wählte sich als Partnerin dazu Danielle, was die drei anderen ohne Groll hinnahmen. Sie zogen sich in die fernste Zimmerecke zurück und begannen sich zu maniküren und miteinander zu plaudern – ohne Erregung, ohne Neugier, so sachlich wie altgediente Sekretärinnen bei einer Sitzung. Danielle, die noch schwer zu arbeiten hatte und sich deutlich

langweilte, sah auf das Guckloch in der Tür und winkte mir verschmitzt zu. Das war nun doch ein bißchen zuviel für mich. Ich stand auf, sagte, ich hätte nun alles gesehen, dankte Madame und den anderen für ihre Gastfreundschaft und wartete in Danielles Zimmer, bis sie dienstfrei war.

Zwischen ein und vier Uhr nachts saßen wir noch beinahe drei Stunden auf ihrem Bett und redeten. Christian dolmetschte, wenn es nötig war. Ich fragte Danielle, wie sie zu ihrem Gewerbe gekommen sei. Sie war damals vierundzwanzig und betrieb es schon seit sieben Jahren.

Mit sechzehn war sie Schwesternhelferin in einem Pariser Krankenhaus gewesen. Eines Abends wurde ein Patient hereingebracht, der ihr Leben änderte. Er war etwa zwei Wochen da, und sie freundeten sich an. Kurz vor seiner Entlassung fragte er, was sie eigentlich verdiene. Natürlich war es so gut wie nichts.

»Gefällt dir die Arbeit wenigstens?« fragte er weiter.

»Nein«, sagte sie offen. »Ich finde es sehr deprimierend, immer nur mit Kranken und Sterbenden zu tun zu haben.«

»Ich liebe dich, Danielle«, sagte er. »Zieh zu mir, ich werde mich um dich kümmern.«

Sie kündigte und zog zu ihm. Eine Weile ging alles gut, und sie war sehr glücklich. Aber nach ungefähr acht Monaten sagte er: »Hör mal, mein Geld langt nicht für uns beide. Es ist Zeit, daß du auch mal wieder was tust.« Er war, wie sie jetzt erst erfuhr, ein Mec, der seine neuen Strichmädchen immer mit der Gefühlsmasche angelte. Nun führte er sie in seine Kreise ein, und mit Hilfe einer Madame faßte sie bald Fuß im Geschäft.

»Bereuen Sie es?« fragte ich.

»Nein«, erwiderte sie erstaunt. Sex war für sie offenbar total unwichtig.

»Lieben Sie denn Ihren Mec?« fragte ich.

»Natürlich.«

»Und er liebt Sie? Und trotzdem macht es ihm nichts aus, wenn Sie mit fünfunddreißig Männern pro Nacht beisammen sind?«

Sie zuckte die Achseln. »Warum sollte es ihm etwas ausmachen? Er hat mir den Job ja selbst verschafft, und ich verdiene gut. Ich möchte keinen anderen Job haben.«

Ich fragte, ob sie mit ihrem Mec physisch noch etwas empfinde.

»O doch«, sagte sie. »Freilich ganz anders als früher.«
»Wie meinen Sie das?« fragte ich.
»Es ist eine Sache der erogenen Zonen«, erwiderte sie, offenbar erfreut, daß sie mich auch in dieser Beziehung aufklären konnte. »Meine ist längst nicht mehr hier.« Sie berührte flüchtig ihren Unterleib und zuckte die Achseln. »Meine ganz private Stelle ist da.« Sie bog den Arm nach hinten und deutete zwischen ihre Schulterblätter. »Wenn mein Mec mich da streichelt, bin ich einfach hin. Aber wenn ein Kunde zufällig dasselbe tut, breche ich sofort ab und gebe ihm sein Geld zurück.« Ich war überwältigt von der Erkenntnis, wie wichtig es sein kann, daß eine Frau dem Mann, den sie liebt, etwas Privates, Eigenstes vorbehält, das ihr sonstiges Wesen verwandelt.
»Die meisten von uns haben so ein Tabu«, fuhr Danielle fort. »Bei meiner Freundin ist's das Haar. Wenn jemand anders als ihr Mec es anfaßt, wird sie fuchsteufelswild.«
Ich fragte sie, ob sie nicht beruflichen Ehrgeiz habe, etwa den, zu den Champs-Elysées zu avancieren. Sie zuckte abermals die Achseln. »Klar, das täte ich gern. Aber für die Champs-Elysées braucht man mehr Startkapital, als ich aufbringen kann. Man muß sich teurer anziehen, und man darf da nicht auf der Straße herumstehen wie wir hier im Hallenviertel. Die Klassenhuren fahren mit dem Auto auf den Strich und lassen die Kunden unauffällig einsteigen.«
Anschließend erzählte sie mir, daß sie einen kleinen Jungen auf dem Land bei einer Pflegemutter habe. Sie wußte leider nicht, ob der Vater ihr Mec war oder irgendein Kunde.
»Können Sie denn richtig für ihn sorgen?« fragte ich. »Nimmt Ihr Mec Ihnen nicht alles ab, was Sie verdienen?«
»Schon«, nickte sie, »bis auf meine Unterhaltskosten und ein bißchen Taschengeld. Und alles, was ich davon abzweigen kann, spare ich natürlich für meinen Sohn.«
Ich stellte ihr noch einige Fragen, um tiefer ins Seelenleben dieser Frau vorzustoßen und philosophische oder psychologische Einsichten zu gewinnen. Ich glaube, ich erwartete von der Armen einen Vortrag über die gesellschaftliche Notwendigkeit des ältesten Gewerbes der Welt und die Versicherung, daß sie auf ihre Art der Menschheit diente. Sie war höflich, sogar liebenswürdig, aber ich merkte bald, daß sie gar nicht begriff, worauf ich eigentlich hinauswollte. Ihre stereotype Antwort war: »Ich mache es gern, und es zahlt sich aus.«

Die Unterhaltung versickerte in immer längeren Pausen. Schließlich versuchte sie sich eine Zigarette anzuzünden, aber ihre Hände zitterten dermaßen, daß es ihr nicht gelang. Ich fragte bestürzt, was sie auf einmal habe. Seien es meine Seelenstochereien oder...? Sie antwortete nicht mehr. Sie zitterte von Kopf bis Fuß, und ihr Gesicht ging von Sekunde zu Sekunde mehr aus dem Leim. Es war wie der schaurige Verfall des Dorian Gray. Sie starrte mich, wie in plötzlicher Panik, mit verglasten Augen an — ein Tier in der Falle — und stürzte unvermittelt aus dem Zimmer. Ich habe sie nie wiedergesehen.

Die Madame erklärte uns kurz und bündig, Danielle sei heroinsüchtig. Früher mal, nach etwa zwei Jahren Prostitution, habe sie nämlich die Nase voll gehabt und ihren Mec angefleht, sie freizugeben. Daraufhin begann er, sie an Drogen zu gewöhnen. Solange der Rausch währte, war es ihr egal, was fünfunddreißigmal hintereinander mit ihrem Körper und ihrer Seele passierte.

Ein Mec, der eine tüchtige Versorgerin gefunden hat, läßt sie nie wieder los. Er zwingt das Mädchen mit allen Mitteln in seine Gewalt, und wenn sie trotzdem versucht auszubrechen, bringt er sie eher um. Es gibt in Prostituiertenkreisen zahlreiche Mordfälle dieses Genres.

Die Gegenleistung der Mecs besteht aus ihrer Wächter- und Schutzfunktion. Oft genug versucht die Konkurrenz aus anderen Stadtteilen im bereits eroberten Revier Fuß zu fassen. Dann gibt es Kämpfe unter den Mecs, mit Klappmessern, Rasierklingen, Peitschen, und nicht selten geht es dabei buchstäblich um Tod und Leben.

Sobald eine Prostituierte dem Rauschgift verfällt, hat sie endgültig den Strick um den Hals. Das Geld dafür muß ja irgendwie hereinkommen. Da stehen sie, Junge und Alte, Hübsche und Häßliche, Nacht für Nacht aufgereiht auf der Straße, in Regen, Frost und Schnee, immer in der Berufskleidung mit dem gut funktionierenden Reißverschluß, immer bereit, Hunderte von Stufen treppauf und treppab zu laufen; so bieten sie ihre halbtoten Körper und Seelen feil — und gieren oft nur noch nach einem: der nächsten Heroinspritze.

Als es so weit war, daß ich »Irmas« grüne Strümpfe anzog und die Rolle zu spielen begann, mußte ich sehr viel an Danielle denken.

Meine Darstellung brachte mir später mehrere Preise ein.

Eine der Preisverteilungen wurde vom Fernsehen ausgestrahlt, und bei dieser Gelegenheit hielt ich eine kleine Ansprache. Ich erzählte von meinen Milieustudien in den Pariser Markthallen und sagte, vieles daran hätte mir so gefallen, daß ich beinahe meine Karriere aufgegeben hätte und dageblieben wäre. Erst nach der Sendung erfuhr ich, daß man mir mitten in meinen Bekenntnissen den Ton abgedreht hatte, so daß das Publikum nur noch meine stummen Mundbewegungen sah.
Schade. Man hätte mich zu Ende reden lassen sollen. Ich hätte schon damals gern alles so ungeschminkt erzählt wie hier.

9

Die erstaunlichste Wirkung meiner Erfolge war die, daß sich plötzlich alle Welt für mich interessierte. Nicht etwa weil ich nun älter und reifer war (ich war immer noch in den Zwanzigern) oder weil ich jetzt selbst wußte, was ich wollte, sondern weil ich pro Film 800 000 Dollar bekam. Nun konnte und durfte ich Filmlöwen wie Goldwyn und Wyler familiär mit »Sam« und »Willy« anreden, während sie früher, als ich noch ein kleiner Niemand war, selbstverständlich ein »Mister« vor ihren Namen gehabt hatten. Aber jetzt war ich auch »jemand«, ein Star, und verkehrte mit meinesgleichen.
Die Hollywoodkarriere nötigte mich, mir über verschiedene Dinge ganz klar zu werden. Jung oder nicht, fertig oder nicht: ich mußte mich selbst unter die Lupe nehmen und mich neu einstufen.
Zum Beispiel die Sache mit dem Geld. Ehe ich nach Hollywood kam, hatte ich nie mehr als fünfzig Dollar übrig gehabt. Glücklicherweise fehlte es mir nie am Notwendigsten; ich hatte zu essen und ein Dach über dem Kopf; aber Geld, das man einfach so verplempern konnte, war mir unbekannt. Nun hätte ich mir plötzlich jeden Luxus leisten können, aber ich benahm mich immer noch so wie in jenen Fünfzig-Dollar-Zeiten. Ich klapperte hausfraulich-kritisch die Läden ab und kaufte lieber nichts als ungünstig. Wenn ich mich endlich entschloß, den geforderten Preis zu zahlen, vergaß ich nachher vor lauter Nachrechnen meinen Einkauf auf der Ladentheke.

Ich hatte den anderen Frauen gegenüber so etwas wie Gewissensbisse, weil ich ja nun alles haben konnte, was ich wollte. Der Umstand, daß ich schwer gearbeitet hatte, um mir diese finanzielle Sicherheit zu erringen, änderte nichts daran.
Auch die andere Folge des Starruhms, der Verlust der Anonymität, machte mir schwer zu schaffen. Als Kind war ich dazu erzogen worden, bescheiden und unauffällig zu sein. Und jetzt wurde ich, wo ich ging und stand, in Lobhudeleien eingewickelt und mußte mich zähneknirschend daran gewöhnen, kein Privatleben mehr zu haben.
Eigentlich widersinnig, daß ich die Aufmerksamkeit, die ich erregte und um die ich mich so lange bemüht hatte, jetzt übelnahm. Die nettesten Unbekannten konnten mich zur Raserei bringen, wenn sie mir beim Essen im Restaurant auf die Finger sahen, gebannt mein leises Gespräch mit meiner Tochter verfolgten oder mir gar mitteilten, sie hätten mich in dem und dem Film gesehen. Ich sprach ihnen innerlich das Recht ab, mich anzustarren. Das war ungerecht, ich weiß, denn ihr Interesse war oft sehr warm und herzlich. Dennoch mochte ich es nicht. Es zwang mich, unablässig auf der Hut zu sein und wider Willen in einer Welt zu leben, die sich nur um mich drehte.
Zuerst reagierte ich feindselig und rang mir kaum ein Lächeln ab, wenn sich jemand mit einem gutgesinnten Kompliment näherte. Ich behauptete sogar, nur eine unselige Doppelgängerin dieser MacLaine zu sein — und hinterher schämte ich mich. Muß sich nicht schließlich jeder mit den Folgen abfinden, wenn er sich in die Öffentlichkeit drängt? Den Beifall und die Anerkennung wollte ich ja auch nicht missen ...
Und dennoch wünschte ich mir immer wieder, mal, wie früher, in der Supermarkt-Kassenschlange in einer Reihe mit Leuten zu stehen, die nicht wußten, wer ich war und daß ich sie beobachtete. Ich hätte gern ihre alltäglichen Gesprächsfetzen gehört, ihre Alltagskleidung studiert, Rückschlüsse aus dem Benehmen ihrer Kinder gezogen, mir Gedanken gemacht, wer wohl glücklich verheiratet war und wer nicht. Alles das hatte mich am Leben erhalten, mir ermöglicht, meine Mitmenschen naturgetreu zu imitieren, und nun war es damit aus. Ich wollte mal wieder mit Steve und Sachie im Meer planschen, ohne daß sich die Passanten die Augen ausguckten. Neuerdings hatte ich Hemmungen, im Badeanzug herumzutollen. Ich genierte mich wegen meiner allzu weißen Haut

mit den Myriaden von Sommersprossen und fürchtete, meine Figur entspräche in natura nun doch nicht den Vorstellungen des Publikums.

»Bist du nicht die Tochter von Shirley MacLaine?« wurde Sachie von fremden Leuten angesprochen, und sie antwortete dann jedesmal artig: »Ja, aber eigentlich heißen wir Parker.« Einmal fragte sie mich, ob an mir denn so was Besonderes sei. Ich erklärte ihr: nicht an mir, nur an meinem Beruf. Und Sachie meinte abschließend, sie wünschte, die fremden Leute ließen uns in Ruhe, damit wir wieder richtig spielen könnten.

Der Wunsch, in Ruhe gelassen zu werden, war freilich unerfüllbar, und natürlich war es auch nur ein halber Wunsch. Ich wollte ja von denselben Menschen, die ich als lästig empfand, begehrt, gebraucht, anerkannt werden, und es graute mir vor dem Gedanken, sie einmal zu enttäuschen und in ihrer Meinung zu sinken.

Instinktiv wußte ich, daß ich, um mein einmal erreichtes Niveau zu halten, vor allem ehrlich und aufgeschlossen bleiben mußte. Wenn ich mich vor lauter Verletzlichkeit in ein Schneckenhaus verkroch, würde ich künftig versagen. Das Publikum verlangt vom Schauspieler mit Recht, daß er ihm einen treuen Spiegel alles Menschlichen vorhält. Ich mußte mich dazu erziehen, zäh zu werden und zart zu bleiben.

Die gefährlichste unter allen Begleiterscheinungen des neuen Ruhmes war die Entdeckung, daß ich *Macht* hatte. Mit Geld und Publicity ließ sich allenfalls fertig werden, aber das Machtbewußtsein unterminierte die Moral.

Ich konnte Protektion gewähren oder verweigern, wie es mir gerade paßte. Ich konnte jeden armen Hund feuern lassen, nur weil mir seine Nase nicht gefiel. Mein Wort galt. Was hielt ich von Mr. Soundso? Wie fand ich das neue Drehbuch? Würde ich den und den als Regisseur akzeptieren? Und einen eventuellen Mitspieler, der dringend einen Job suchte?

Ich stand unter dem Druck einer ganz ungewohnten Verantwortlichkeit. Mein Machtwort konnte das Leben eines Menschen, den ich nie gesehen hatte, ruinieren. Ich hatte meine Meinung früher meistens für mich behalten, weil die andern ja doch immer alles besser wußten. Nun wurde ich zu Entscheidungen gezwungen, weil ich ein *Star* war. Stars scheinen aus irgendeinem Grunde allwissend zu sein, und wenn sie's nicht sind, müssen sie sich wenigstens den Anschein geben.

Meine derzeitige Machtstellung änderte auch das Verhältnis zwischen manchen alten Freunden und mir. Wer früher kein Blatt vor den Mund genommen hatte, vermied jetzt ängstlich, mich womöglich mit einem herzhaften Wort zu kränken, und haschte immerfort nach Bestätigungen meiner unverminderten Achtung und Hochschätzung. Andere hingegen wurden übertrieben schroff und kritisch, damit ich bloß nicht dächte, sie kröchen vor mir. Ich versuchte alle zu beruhigen und ihnen begreiflich zu machen, daß ich im Grunde genau dieselbe sei wie einst. Daß ich *sie* verändert hatte, war ein geheimer Schock für mich. Irgendwie konnten sie meinen raschen Aufstieg nicht verkraften. Ich fragte mich oft, wie *sie* sich im Falle eines ebenso raschen Aufstiegs verhalten hätten.

Ich hatte jahrelang nur sehr wenig von meinem Bruder Warren gehört. Er beendete die High School, spielte Fußball und wurde in der Oberstufe zum Klassensprecher ernannt. Dann bekam er ein Stipendium für die Northwestern University, verließ sie aber vor dem ersten Examen, ging nach New York, arbeitete als Schipper an einem Tunnelbau mit und verdiente sich später seinen Lebensunterhalt als Barpianist.
Es überraschte mich keineswegs, daß er dann plötzlich den Entschluß faßte, Schauspieler zu werden, und noch weniger, daß er — von keinem Geringeren als Elia Kazan für die Hauptrolle in *Fieber im Blut (Splendor in the Grass)* entdeckt — nicht daran dachte, sich auf seine Eigenschaft als mein Bruder zu berufen. Im Gegenteil, er betrachtete und bezeichnete mich von Anfang an nur als »Warren Beattys Schwester«! Ich amüsierte mich und gab ihm darin vollkommen recht. Anders die Gazetten, die eine schwelende Rivalität zwischen uns witterten.
Der Fall, daß zwei Geschwister unabhängig voneinander ihren Weg machten, schien unerhört und verdächtig. Die Klatschreporter erzählten Warren eine Bemerkung, die ich angeblich über ihn gemacht hatte. Sagte er daraufhin nichts, so hieß es am nächsten Tag in der Zeitung: »Eine bedeutungsschwere Pause«. Sagte er etwas, nur um die unverschämte Schnüffelei abzukürzen, bums!, am nächsten Tag lieferte sein mißgelaunter Kommentar Schlagzeilen für die Boulevardblätter. Auf diese Art hatten wir eine Familienfehde, von der wir beide nichts wußten.

Daß wir uns nur selten sahen, stimmte allerdings. Ich war meist auf Reisen oder bei Mann und Kind in Japan. In Hollywood hielt ich mich möglichst nur so lange auf, wie es für die Filmarbeit nötig war. Davon konnte mich auch Warrens Anwesenheit nicht abbringen. Die Gerüchte wucherten also munter weiter.

Wenn wir mal unsere Freizeit miteinander verbrachten, taten wir's so verstohlen wie möglich. Unser beider Privatleben war so beschnitten, daß wir die kargen Reste über alles schätzten. Wir ergingen uns in Erinnerungen an die Schule und unsere gemeinsamen Kinderstreiche und erkundigten uns beieinander nach den Schicksalen besonders netter Klassengenossen.

Eines Abends, als Warren und Julie Christie zum Abendessen bei mir waren – wir unterhielten uns gerade so schön über Julies Kindheit in Indien –, hörte ich draußen einen Wagen vorfahren. Wir hatten uns bis tief in die Nacht hinein festgeschwätzt, es war fast ein Uhr morgens, und natürlich erwartete ich niemanden mehr. Plötzlich, ohne Klingeln oder Klopfen, knallte ein fremder Mann in unsere erholsame Dreisamkeit.

»Hey, Shirley«, brüllte er mich mit ausgestreckter Hand an, »kennst du mich nicht mehr? Ich hab' doch mit dir die Schulbank gedrückt. Jim Hall vom Basketball-Team! Nun hab' ich mit unseren alten Schulkameraden gewettet, daß ich die Nerven habe, quer durch die Staaten zu fahren und mich bei dir in Erinnerung zu bringen.«

Ich sprang auf und suchte Schutz hinter Warrens breiten Schultern. Gut, daß die Hunde eingesperrt waren – sie hätten den Eindringling in der Luft zerrissen. Soviel ich sah, kannte auch Warren ihn nicht. Aber bei Warrens Anblick jubelte Jim auf: »Donnerwetter, auch Warren Beatty! Und Julie Christie! Drei Fliegen mit einer Klappe! Ich hab' meine Wette haushoch gewonnen!«

Offenbar verschwendete der Mann, wie viele andere, keinen Gedanken daran, daß ein Star-Geschwisterpaar auch mal ungestört sein möchte. Zumindest hätte er klingeln können.

Aber es wurde noch schlimmer, nachdem auch Warrens Film mit großem Erfolg herausgekommen war. Die Leute schienen es nicht zu fassen, daß zwei so verschiedene Typen wie Warren und ich von den gleichen Eltern stammen könnten. Auch sie wurden von Reportern heimgesucht, und Dad hatte eine

entwaffnende Antwort parat: »Meine beste Arbeit habe ich eben im Bett geleistet.« Mutter lächelte nur dazu, was ebensogut Zustimmung wie heimliche Resignation bedeuten konnte.
Und wenn die Hartnäckigen weiterfragten: »Haben Sie das bewußt geplant? Zeigte sich das Talent bei beiden früh? Liegt es vielleicht in Ihrer Familie?«, erwiderte Vater stets, er habe uns jedenfalls »inspiriert«. Und das stimmte ja auch — auf die negative Tour. Warren und ich pflegten dazu nur zu sagen: »Ja, ja, so ist das Leben.«

10

Nachdem ich mich einigermaßen an Ruhm, Einfluß und Macht gewöhnt hatte, griff ich nach Höherem. Es war für mich lebenswichtig, denn ich wußte, daß ein pures Dahinschlampen »wie die Made im Speck« mich körperlich und seelisch krank machen würde. Für mich war es unerläßlich, mehr von der Welt kennenzulernen. Als Star lebt man wie in einem Getto. Ich wollte hinaus und das Gleichgewicht zwischen der übrigen Menschheit und mir wiederherstellen.
Ich wußte, daß mein Ruhm mir manche Wege ebnen würde. Die Leute würden mir ihre tiefsten Geheimnisse erzählen, eben weil ich berühmt war und sie sich geschmeichelt fühlten. Jeder würde mich in seinem Haus willkommen heißen, um anderntags den Nachbarn erzählen zu können, ich sei da gewesen. Dennoch gedachte ich ihre Bekenntnisse nicht zu mißbrauchen und erhoffte dasselbe von ihnen. Ich wollte jede Frage ehrlich beantworten, und wenn ihnen das irgendwie weiterhalf, würde *ich* mich geschmeichelt fühlen.
Mit diesen guten Vorsätzen ging ich auf Reisen, und das Leben eröffnete sich mir in seiner ganzen Vielschichtigkeit.
Mein Geld erlaubte mir, jede beliebige Reiseroute zu wählen, und ich fand überall offene Türen. Der amerikanische Film erreicht die abgelegensten Gegenden. Jeder betrachtete mich fast als blutsverwandt, weil jeder in irgendeiner meiner Darstellungen ganz oder teilweise sich selbst wiedergefunden hatte. Da ich ohne Gefolge reiste, fanden sie, ich stellte mich gar nicht wie eine »Berühmtheit« an, und bald vergaßen sie

jede Scheu, denn ich aß, lachte, wohnte und kleidete mich wie alle andern.

Wo ich auch war, fragte ich die Leute schamlos aus, mal auf feine, mal auf grobe Art. Zum Glück ist Englisch eine Weltsprache, mit der man fast überall durchkommt, aber die schönsten Verständigungen, die ich hatte, waren ganz wortlos. Das Schweigen enthüllte oft mehr als der heftigste Gefühlsausbruch. Ihre Familienspäßchen, in die ich nach und nach eingeweiht wurde, zeigten mir ihre Denkweise, ihre Vorstellungen von Leben und Tod, Glück und Ehrgefühl, Wichtigem und Unwichtigem... Sie alle, Ostasiaten, Inder, Russen, Araber, Bergbewohner aus dem Himalayagebiet — sie alle machten mir klar, wie eng mein Horizont bisher immer noch gewesen war. Vom Blickpunkt einer Vorstadt in Virginia und erst recht einer Prominentenvilla in Kalifornien sieht die Welt ganz anders aus, als sie ist. Auf meinen Reisen lernte ich vor allem, daß selbst die »Wahrheit« nur ein relativer Begriff ist. »Recht muß Recht bleiben, Punkt« hatte ich einst gelernt. Und Unrecht war dann logischerweise Unrecht. Alles war damals so furchtbar einfach und leicht zu behalten!

Daß die Wahrheit viele Gesichter hatte, war nicht das einzige, was ich herausfand. Jedes dieser Gesichter konnte auch noch den Ausdruck ändern. Was für den einen die absolute Wahrheit war, brauchte es noch lange nicht für den andern zu sein. Und was nun im allerletzten stimmte, wußte niemand. Jede Antwort auf meine vielen Fragen war nur ein Sprungbrett zu weiteren Fragen. Jede offen geäußerte Meinung schien mir so gültig wie die andere.

Eins war sicher: Je häufiger ich aus Amerika floh und Erfahrungen auf anderen Kontinenten sammelte, desto mehr wurde mir bewußt, wie nutzlos meine ganze Erziehung gewesen war. Ich mußte fast alles als unnützen Ballast abstoßen. Was ich unter gegebenen Umständen zu Hause für schlecht und unrecht gehalten hätte, war es für andere, obwohl unter gleichen Umständen, keineswegs. Die westliche, christliche Morallehre erklärte Stehlen, Lügen, Betrügen, Töten und so weiter für unbedingt sündhaft und verwerflich. Aber für viele Stämme unter denen, die immer noch die Gesamtmenschheit ausmachen, sind die gleichen Taten in bestimmten Fällen ein Gegenstand der Bewunderung, und wenn sie nicht direkt gefordert werden, so hält man sie doch nicht für moralische Delikte. Sie gehören zum Teil zu uralten Kulten und Kulturen. Wie sollte ich meine kümmerlichen westlichen Ansichten dagegen behaupten? Ich versuchte lieber, die fremde Denkweise zu verstehen. Und dabei geschah mir etwas Wunderliches. Ich fand den nötigen Abstand zu mir selbst. Ich konnte meine Gedanken, soweit ich sie hatte, besser definieren. Im Bemühen, andere zu verstehen, verstand ich mich. Und meine allgemeine Menschenliebe wuchs, je mehr ich meine eigenen Schwierigkeiten überwand.

Natürlich wurde mein ganzes amerikanisches Wertsystem dabei über den Haufen geworfen. Erfolg, Geldverdienen, Weiterhecheln — wie blöd mir das alles jetzt vorkam! War das ein Leben? Schön, unsereins brauchte eine ausreichende finanzielle Grundlage ... Aber kaum einer in meiner Welt wußte, wann er genug hatte. Die meisten wollten immer nur mehr und mehr Reichtum und merkten gar nicht, daß ihnen dabei das Leben unter den Fingern zerrann. Wenn sie sich doch die Welt ansähen, statt für das neueste Auto zu sparen!

Ich hatte viele erfreuliche und einige unverständliche Erlebnisse. Horizonterweiternd waren sie alle.

In einem buddhistischen Tempel in Bangkok unterhielt ich mich mit einem alten Lamapriester, der im Safrangewand auf einer Strohmatte zwischen den Füßen der überdimensionalen Buddhastatue hauste. Neben seiner Matte befand sich ein niedriges, kunstvoll geschnitztes Tischchen mit einer Weckeruhr, Schlaftabletten und etlichen Comics. Seine Bettlerschale stand irgendwo auf dem Boden. Der Lama lud mich mit zeremoniellen Verbeugungen ein, mich zu ihm zu setzen und es mir bequem zu machen, und lobpries dann etwa eine Stunde lang in gebrochenem Englisch die stillen Wonnen der Meditation und die Ehrfurcht des frommen Buddhisten vor jeglicher lebenden Kreatur. Die Heiterkeit und Ruhe der Thais sei ja das beste Beispiel. Warum hieße sonst Thailand wörtlich »Land des Friedens«?

Ich lauschte entzückt, denn diese sanfte Philosophie war ganz nach meinem Sinn, verabschiedete mich und ging. Der freundliche Lama kehrte auf seine Strohmatte zurück und zog seinen Wecker auf.

Der Tempel lag an einem Fluß, und ich war mit dem Kanu gekommen. Während das Boot nach Bangkok zurückglitt, beobachtete ich den Alltag der Anwohner. Obst- und Gemüsehändler boten ihre Waren vom Kanu aus an. Kinder

spielten und plätscherten im Wasser, während ihre Eltern mit den Kunden feilschten.
Plötzlich sah ich, wie in nicht allzu weiter Entfernung ein Krabbelkind kopfüber vom elterlichen Boot ins Wasser fiel. Ich fuhr hoch und strengte meine Augen an, um eventuell eingreifen zu können. Die Eltern hatten das Klatschen und Gurgeln gehört und sich umgedreht, aber niemand schickte sich an, dem Baby nachzuspringen. Es verschwand endgültig, und die Eltern sahen mit unbewegter Miene zu. Ich erkannte sogar aus der Ferne, daß ihre Gleichgültigkeit nicht gespielt war, und setzte mich wie betäubt wieder hin. Sicher, ich wußte theoretisch, daß kein Buddhist dem vorbestimmten Schicksal in den Arm fällt; aber so etwas auch in Praxis zu erleben... Das war schon einigermaßen erschütternd.
Die Eltern hielten also wirklich den vermeidbaren Tod ihres Kindes für Gottes Willen. Wären sie ihm nachgesprungen, so hätten sie es sich auf Lebenszeit verpflichtet; sein Leben hätte seinen Rettern gehört, und ein solches — noch schlimmeres — Los mutet kein Buddhist einem anderen zu.
Ich wußte wohl, wie gering das Leben in Asien eingeschätzt wird. Aber das war es nicht allein. Für den Buddhisten bedeutet der Tod nichts weiter als den Übergang in ein anderes Leben, in anderer Form. Er gehört zum ewigen Kreislauf des Lebens. Leben und Tod werden nicht als individuelle Schicksale betrachtet, sondern unter einem viel breiteren philosophischen Gesichtswinkel. Alles ist Fatum. Wenn ein Kind ertrank, durfte sich niemand einmischen. Man mußte sich damit abfinden, daß es so vorausbestimmt war. Aus dem gleichen Grunde ist vorbedachter Mord ein Greuel, denn auch der vergewaltigt die höhere Weisheit. Zwischen tatenlosem Zusehen bei einem Unglück und aktivem Töten besteht ein himmelweiter Unterschied. Hätte jemand das Kind — oder auch ein Tier — absichtlich ertränkt, so hätte kein frommer Buddhist es je begriffen. Hieraus zog ich endlich die Lehre: Daß der Tod in Asien unbewegt akzeptiert wird, bedeutet noch lange keine Unterbewertung des Lebens.

Ein paar Tage danach ging ich zu einem thailändischen Boxkampf. Boxen nimmt in Thailand ungefähr die gleiche Stelle ein wie Baseball in Amerika; es ist der Nationalsport. Nur unterscheiden sich die Kampfregeln von denen aller übrigen zivilisierten Länder insofern, als einfach alles erlaubt ist.

Die Kontrahenten schlagen, wohin sie wollen. Außer einer Art lederner Schwedenwindel haben sie keinerlei Körperschutz.

Jedes Match beginnt mit einer religiösen Zeremonie. Die beiden Boxer betreten den Ring und verrichten zunächst ihre an Rama (den alten Gott-König) und Buddha adressierte Andacht. Jeder betet für seinen Gegner, nicht für sich selbst. Eine Musikkapelle untermalt die letzten Gebete und die fast tänzerisch stilisierte Kampferöffnung.

Aber dann, während die Musik sich gellend steigert, gehen die beiden Boxer ernstlich aufeinander los. Sie traktieren sich mit Fäusten, Ellenbogen, Knien und Füßen. Wie gesagt — alles ist erlaubt, sie kennen keine Schranken. Ich muß gestehen, daß mir bei dem ersten thailändischen Boxkampf, den ich erlebte, schlecht wurde. Der eine Boxer packte den andern am Kopf und brach ihm das Genick. Natürlich starb der Unterlegene in den Seilen. Das Publikum raste vor Begeisterung — meine friedliebenden Thais! Sofort nahmen zwei andere Boxer den Ring ein, absolvierten ihre Gebete für das Wohl des Gegners und die rituelle Pantomime — und kamen dann hart zur Sache. Einer brachte dem andern mit einem Ellbogenstoß sofort eine klaffende Stirnwunde bei. Das Gebrüll des Publikums angesichts des strömenden Blutes war ohrenbetäubend. Es übertönte sogar die schrille Begleitmusik, und auch die Musiker litt es kaum noch auf ihren Plätzen. Sie schrien in der allgemeinen Begeisterung mit. Ein Sanitäter begutachtete flüchtig die Wunde, aber die Menge brüllte: »Weiterkämpfen!«, und der Verletzte selbst stieß wütend mit dem Fuß nach dem Hilfsbereiten. Er wollte weitermachen und durfte es.

Nun griff der lädierte Boxer mit frisch angestachelter Wut seinen Gegner an, der die Kopfwunde mit dem nächsten Schlag noch weiter aufriß. Bald wußte man nicht mehr, wessen Blut floß, sie troffen beide, und auch der zunächst Überlegene schien einiges abbekommen zu haben. Unter rasendem Protestgeschrei des Publikums brach der Schiedsrichter endlich den Kampf als unentschieden ab. Beide Kämpen wurden auf Bahren davongetragen (Bahren sind bei thailändischen Boxveranstaltungen immer reichlich vorhanden und in griffbereiter Nähe). Beider Köpfe erinnerten mehr an Hackfleisch als an menschliche Gesichter.

Ich war erschüttert. Diese tobende, blutdürstige Masse sollte das vielgerühmte »Volk des Friedens« sein? Nirgends auf Erden gibt es ein roheres Volksvergnügen als das thailändische Boxen.

Später überlegte ich mir, daß vielleicht gerade die besonders sanften und höflichen Alltagssitten der Thais einen gelegentlichen Auspuff fordern und dies die unglaubliche Popularität dieser gräßlichen Schaustellungen erklärt. Jeder Mensch birgt angestauten Zorn und Angriffslust in sich. Da ist die thailändische Art, sich ein Ventil zu verschaffen, immer noch allen anderen niederträchtigen Greueln vorzuziehen, die Menschen einander antun können.

Meine paradoxen Erlebnisse in Thailand zeigten mir wieder einmal, wie weit meine bisherigen Vorstellungen von der Wahrheit abwichen, wie altväterisch die Wertmaßstäbe und Moralgrundsätze waren, die meine frühere Kleinbürgerwelt ihren Kindern mit auf den Weg gab: die Eltern, die Schule, die Nachbarschaft, die Kirche (welch letztere ich zum Glück nicht allzuoft besucht hatte).

Was mich im Rückblick auf das schiefe Weltbild meiner Kindheit jetzt am meisten störte, waren die Rassenvorurteile, die vor allem mein Vater uns von früh an hatte einpflanzen wollen — mein sonst so kluger Vater, der für Philosophie, Malerei, Literatur und Musik schwärmte und ein hochangesehener Schulleiter war. Dieser selbe Mann bezeichnete jeden dunkelhäutigen Mitmenschen als »Nigger«, und sein verächtlicher Ton stand in genauem Verhältnis zur jeweiligen Farbschattierung. Er machte keinen Unterschied zwischen Afrikanern, Indern und Südamerikanern, und sein Vorurteil erstreckte sich sogar auf sonnengebräunte Weiße. »Blödsinnige Mode!« schalt er. »Wie die Menschenfresser im Urwald! Die kennen es nicht anders, als den ganzen Tag in der Sonne zu brutzeln. Kulturmenschen ziehen sich beizeiten in ihre Häuser zurück.« Jeder, der rasch braun wurde, erregte sein Mißtrauen, und wenn jemand gar krauses Haar hatte, hieß es sofort: »Na ja, da ist auch Negerblut drin.«

Obwohl ich als Südstaatlerin stets von Schwarzen umgeben war, hatte ich mir als Kind nie besondere Gedanken über sie gemacht. Ich sah sie als Bevölkerungsanteil, nicht als Einzelmenschen, die auch irgendwo wohnten, Familien hatten und ein Privatleben führten. Meistens sah ich sie ja nur bei Dienstleistungen für die Weißen.

Als ich, Jahre später, in den »tiefen Süden« der USA kam,

erschien mir alles so fremdartig wie in Thailand. Mississippi war ein anderer Planet. Ich lebte unter Schwarzen und versuchte die Welt mit ihren Augen zu sehen, und es ist wahr: Man hat keine Ahnung von ihrem Leben, wenn man nicht selbst schwarz ist. Ich war damals für die Studentische Gewaltlosigkeits-Bewegung unterwegs und beobachtete die Reaktionen der Bürger, die über die Rassentrennung in den Schulen abzustimmen hatten.

Jeder Weiße, gleich welchen Berufs, kam mir vor wie ein Ku-Klux-Klan-Mitglied. Eines Abends packten zwei weiße Einwohner von Rolling Fork, Mississippi, einen Schwarzen, dessen Tochter sich bei einer Gemeinschaftsschule hatte einschreiben lassen, banden ihn mit einem Strick hinten an einen Lastwagen und schleiften ihn so durchs Negergetto, als warnendes Beispiel für jeden, der sich ebensolche »Übergriffe« erdreistete. Am selben Abend saß ich mit einem Negerehepaar zusammen, das eben erfahren hatte, daß sein siebzehnjähriger Sohn, mit schweren Ketten gefesselt, auf dem Grund eines nahen Tümpels gefunden worden war.

In Issaquena County war ich bei einer Frau namens Mrs. Unida Blackwell zu Gast. Sie war tiefschwarz, stattlich und voller Würde und bot ein wunderbares Beispiel dafür, wie Negerinnen sein können, wenn sie Selbstbewußtsein entwickeln. Wir saßen stundenlang zusammen, tranken Bier und philosophierten über die althergebrachte Unterdrückung der Frau. Unida vertrat natürlich besonders die Sache der schwarzen Frauen, übersah aber deswegen nicht das uns allen gemeinsame Malheur, das dem unseligen Mythos entstammt, die Frau sei dem Mann nicht ebenbürtig.

»Ich kann nicht dasitzen und kitschige Muschelkästchen fabrizieren, nur damit ich etwas zu tun habe«, sagte sie unter anderem. »Ich muß hinaus, Kontakte und Abwechslung suchen. Immer neue Eindrücke — das allein zählt. Und das tue ich auch.«

Sie war die gefeierteste und berüchtigste Bürgerrechtskämpferin in Mississippi. Man hatte sie mehrmals eingesperrt, ihr Telefon angezapft, und während meines Besuchs verbrannte der KKK zweimal Kreuze vor ihrem Haus, weil ich, eine weiße Frau, darin war.

Unida machte mich auch mit einigen anderen jungen Kampfgefährtinnen bekannt, die, wie sie, mehrfach im Gefängnis gewesen waren. Sie beschrieben mir die Drahtbürstenbe-

handlung, die man ihnen hatte angedeihen lassen, die voll angedrehte Zellenheizung im Sommer und die abgedrehte im Winter. Sie beschrieben mir die Wirkung kleiner Arsendosen im Essen: gerade soviel, daß einem hundeelend wurde, aber nicht genug zum Sterben. Sie beschrieben mir die Demütigung, die darin lag, daß man ihnen die Kleider wegnahm und sie tagelang nackt in der Zelle ließ.
Unida hatte nur ein breites Bett. Während unserer Wahlaktion schliefen wir darin in Schichten, meistens zu viert, und lösten einander nach bestimmter Zeit ab. Unidas Sohn Joshua schlief in einem Wohnzimmersessel. Ihr Mann arbeitete als Koch auf einem Mississippidampfer. Ihre Familie schien zu wissen, daß Unida etwas Besonderes war und sie hinter ihrem Wagemut nicht zurückstehen durfte, obgleich es ihr sicher oft schwerfiel.
Sooft wir bei Tageslicht über Land fuhren, um mit den Leuten über die bevorstehende Abstimmung zu sprechen, hielten einige der Jungens ein wachsames Auge auf etwaige Streifenwagen, und wenn einer auftauchte, ertönte ein Warnschrei, und ich mußte mich an den Wagenboden drücken. Die Polizei von Issaquena County machte kein langes Federlesen, wenn sie eine weiße Frau in Gesellschaft schwarzer Männer sah. Solchem Ärger ging man am besten aus dem Wege, indem ich außer Sicht blieb. Im übrigen waren wir alle sieben Tage und Nächte lang fast dauernd zusammen. Ich kaufte im (weißen) Supermarkt ein, wo die Preise so hoch waren, daß ich am Ende der Woche restlos pleite war. Es war eine Zeit der Gemeinschaft, die ich mein Leben lang nicht vergessen werde. Oft dachte ich, was wohl mein Vater dazu sagen würde. Vielleicht wäre er, der ja im Grunde ein weiches Herz hatte, insgeheim eher angezogen als abgestoßen gewesen? Die Menschen, die ich damals kennenlernte, strahlten Güte und rauhe Selbstverspottung aus und hatten den besten Willen, den wütenden Angriffen der Weißen gegenüber geduldig zu bleiben. Sie schufteten in der schwülen Sommerhitze, stellten keine Ansprüche und hofften, die Weißen überzeugen zu können, daß sie nichts Böses wollten, sondern nur ihr Bürgerrecht.
Ich sah Unida 1968 beim Demokratischen Kongreß in Chicago wieder. Sie war die Delegierte von Mississippi und ich die von Kalifornien. Wir nahmen einander ein bißchen als »militante Weltverbesserinnen« auf den Arm, aber bei den Vorgängen während dieses Kongresses verging uns bald das

Lachen. Wir hatten auf Fortschritte der Demokratie gehofft, und statt dessen überrollte uns die Dampfwalze des amerikanischen Faschismus.

Um auf meine ersten Erfahrungen in Mississippi zurückzukommen: Nach der damaligen Aktion besuchte ich meine Eltern für ein paar Tage und erzählte ihnen einige meiner Erlebnisse. Das heißt, ehe ich damit anfing, sagte mein Vater: »Nimm erst mal eine ausgiebige heiße Dusche. Wir haben die Polstermöbel gerade reinigen lassen.«

Ich fragte mich, ob er überhaupt ahnte, was außerhalb seines kleinen Kreises vorging. Er schien zunächst auch kaum zuzuhören. Und ich merkte nicht gleich, daß er sich — zum letztenmal, wie sich dann herausstellte — mit seinem unsichtbaren Panzer gegen die unliebsame Wahrheit wappnete.

Erst als ich ihm von einer zwanzigjährigen Negerin namens Thelma und ihrem ersten Tag in einer sogenannten Gemeinschaftsschule erzählte, änderte sich sein Gesichtsausdruck. Diese Thelma hatte in einer »schwarzen« Schule die mittlere Reife erlangt und durfte nun, weil sie so gut war, zur Absolvierung der Oberstufe zu den Weißen. Ich erzählte Dad, wie der Klassenlehrer Thelma dort einführte. Sie mußte neben ihrer Bank stehen bleiben, bis alle anderen saßen. Vorher ging jeder ihrer neuen Mitschüler an ihr vorbei und spuckte auf ihren Platz. Als alle damit fertig waren, war ihr Platz eine einzige Spuckpfütze. »Setzen!« befahl ihr der Lehrer. Thelma hatte zur Feier des Tages ein hübsches neues rosa Kleid an, das sie und ihre Mutter manches Opfer gekostet hatte. Aber in ihrer Angst gehorchte sie. Als die Stunde vorbei war, mußte Thelma wieder stehen bleiben, bis alle andern hinaus waren, und im Vorbeigehen gab ihr jeder einen Rippenstoß. Die Stöße, sagte Thelma, seien zwar schmerzhaft gewesen, aber nicht so furchtbar wie ihre eigene Scham, daß sie geglaubt hatte, in einer weißen Schule als Schülerin wie alle anderen akzeptiert zu werden.

Dad hörte sich diese Geschichte mit zusammengebissenen Zähnen an, und als ich fertig war, sah ich, daß ihm die Tränen übers Gesicht strömten. Er sackte in seinem Sessel zusammen wie ein Greis und ächzte: »Herrgott, ich möchte mich ja gern ändern, aber es fällt mir zu schwer — eher krepiere ich daran!« Ich wandte rasch meinen Blick ab und ging ans Fenster. Ich versuchte erst das eine zu öffnen, dann das andere — beide klemmten.

»Die kriegst du nie mehr auf«, sagte mein Vater hinter mir.
Ich drehte mich verblüfft um. »Wieso? Fenster sind doch zum Aufmachen da!«
Er starrte an mir vorbei ins Leere. »Diese Fenster sind nie offen gewesen.«
»Hast du's denn nie versucht?« fragte ich.
»Ich weiß nicht. Jedenfalls klemmen sie seit Menschengedenken. Also gib dir erst gar keine Mühe.«
Mutter kam aus der Küche, lang und dünn, in einer geblümten Schürze und mit Pastetenteig an den Händen. (Fleischpastete war mein Leibgericht gewesen, als ich noch klein war.)
»Warum sind die Fenster nicht offen?« fragte ich sie. »Hier drinnen ist's ja irrsinnig heiß. Ein bißchen frische Luft könnte nichts schaden.«
Mutters fröhlicher Ausdruck erlosch. Sie warf einen raschen Seitenblick auf Vater. »Ich weiß nicht«, sagte sie dann. »Daddy meint, sie ließen sich nicht mehr öffnen.«

11

Damals, während meiner Propagandareise im Süden, verschaffte mir ein Freund die Gelegenheit, auch einen der führenden schwarzen Aktivisten kennenzulernen. Ich nenne ihn hier Ralph Frazier. Er erwartete mich hinter einem Pfeiler des Flughafens von Atlanta, nicht am allgemeinen Ausgang. Da ich außer ihm keinen Schwarzen sah, weiß ich nicht, ob er nicht durfte oder nicht wollte.
Er war ein massiger, aber nicht übergroßer Mann mit buschiger Mähne (lange bevor es Mode wurde) in einem schwarz und rot karierten Anorak. Er schien nicht nur so hinter dem Pfeiler zu stehen, sondern gewissermaßen zu lauern. Da ich keine Personenbeschreibung von ihm hatte, wußte ich nicht, ob er es war. Er sagte auch nichts, und ich ging vorbei.
Als ich dann bei der Gepäckausgabe meinen Koffer bekam und einigermaßen ratlos dastand, wurde der Koffer plötzlich von einer schwarzen Hand ergriffen, und der Mann im schwarz-roten Anorak geleitete mich zur Drehtür. »Ich bin Frazier«, stellte er sich formlos vor, »ein Freund von Ihnen.«

Damit führte er mich zu einem klapprigen Kombiwagen, neben dem drei andere Schwarze warteten. Als wir abfuhren, folgte uns ein weiteres kleines Auto.

»Wir fahren immer in zwei Wagen«, erklärte Frazier. »Man weiß nie, weswegen einen die Polizei anhält, besonders wenn wir eine weiße Frau bei uns haben. Gestern ist einer verhaftet worden, angeblich wegen schadhafter Scheibenwischer, weil sie nichts anderes gegen ihn vorbringen konnten. Wollen Sie mal 'ne richtige *Nigger*party mitmachen?« fügte er unvermittelt mit ironischer Betonung hinzu.

»Gern«, sagte ich lächelnd. Jeder Rest von Spannung zwischen uns war behoben. Mein Koffer rutschte auf dem Rücksitz herum. Ich wußte nicht, wo ich heute übernachten würde, aber ich fragte nicht danach. Schließlich war es ja ziemlich unwichtig, ob ich überhaupt zum Schlafen kam.

Wir fuhren mitten durch Atlanta ins Getto und hielten vor einem Haus, aus dem Musik und Gelächter tönten. Die Tür öffnete sich, eine Bierfontäne sprühte uns entgegen, und jemand drückte mir eine Dose Schlitz in die Hand. Ein Grammophon spielte das, was bald als *soul music* große Mode werden sollte, und alle Anwesenden tanzten dazu, aber auf eine Art, wie ich sie noch nie gesehen hatte. Ihre Körper zuckten und wanden sich ohne jede Regel. Manchmal waren die Bewegungen geradezu abstoßend — gewollt abstoßend! —, als seien die Tänzer in die Häßlichkeit verliebt und wollten ihre Seelenverzerrungen deutlich machen. Sie schleuderten die Köpfe auf und nieder wie in wildester Ekstase, hielten dann urplötzlich einige Takte lang regungslos inne und warteten, bis eine neue Idee in sie fuhr und sie sie ausdrücken mußten. Sie beobachteten einander genau; jede Geste bedeutete etwas, und wenn man nicht ganz verstand, was sie mit ihren zuckenden Hüften, Ellbogen und Schultern sagen wollten, so las man es in ihren Blicken. Es war *soul*, rückhaltloses Bloßlegen der Seele, und vor allem Protest. Einige der Jugendlichen hatten blutunterlaufene Augen. Vielleicht hatten sie schon zuviel Bier in sich (härtere Getränke gab es nicht).

An einem langen Tisch, der außer ein paar Apfelsinenkisten die ganze Möblierung ausmachte, wurde Poker gespielt. Frazier zog mir einen Klappstuhl heran und stellte mich einfach als »Shirley« vor. Falls jemand mich erkannte, ließ er es sich nicht anmerken. Die Namen der anderen wurden mir erst gar nicht genannt. Ich hätte sie mir doch nicht merken können.

Während der Tanz um uns weitertobte, nahm Frazier die Pokerkarten und hielt eine Art ironische Predigt über die Kunst des Bluffens. Er schloß mit »Amen, Brüder«, und alle respondierten mit einem verständnisinnigen »Amen« und nickten. Ich verstand nichts von Poker, und daher gingen mir die meisten Anspielungen verloren. Aber ich verstand, daß ich in einer anderen Welt war, inmitten von Blutsbrüdern, die einander ohne Worte verstanden. Sie lebten, aßen, atmeten und tranken auf der gleichen Wellenlänge. Meine Anwesenheit störte sie nicht, blieb ihnen aber jeden Moment bewußt. Ich war eine Außenseiterin.
Als jedoch jemand die Platte wechselte und einen langsameren, nervenzerrenden Beat laufen ließ, konnte ich nicht länger an mich halten. Ich wußte zwar nicht, wie es ausgelegt werden würde, wenn ich mich unaufgefordert unter die Tanzenden mischte, aber ich tat es trotzdem. Einer Gelegenheit zum Tanzen habe ich mein Lebtag nicht widerstehen können.
Ich ließ also die Pokerspieler bei ihren Karten und tanzte unter die andern. Ein rundlicher Schwarzer bemerkte mich zuerst und machte sich hüftschwenkend und powackelnd zu meinem Partner. Es war John Lewis, der Sekretär der Studentischen Aktion, der später von seinen eigenen Leuten beschuldigt wurde, er sei nicht militant genug. Nein, an John war wirklich nichts Militantes; er bestand durch und durch aus Seele und Menschenliebe. Seine Gesellschaft war herzerwärmend, obwohl oder weil man wußte, daß er es nie zu etwas bringen würde, einfach weil er zu nett war.
Sein Tanz war voller Neckerei und Mutwillen. Wir drehten uns in die Mitte der Tanzfläche und zogen binnen zwei Minuten eine gemeinsame Schau ab, als ob wir unser Leben lang geprobt hätten. Die andern sahen grinsend zu. Nach einer Stunde war ich in Schweiß gebadet, und John sank, total fertig, auf den einzigen vorhandenen Stuhl.
Morgens um 4.30 Uhr war mein Übernachtungsproblem noch immer nicht gelöst, und ich merkte schon, daß Frazier sich deswegen nicht weiter den Kopf zerbrochen hatte. Er und ein paar andere kletterten schließlich wieder in den Kombiwagen und fuhren mich zu Johns Wohnung. John selbst war zu erledigt, um die Party zu verlassen.
Erst als die Mitfahrer gute Nacht sagten und »Danke für den Besuch« und Frazier meinen Koffer nach oben trug, erfuhr

ich, daß er für seine Person obdachlos war. Er gab all sein Geld für die schwarze Bewegung und übernachtete mal bei dem, mal bei jenem. Diesmal war John Lewis' Mini-Wohnung als Quartier ausersehen.

Mein Blick fiel zuerst auf die Bücherregale in dem winzigen Wohnzimmer, die mit Büchern von und über Marx, die russische Revolution und ähnliches vollgestopft waren. Eine idyllische Landschaft hing, etwas schief, über der ebenfalls schlagseitigen Couch. In einer Kochnische befanden sich ein kleiner Herd und ein noch kleinerer Kühlschrank, und in diesem nichts als eine angebrochene Flasche Schnaps und eine Zitrone. Im Bad tröpfelte der Wasserhahn auf einen Berg schmutziger und dementsprechend riechender Wäsche. Das winzige Schlafzimmer enthielt ein ungemachtes Doppelbett mit altersgrauen Laken. In den Ecken stapelten sich Zeitungen und Magazine. Ich hatte den Eindruck, daß John demnächst eine Frau im Haus brauchte. Hinter den Zeitungen fand ich eine zusammengeklappte Notliege und atmete auf. Das war das Gesuchte für Frazier.

Als er sich mit der Notliege ins Wohnzimmer zurückzog, sagte er, wir müßten beide schnell und gut schlafen, denn er hätte noch eine Menge mit mir zu reden. Als ich die Augen zumachte, waren es höchstens noch zwei Stunden bis zum Tagesanbruch.

Aber als ich erwachte und ins Wohnzimmer spähte, war Frazier nicht mehr da. Ich warf die schmutzige Wäsche aus der Badewanne und gönnte mir eine Dusche. Dann zog ich mich an, packte meinen Koffer und wußte nicht recht, ob ich gehen oder bleiben sollte. Es schien bei der irregulären Art, in der hier alle lebten, ziemlich egal zu sein.

Aber in diesem Moment kam Frazier die Treppe herauf, in der Hand einen Einkaufsbeutel mit Eiern, Speck, Orangensaft und einem halben Laib Brot. Ich bereitete unter seinen Augen unser Frühstück, und hinterher bat er mich, ihn wegen eines wichtigen Anrufs zur Telefonzelle an der Ecke zu begleiten, da John natürlich kein Telefon in der Wohnung hatte.

Wir gingen in den sonnigen Morgen hinaus, und das erste, was ich hörte, war ein bremsender Wagen. Ein junges weißes Mädchen lehnte sich aus dem Fenster und rief mir zu: »Na, Niggerliebchen, wie war's denn?« Dann brauste sie weiter. Ich traute meinen Ohren nicht.

Der Kaufmann, der die Telefonzelle hatte, war ebenfalls weiß, und als er mich mit Frazier kommen sah, drückte sein Gesicht blanken Haß aus. Frazier ging stracks auf ihn zu und bat ihn um Kleingeld fürs Telefon, aber ich war so eingeschüchtert, daß ich lieber draußen wartete. Auf dem Rückweg wurde ich wieder als »Niggerliebchen« angepöbelt. Frazier schlug vor, wir sollten uns nun gerade auf das Mäuerchen vor dem Haus setzen, um sehr Wichtiges zu besprechen.

»Wissen Sie eigentlich, wieviel Sex in dem sogenannten Rassismus verborgen ist?« begann er. »Nein, Sie wissen es wahrscheinlich nicht, weil Sie noch nie in Versuchung geraten sind, wenigstens nicht bewußt. Und daher können Sie sich nicht vorstellen, was es bedeutet, von Kind an nach allem zu streben, was rein und weiß ist. Ewig wird uns eingetrichtert: schwarz ist böse, und weiß ist gut. Sogar die alltäglichsten Redensarten drücken das aus: ein schwarzer Tag, Schwarzweiß-Malerei, sieh nicht immer so schwarz. Weiß dagegen ist Reinheit, Güte, Sonnenlicht und Ehrbarkeit. Jede Fernsehreklame führt uns die Idealbilder der schönen, lilienweißen, meist blonden Frauen vor. Seit ich denken kann, habe ich Weiße geliebt — als Inbegriff eines besseren Lebens. Können Sie nun nachfühlen, was es heißt, heranzuwachsen und als junger Mann festzustellen, daß die lockenden Bilder, die ihm fortwährend vorgegaukelt wurden, gerade für ihn unerreichbar sind? Jetzt wird uns plötzlich gesagt: Bleib gefälligst bei deinesgleichen! Aber unsere Phantastereien und Träume haben sich so lange um zarte weiße Elfen gedreht, daß unsere eigenen Schwestern uns grob, häßlich und lederhäutig vorkommen. Und wie ergeht's erst den Mädchen, wenn sie entdecken, daß sie für uns nicht halb so reizvoll sind wie die weißen? Sie kaufen sich Haarglätter, Bleichmittel und weiß der Teufel was, um den Weißen ähnlich zu werden — nur, leider, es funktioniert nicht.

Die Wirrnis verdoppelt sich, wenn auch sie merken, daß in ihren geheimsten Träumen weiße Männer herumgeistern. Und bei denen kommen sie auch besser an, wie zahllose Beispiele beweisen. Viele kirchentreue und standesbewußte Familienväter hier in den Südstaaten halten sich eine schwarze Mätresse — natürlich immer nur heimlich, nie offen, und das Resultat sind die Mischlinge, die hier massenhaft herumlaufen. Die herrschende Gesellschaft hat es dazu gebracht, daß verbotene Früchte besonders gut schmecken. Wissen Sie, was

mir heute nacht alles durch den Kopf ging, als Sie in Ihrer weißen Lieblichkeit im Nebenzimmer lagen?«
Ich tat, als ob ich es nicht wüßte. Das war eine Lüge.
»Aber vielleicht wissen Sie das einzige Mittel, mit dem ein Schwarzer in Ihrer Welt bestehen kann?«
Diesmal schüttelte ich den Kopf, ohne zu lügen.
»Er muß entweder unheimlichen Grips haben oder unheimlich sexy sein. Beides zusammen wäre zu bedrohlich. Ralph Bunche ist wohlgelitten, weil er nur oberhalb der Gürtellinie existiert, Joe Louis und Rafer Johnson, weil die untere Hälfte wichtiger ist. Wir haben anerkannte Gelehrte und anerkannte Sportler. Auch Schauspieler haben eine Chance, wenn sie glaubhafte Nigger darstellen können; aber dazu müssen sie schon perfekt sein. Einen echten, normalen Nigger mit all seinen Fehlern und Schwächen nähme ihnen keiner ab, und wenn sie noch so schwarz wären. Normal und schwarz dazu darf man nur in einer Sklavenrolle sein. Das ist okay, das wird einem abgekauft.«
Ich dachte an Sidney Poitier, den »Schwarzen Prinzen« unserer Traumfabrik, der in jeder Rolle perfekt ist und uns immer wieder zeigt, daß niemand sich vorm schwarzen Mann zu fürchten braucht, denn er trieft nur so von Güte, Verstehen und Verzeihen, und daß wir im Grunde alle glücklich miteinander leben könnten.
In meine Gedanken hinein schrie eine belegte, dialektgefärbte Männerstimme aus einem vorüberfahrenden Auto: »Leck den Nigger am Arsch, dann leckt er dich!«
Frazier reagierte nur mit einem Achselzucken. »Sie müssen wissen«, fuhr er fort, »daß ich mich gerade scheiden lasse und ein Verhältnis mit einer Weißen habe. Ich könnte nicht genau sagen, was ich für sie fühle und ob es wirklich anlagebedingt ist, daß ich sie begehre. Jedenfalls belastet es mein Gewissen, daß gerade ich, ein Führer der schwarzen Bewegung, ein so miserables Beispiel gebe. Ich werd' mich wohl bald entscheiden müssen, denn viele meiner Leute verstehen nicht, daß man mit beiden Seiten zugleich zu tun haben kann. Das Sexproblem ist eins der schwierigsten zwischen Schwarz und Weiß.«
Damit stand er auf und holte meinen Koffer. »Wir sind und bleiben hoffentlich platonische Freunde«, sagte er zum Abschied. »Aber ich wollte Sie wissen lassen, was ich mir so denke.«
Ich hätte meinem Vater gern auch über dieses Erlebnis berich-

tet, unterließ es aber, weil ihm dabei schlecht geworden wäre. Leute wie er, die kaum imstande waren, im Verkehr mit Andersrassigen auch nur die oberflächlichsten Formen zu wahren, mußten ja beim Gedanken an sexuelle Beziehungen einen Schlaganfall erleiden.

Was an den Schwarzen jagte ihm nur solche Angst ein? Mochte er seine Vorurteile rechtfertigen, wie er wollte; die Tatsache blieb bestehen, daß er *Angst* hatte. Sicher auch vor sich selbst. Aber warum projizierte er seine Privatängste auf die unschuldige Haut eines andern? Vielleicht hatte er abergläubische Angst vor dem Dunkeln und sah in den Negern das Symbol der Nacht. Vielleicht fühlte er sich bei hellem Tageslicht und mit Weißen sicherer.

Andererseits wußte ich leider, daß selbst ein Schwarzer in seiner Achtung stieg, wenn er Geld hatte. Geld, ganz gleich wie es erworben war, machte immer Eindruck auf ihn. Warum? Er wußte doch so gut wie alle, wie dreckig Geld sein kann, und er sprach so gern und oft von Ehre und Vertrauen. Jeden, den er für vertrauenswürdig hielt, hätte er im Notfall bis zum Äußersten verteidigt. Und wenn einer zwar schwarz, aber reich und anerkannt war, nannte Vater ihn taktvoll einen »Farbigen« statt, wie sonst, »Nigger«. Warum?

Immerhin, in Momenten tiefer Rührung durchbrach sein eigentliches Selbst alle Schranken seiner kleinbürgerlichen Denkgewohnheiten. Einmal gingen wir alle, die ganze Familie, ins Theater, um das Negerstück *Raisin in the Sun* zu sehen. Ich erinnere mich an die Szene, in der der männliche Hauptdarsteller vor seinen Angehörigen auf die Knie fällt und sie anfleht, alle Widerwärtigkeiten zu ertragen, weil er, der einzige Schwarze inmitten weißer, gehässiger Nachbarn, nur so sein Menschenrecht durchsetzen kann. Ich fühlte, daß mein Vater während des ganzen Stücks strikt auf seiner Seite war. Ich merkte es am Beben seiner Schultern, und ich glaube, er hatte sogar verweinte Augen, als das Licht wieder anging. Seine ehrlichen Gefühle waren durchgebrochen und lagen im Widerstreit mit denen, die man ihm eingepaukt hatte, und es war für mich erschütternd, seinen Konflikt mit anzusehen. Ich liebte ihn sehr deswegen. Das Wort »Nigger« verschwand für längere Zeit aus seinem Wortschatz, jedenfalls bis wir von New York nach Virginia zurückkehrten und irgendein Kollege den Ausspruch tat: »Na ja, als Schauspieler sind diese Nigger nicht zu schlagen.«

Als ich einige Jahre später erwähnte, Sidney Poitier, der damalige Hauptdarsteller, sei ein guter Freund von mir und ich würde ihn gern mal zum Essen nach Hause mitbringen, lehnte Vater ab. »*Ich* wäre ja entzückt, ihn persönlich kennenzulernen«, behauptete er verlegen, »aber die Nachbarn ... Ich muß hier wohnen bleiben, wenn der Abend vorbei ist. Du nicht.«
So kam es, daß Sidney Poitier nie in meinem Elternhaus zu Gast war und mein Vater nie wagte, über seinen eigenen Schatten zu springen. Er hatte eben Angst vor dem Dunkeln — vielleicht vor den dunklen Flecken in seinem Inneren.

12

Je mehr ich in der Welt herumreiste, desto deutlicher merkte ich, daß nur die Angst die Menschen einander entfremdet und natürliche Freundschaft verhindert.
Einen einzigen Monat lang erfuhr ich, wie es sein kann, wenn Menschen frei von Furcht leben, harmonisch, ehrlich und vertrauensvoll. Zufällig handelte es sich wieder um Schwarze. Es waren sogenannte Primitive. Sie verkehrten untereinander so unbefangen, wie ich es sonst nie und nirgends erlebt habe. Lügen war ihnen etwas Unbegreifliches, und demgemäß glaubten sie auch an sich selbst. Gott existierte nicht für sie, und das einzige, was sie fürchteten, waren die Naturgewalten. Ihr Selbstvertrauen war grenzenlos und ihr Stolz gerechtfertigt. Es war der Massai-Stamm in Ostafrika.
Ich war zu einer Safari eingeladen worden. Nach einem hektischen Arbeitsjahr hatte ich ein dringendes Bedürfnis nach Ferne und Weite, und die Aussicht, ganz nah an die wilden Tiere der afrikanischen Steppen heranzukommen, begeisterte mich. Allzulange hatte ich nur die Enge der Städte erlebt.
Ich ließ alles stehen und liegen und flog nach Nairobi. Aber als ich, Kamera um den Hals und Buschhut auf dem Kopf, dort landete, waren die anderen Safariteilnehmer schon weg und infolge sintflutartiger Regenfälle irgendwo im Schlamm steckengeblieben. Ich fand nur eine Nachricht vor, daß wir uns in vierzehn Tagen in Tanganjika treffen würden.
Ostafrika war gerade unabhängig geworden, und das Wort

uhuru (Freiheit) war in aller Munde. Jomo Kenyatta hatte die Mau-Mau-Bewegung in eine respektable afrikanische Gesellschaft zurückverwandelt, und der neue Wind blies kräftig um die Ohren der Weißen. Landbesitzer, die Afrika für Freigut gehalten hatten, flüchteten, Familien zersplitterten, und Vermögen gingen in Dunst auf. Aber auch unter den eingeborenen Stämmen herrschte bittere Zwietracht. Es war eine düstere und für Neuankömmlinge sehr verwirrende Zeit.
Ich fand im Farmhotel von Limuru, zwei Stunden von Nairobi entfernt, Unterkunft. Es gehörte einem älteren französischen Ehepaar, das vor dreißig Jahren für einen Zweiwochenurlaub nach Afrika gekommen und dann hängengeblieben war. Nun, nachdem sie sogar die Mau-Mau-Gefahren überstanden hatten, brachte sie keine Gewalt der Erde mehr aus dem Land, das sie in seinen Bann geschlagen hatte.
Mitten im Uhuru-Chaos standen die Massai, ein Kriegerstamm, deren Gebiet sich weit von Norden nach Süden erstreckt. Sie haben sich von jeher geweigert, die Kultur der Weißen anzunehmen, und den Tod vorgezogen. Und nun sterben sie wirklich — an einer Zivilisationskrankheit, die die Weißen eingeschleppt haben. Die Syphilis ist so verbreitet, daß nach wissenschaftlichen Schätzungen der Massai-Stamm spätestens in fünfzig Jahren ausgestorben sein wird. Sie lassen sich ja nicht behandeln. In ihrer stolzen Unabhängigkeit fühlen sie sich nach wie vor als auserwähltes Volk. Sie verachten nicht nur die Weißen, sondern auch alle anderen Schwarzen. Und sie haben auch gute Gründe dafür.
Mein Land-Rover holperte über die tiefen Rinnen, die die Wolkenbrüche ausgewaschen hatten. Ich hatte mir zeigen lassen, wie man mit so einem Vehikel fuhr, weil ich meinen Besuch in einem Massaidorf gern ganz allein machen wollte.
Ich schwitzte fürchterlich unter dem Safarihut. Aber ohne Hut und Sonnenbrille wäre ich verloren gewesen, geblendet, versengt, irritiert von der grell herunterbrennenden Sonne. Gegen die Bisse der berüchtigten Askaris (Riesenameisen) hatte ich hohe Stiefel an, und gegen die nach Sonnenuntergang herumschwirrenden Moskitos war ich mit Insektenspray gerüstet. Ein Jammer, daß ich naturentwöhntes Geschöpf all diesen Kram brauchte. Für die Eingeborenen mußte ich in meinen Schutzhüllen einfach komisch aussehen.
Vor mir breitete sich in langen Wellen die Steppe aus. Überall waren Tiere — Antilopen, Dik-diks, Zebras, Hartebeeste,

Warzenschweine — und natürlich die unvermeidlichen Geier, die über mir kreisten und nach Aas spähten.

Ich fühlte mich wie in einem Riesenzirkus, nur ohne Zelt, Blechkapelle und Popcorn. Das Gehüpfe der Tiere sah oft nach unbegründeter Lebensfreude aus; aber Verhaltensforscher beurteilen es sicher anders. Jedenfalls sah ich einen klaren Fall von zweckfreiem Schabernack: Ein graziöses kleines Impala trippelte hinter einem plumpen Warzenschwein her und stupste es so lange, bis das Warzenschwein grunzend kehrtmachte und die Jagd in anderer Richtung begann. Zwei Zebrahengste rauften sich um die Gunst einer Stute. Der Sieger wurde ohne weiteres anerkannt. Pavianbabys krabbelten von Mutter zu Mutter, bis sie eins hinter die Ohren kriegten und »nach Hause« geschickt wurden. Ich bekam einen winzigen Einblick in die sozialen Gesetze der Tierwelt.

In Afrika glaubte ich die harmonische Stimme der Schöpfung zu hören. Alles, was lebte, war unauflöslich miteinander verknüpft, und auch der Tod war kein Mißklang. Er gehörte dazu.

Drei hagere Massais zeichneten sich in Storchenhaltung, jeder nur auf ein Bein und den langen Speer gestützt, gegen den Horizont ab. Ihre orangefarbenen Umhänge flatterten im Wind. Sie hüteten ihr Vieh. Das Vieh ist ihr kostbarstes Besitztum, ihre Existenzgrundlage und ihr Lebenszweck.

Als sie die Staubwolke bemerkten, die mein Land-Rover aufwirbelte, blickten sie mir entgegen, rührten sich aber nicht, bis ich dicht vor ihnen hielt und ausstieg.

Ihre Lippen waren mit geronnenem Blut verschmiert — ein Hochgenuß für die Fliegen, die sie umschwärmten. Die Massais nahmen keine Notiz davon. Sie zuckten nicht einmal mit der Wimper, wenn ihnen die Fliegen in die Augen krochen. Die Massais nehmen nur wenig feste Nahrung zu sich; sie leben hauptsächlich von einem Milch- und Blutgemisch. Das Blut zapfen sie ihren Tieren durch ein dünnes Binsenrohr aus der Vene ab.

»*Jambo*«, begrüßte ich sie mit gekonntem Strahlen und streckte ihnen die Hand hin. In ein flaches Tal gebettet sah ich nun auch das Dorf, das aus kreisförmig angeordneten Hütten um den Mittelpunkt des Krals bestand. Mit Hilfe der paar Brocken Suaheli, die ich gelernt hatte, fragte ich, ob ich bitte das *menyatta* besuchen dürfe.

Die Männer betrachteten skeptisch den Land-Rover und

fragten, ob ich allein sei. Erst als ich dies bejahte, hießen sie
mich willkommen. Da ich kein Schutzgeleit mitgebracht
hatte, trauten sie mir. Andernfalls hätten sie mich wohl ab-
gewiesen.
Aber so schüttelten sie mir freundlich die dargebotene Hand.
Der Ritus der Weißen machte ihnen offensichtlich Spaß. Und
dann führten sie mich in ihr *menyatta*. Der Wind hatte sich
inzwischen gedreht und trug mir einen Geruch entgegen, der
für mich immer mit »Afrika« identisch bleiben wird: Kuh-
mist. Allüberall Mist. Er wird mit feuchtem Lehm vermengt,
getrocknet und als Baumaterial für die Hütten benutzt, wo er
eine ideale Brutstätte für die Fliegen liefert.
Die schmalen Eingangsöffnungen der runden Hütten sind
sämtlich mit einem Löwenfell verhängt. Wenn ein Massai
mannbar und somit unter die Krieger *(moranee)* aufgenommen wird, muß er ohne Hilfe seinen ersten Löwen erlegen,
um seine Umsicht und Tapferkeit zu beweisen.
Mit langen, würdevollen Schritten führten die drei *moranee*
mich zur Hütte ihres Häuptlings. Aus den verräucherten
Hütten quollen die übrigen Dorfbewohner. Das häusliche
Herdfeuer schien immer und überall in Gang gehalten zu
werden, und ich wunderte mich, daß die Leute dabei noch
atmen konnten. Fenster sind unbekannt, und die Decken sind
so niedrig, daß man drinnen nicht aufrecht stehen kann. Nur
geduckt kommt man durch den schmalen Eingang hinein.
Möglich, daß den Massais warmer Mief lieber ist als kalter
Ozon.
Spielende Kinder aller Größen rannten zu ihren Müttern und
glotzten mich stumm an, als ich durchs Dorf geführt wurde.
Die meisten waren nackt, aber die Frauen hatten eine sehr
schöne Tracht und waren mit Schmuck beladen. Orangefarbe-
nes Tuch wird auf der linken Schulter zusammengehalten und
mit selbstgemachten Perlenschnüren gegürtet. Der kunstvolle
Halsschmuck zeigt den »Zivilstand« der Frau an; eine Ver-
lobte darf nicht soviel Perlen tragen wie eine Verheiratete,
die schon Kinder geboren hat. Die Perlen waren leider schon
aus Plastik, wahrscheinlich von den indischen Händlern, die
überall ihr Wesen treiben, eingeführt. Aber so richtig Buntes
fasziniert nun einmal alle Afrikaner, und in dieser Beziehung
machen die Massais keine Ausnahme. Meine Finger zuckten
nach der Kamera, aber man hatte mir gesagt, die Massais
hätten eine Todesangst vorm Photographiertwerden. Sie

glaubten, ihre Seele würde in den kleinen Kasten gezogen und auf ewig in ein buntes Bild gebannt.

Der Häuptling — ein absoluter Herrscher — trat aus seiner Hütte und bot mir eine Kürbisschale mit dem bewußten Milch- und Blutgemisch an. Einen Moment würgte mich der Ekel, nicht nur des ungewohnten Gebräus wegen, sondern weil ich wußte, daß auch das Vieh an vielen Krankheiten litt. Aber dann sagte ich mir, daß ich nicht zu lange zögern durfte — sonst hatte ich das Vertrauen der Leute von Anfang an verspielt. Ich setzte die Schale an die Lippen und tat mein möglichstes, den kleinen Schluck, den ich nahm, auf überzeugende Länge auszudehnen. Die Milch war so dünn und fettarm, wie man es von dem ausgemergelten Vieh, das ich gesehen hatte, eben erwarten konnte. Das Blut schmeckte halt wie Blut. Der Beigeschmack, den ich mir zunächst nicht erklären konnte, war Urin, der der Milch zugesetzt wird, damit sie in der Hitze nicht zu schnell gerinnt.

Alles strahlte, als ich die Schale absetzte, und der Häuptling nahm sie mir aus der Hand (Gott sei Dank!). Demnach hatte ich mit dem einen Freundschaftsschluck meine Pflicht erfüllt. Er bot mir die Rechte und sagte auf Englisch: »Gut!«

Ich sah mir sein Gesicht voller Staunen zum erstenmal genauer an. Es war runzlig, aber charaktervoll und, wie mir schien, gütig. Sein graumeliertes, verfilztes Haar reichte bis über die Ohren, deren durchlöcherte Lappen bis auf die Schultern herabhingen. Alle Massais wetteifern in der Kunst, die Ohrläppchen, die schon bei der Geburt durchbohrt werden, vermittels immer größerer Gegenstände so lang wie möglich auszudehnen. Bei den Kindern macht man es mit Holzpflöcken, und die Erwachsenen schmücken sich mit Perlengehängen, Drahtgewinden, Korken und Holz. Mein Häuptling hatte sich für einen Büchsenöffner entschieden. Dieser hing an seinem linken Ohr, und ich konnte mich des Eindrucks nicht erwehren, daß er verzweifelt nach einem Pendant für das rechte suchte.

»Wie du heißen?« fragte er mich in nicht einwandfreiem, aber deutlichem Englisch.

»Shirley«, erwiderte ich ganz entgeistert. Er versuchte den Namen nachzusprechen. »Sss... Ss... Shuri?«

»Ja, Shuri.« Mir war alles recht.

»Shuri... Shuri... Shuri...« flüsterten die Umstehenden tief beeindruckt.

Der Häuptling winkte einen *moranee* heran. Es war ein Bursche von etwa neunzehn Jahren, der Pepsi-Cola-Kronenkorken mit Draht in seinen Ohren verankert hatte. Er trat vor, bohrte seinen Speer in den Boden und stand auf Massai-Art stramm.

»Er heißen Kijimbele«, stellte der Häuptling vor. »Er sprechen Englisch. Er dir helfen.«

Kijimbele wandte mir das Gesicht zu. Seine eine Gesichtshälfte war vom Haaransatz bis zum Kinn von einer gräßlichen Narbe entstellt. Wahrscheinlich ließ ich mir meinen Schrecken anmerken, denn der Häuptling sagte:

»Simba.«

Nun wußte ich Bescheid. *Simba* heißt Löwe. Die Narbe des Jünglings war ein Andenken an seine Mannbarkeits-Mutprobe. Jeder, der eine solche Narbe sein eigen nannte, trug sie mit Stolz. Ich sah *moranees* mit ausgekratzten Augen und verstümmelten Gliedmaßen, die ohne die Hilfsmittel der modernen Medizin geheilt worden waren. Diejenigen, deren Gerippe längst von den Geiern blankgeputzt waren, sah ich freilich nicht. Die hatten den Kampf verloren.

Aber die Ehre gilt den Massais mehr als das Leben. Während des Kampfes mit dem Löwen ist *fair play* wichtiger als der Sieg. Der mannbare Junge darf nur direkt, mit erhobenem Speer, auf das Tier losstürzen. Trifft er es mit dem ersten Wurf, so ist seine Zukunft gesichert; der ganze Stamm zollt ihm die gebührende Achtung. Wirft er vorbei, so ist der nachfolgende Kampf seine Sache. Die anderen Krieger klopfen allenfalls auf die Büsche, um den Löwen abzulenken, aber sonst rührten sie keinen Finger. Bleibt der Junge trotzdem Sieger, auch mit schweren Verletzungen, so wird er als stolzer und starker Mann geschätzt und dem Nachwuchs als Beispiel vorgehalten. Dieser primitive Ehrenkodex mag grausam scheinen, aber für das Selbstbewußtsein der Massais ist er notwendig.

Kijimbele lachte mich mit herrlich ebenmäßigen weißen Zähnen an. »Ich haben Mickymaus-Uhr. Du sehen? Ein Zeiger ab. Du können gutmachen?« Er zog das Kinderspielzeug von seinem Arm und hielt es mir mit naivem Stolz hin.

»Ja«, sagte ich, »ich lasse es in Nairobi reparieren.«

»Sehr kostbar«, warnte er. Wahrscheinlich hatte er das Ding vom Rastplatz einer Safari aufgelesen, mitsamt seinen Kronenkorken und dem Büchsenöffner des Häuptlings.

Die übrigen Krieger standen schweigend Spalier, als Kijimbele mich als Adjutant des Häuptlings in den Stamm einführte. Ich sah in lauter schwarze, unbewegte Gesichter und hatte das Gefühl, daß ich nie dahinterkommen würde, was sie dachten. Sie kannten die Furcht — sonst würden sie nicht von Jugend an so harte Vorkehrungen dagegen treffen. Aber sie verachteten sie. Vielleicht ist das der Hauptgrund, warum sie nichts mit den Weißen zu tun haben wollen. Vielleicht haben sie instinktiv erkannt, daß Angst die Mutter von Ehrlosigkeit, Betrug und Lüge ist — den übelsten Greueln, die sie kennen. Sie finden manche Zivilisationsresultate (z. B. Büchsenöffner) wunderschön, würden sich aber nie in die moderne Massenproduktion einspannen lassen. Ich war wirklich sehr neugierig, ob sie mich auch bei näherer Bekanntschaft gelten lassen würden.

Die Frauen sind im allgemeinen groß, schlank und etwas hohlrückig; letzteres kommt wahrscheinlich von zu häufigen Schwangerschaften. Ihre Köpfe sind kahlgeschoren (ein Schönheitsmerkmal) und glitzern von einer ocker-orangefarbenen Paste, die sie sich aufschmieren. Jede hat in der oberen Zahnreihe eine Lücke, durch die sie kraftvoll und zielbewußt, ohne je zu sabbern, alle paar Sekunden einen Strahl Spucke auf ein Häufchen Mist entsendet. Aus begründeter Angst vor Kinnbackenkrämpfen werden den Kindern die Eckzähne gelockert, sobald sie da sind, damit sie notfalls durch die Lücke ernährt werden können. Starrkrampfähnliche Zustände treten nur allzuoft auf.
Ich schaute, kühn geworden, einen der Frauen in den Mund. Sie kicherte und zeigte auf meine Hand. Da ich nicht verstand, was sie wollte, ergriff sie einen meiner Finger und strich bewundernd über den rosa lackierten Nagel. Ihr Kind sah, daß sie mich anfaßte, und kreischte entsetzt auf — sicher war ihnen allen kaum je eine Weiße so nahe gewesen. Mit Rotznasen, vorstehenden Bäuchlein und Kulleraugen umkreisten sie mich in ehrerbietigem Abstand, bis ein kleiner Junge es wagte, meinen geheimnisvoll sommersprossigen Arm zu berühren. Er jauchzte laut über seinen eigenen Mut und betrachtete dann seine Finger — ihm war nichts passiert. Er versuchte es noch einmal, diesmal an einer rein weißen Stelle. Anfassen und Zurückzucken war eins; aber noch immer hatte ich nicht abgefärbt. Nun war kein Halten mehr; alle stürzten

sich unter ansteckendem Gekicher auf mich, um es ihrerseits zu probieren.

Im Mittelpunkt der Aufmerksamkeit standen nach wie vor meine langen, lackierten Fingernägel. Wie war es nur möglich, daß einem Menschen so lange, rosaschimmernde Krallen wuchsen? Jeder meiner Finger wurde von einem Kind – also im ganzen zehn – angelegentlichst untersucht. Ich machte sanft meine Hände los und schabte den Lack von einem Nagel. Alles hielt hörbar den Atem an. Tat mir denn das nicht weh? Mußte jetzt nicht Blut kommen? Ihr Staunen verwandelte sich in heftiges Mitleid. Einer der Mutigsten streichelte meinen nunmehr nackten Fingernagel und begann darauf zu spucken und zu pusten, um das vermeintliche Weh zu heilen. Ich versuchte ihm und den anderen begreiflich zu machen, daß es gar nicht weh tat, und pellte auch am nächsten Finger den Lack ab. Umsonst – wieder viel Bedauern und Gepuste.

Nun mischte sich Kijimbele ein, aber seine Vermittlung war nicht zu meinen Gunsten. Sie stürzten sich auf meine Hände, um den Lack rücksichtslos, in echt kindischem Begeisterungstaumel, von den übrigen Nägeln zu kratzen. Ihr »Heile-heile-Wehe«, das sie auch jetzt nicht vergaßen, war nur ein geringer Trost für mich. Diesmal tat's nämlich wirklich weh.

Die Mütter holten sie endlich von mir weg und fragten, ob sie den Inhalt meiner Safaritasche sehen dürften. Mit meiner Erlaubnis stöberten sie gierig, und eine machte die magische Entdeckung: ein Spiegel!

Über die Köpfe der Kinder hinweg beobachtete ich die Frauen. Da sie zuerst kaum glauben konnten, daß sie ihre eigenen Gesichter sahen, drehten sie den Spiegel um. Nein, kein Gespenst lauerte auf der Rückseite. Der erste Eindruck mußte der richtige sein. Sie sahen scheu zu mir herüber. Hatte ich ihre »Dummheit« bemerkt? Ich schaute rasch anderswohin. Menschen, die sich selbst entdecken, können keine Zeugen brauchen.

Nach einer Weile begannen sie ihrem Spiegelbild zuzuträllern, die Schultern zu wiegen, zu versuchen, auch ihr Profil zu sehen, die Ohrgehänge in Bewegung zu setzen. Sie rissen die Münder auf und sahen sich in den Hals, wobei sie mit gutturalen Lauten zu erkennen gaben, daß sie enttäuscht waren, nicht bis in ihren Magen sehen zu können. Und dann lächelten sie sich an, kokett, verführerisch, selbstgefällig – genau wie Narziß, der erste bekannte Entdecker seines Spiegelbildes.

Danach fühlten sie sich zum Tanzen angeregt. Sie wogten in Schlangenlinien an mir vorbei, warfen die Köpfe ruckweise in den Nacken, und die Perlenhalsbänder rutschten im gleichen Takt auf und nieder. Ihre dicken Fußgelenke waren mit schweren, längst eingewachsenen Eisenringen belastet, die man ihnen schon in der Kindheit angeschmiedet hatte: ein Symbol der weiblichen Unterwerfung gegenüber dem Mann. Sie tanzten, als seien sie nur ein Körper – oder die Segmente eines Bandwurms –, Gemeinschaftsbesitz des Stammes. Eine der Frauen zog mich in den Kreis. Ihr plärrender Gesang hallte eintönig in die Weite.

Die Krieger bildeten einen zweiten Kreis um den der Frauen, den Speer in der einen und die schwere Holzkeule in der anderen Hand. Ein verblüffender Wettkampf begann. Der erste *moranee* sprang plötzlich aus dem Stand in die Luft, mit vollkommen durchgestreckten Beinen und nach beiden Seiten gehaltenen Waffen. Ich glaube, er erreichte etwa zwei Meter und hielt sich einen Moment oben, ehe er auf den Boden zurückkehrte. Die anderen machten ihm alsbald das Kunststück nach. Die Frauen lösten die Kette und feuerten die Männer mit Gesängen an. Jeder sprang, wieder und wieder, bis endlich einer zum Sieger erklärt wurde und der sportliche Ehrgeiz sich legte. Nun loderten überall im Dorf die Dungfeuer auf, und das Vieh wurde für die lange Nacht in den Kral getrieben.

Ich wurde zum Blutabzapfen und dem nachfolgenden »Cocktail« eingeladen, verwies aber hastig auf den Picknickkoffer, den ich mitgebracht hatte. Dieser enthielt kaltes Huhn, harte Eier und Schokoladenkuchen. Kijimbele fragte, ob ich kein Bier hätte, gab sich dann aber mit einer Hühnerkeule zufrieden.

Nach gemeinsamen Gesängen in einer verräucherten Hütte wurde wieder getanzt, diesmal unter dem Mond. Die Lieder hatten alle ein Thema, meistens die Sehnsucht eines Kriegers nach einer bestimmten Frau, die womöglich seinem eigenen Bruder gehörte. Wenn die Frau einverstanden war, wurde ein Speer vor der Hütte des Ehepaares in den Boden gepflanzt, und sie gab sich für eine Nacht dem anderen hin, und ihr rechtmäßiger Gatte war sehr stolz darauf, daß seine Frau auch für andere so begehrenswert war. Frauen hatten durchaus ihren Wert. Sie wurden gegen Vieh verkauft, dessen Anzahl der Brautvater bestimmte.

Kijimbele erzählte mir im Vertrauen, daß er seinen »Darling« in etwa drei Jahren zu kriegen hoffte; vorläufig konnte er sie sich nicht leisten.

»Du schon gekauft?« fragte er, als wir zusammen durchs Dorf gingen, und zeigte auf meinen Trauring.

»Ja«, sagte ich. »Dieser Ring bedeutet, daß ich verheiratet bin.«

»Wo sein dein Darling?«

»In Japan.«

»Ich nicht kennen Japan. Sein das in Afrika?«

Ich blieb stehen und kratzte mit einem Stock eine grobgezeichnete Weltkarte auf den Boden. Dann zeigte ich ihm, wo ungefähr Japan lag. »Sehr weit von hier«, sagte ich.

»Haben sie dort auch Vieh?«

»Sehr gutes Vieh«, beteuerte ich und dachte an die köstlichen Steaks in Kobe, ohne zu verraten, daß ich sie oft und gern gegessen hatte.

»Dein Mann haben viel Vieh für dich gegeben?«

»O ja, eine ganze Herde.«

»Du es wert sein«, konstatierte Kijimbele im Brustton der Aufrichtigkeit und half mir, die ich noch am Boden hockte, wie ein Kavalier auf. Ich fragte mich, ob er das auch mit seinen Stammesgenossinnen tat oder ob ich es nur meiner weißen Haut verdankte.

»Du wiederkommen?« fragte er weiter.

»O ja, gern, wenn es euch recht ist.«

»Und du nehmen Uhr zum Ganzmachen?«

Er überreichte mir seine kostbare Mickymaus-Uhr. Im Moment des Abschieds kam der Häuptling dazu.

»Du willkommen, komm wieder«, sagte auch er. Ich dankte ihm herzlich für die genossene Gastfreundschaft und stieg in meinen Land-Rover. Im Rückspiegel sah ich, wie der Häuptling in einen meiner mitgebrachten Schokoladen-Eclairs biß und dazu einen Schluck aus der Blut-und-Milch-Schale nahm.

Während der zwei Wochen, die bis zum verspäteten Treffen mit meiner Safarigesellschaft vergingen, war ich täglich in »meinem« *menyatta*. Die Zeit wurde für mich so bedeutungslos wie für die Massais. Ich lebte wie sie nach Lust und Laune. Das einzige, wonach sie sich regelmäßig zu richten hatten, war die Versorgung des Viehs. Kijimbele und ich brachten uns gegenseitig etwas vertiefte Sprachkenntnisse bei. Als ich ihm seine reparierte Mickymaus-Uhr überreichte, erfuhr er zu seinem größten Erstaunen, daß er sie nicht nur als Schmuckstück, sondern tatsächlich als Zeitmesser gebrauchen konnte, wenn er sie regelmäßig aufzog. Einige Tage lang war diese magische Eigenschaft Hauptgesprächsstoff des ganzen Dorfes.

Kijimbele und andere *moranee* nahmen mich mit auf die Viehweide. Jede Woche mußten andere, noch nicht abgegraste Weidegründe aufgesucht werden. Stundenlang blickten wir schweigend über die Steppe. Die Wildtiere hatten keine Angst vor den Massais; sie kannten die vertraute Witterung von Dungfeuer und getrocknetem Blut und fühlten sich dabei sicher. Sie zogen in Scharen vorüber, die Köpfe gegen den Wind gerichtet, auf freier Wildbahn. Für mich war es neu und eindrucksvoll, daß viele Arten gut miteinander auskamen. Das Zebra lief neben dem Dik-dik, das Wildebeest neben dem Impala, das Warzenschwein neben dem Büffel. Es war eine noch »heile Welt«, über der die Massais auf ihre Speere gestützt und mit wehenden Lendenschurzen im Steppenwind Wache hielten.

Der Wind war keineswegs ein sanftes Lüftchen; er kam in peitschenden Stößen. Ich hatte oft das Gefühl, daß Tiere und Menschen lautlos mit ihm redeten. Wenn der Wind sie vor etwas warnte, wechselten Mensch und Tier abrupt die Richtung. Die Massais pflanzten ihre Speere an einem neuen Ort ein, und die Tierherden galoppierten wie auf Kommando mit donnernden Hufen davon. Vogelschwärme, die oft zu Hunderten in geradezu militärischer Ordnung flogen, verfehlten nicht einen Flügelschlag, wenn der geheimnisvolle Befehl zum Richtungswechsel kam. Sie schwenkten »wie ein Mann« herum. Richteten sie sich nach einem Führer? Waren sie vom Instinkt her so aufeinander eingestimmt, daß es weder Führer noch Gefolge gab? Irrte nie einer ab? Und gab es unter den Vögeln nie Außenseiter, die einfach keine Lust hatten, mit dem Schwarm zu fliegen?

Die Entdeckung eines neuen Wasserloches ist für Menschen und Tiere eine Himmelsgabe. Wasser ist in Afrika die erste Lebensbedingung und der Hauptgrund für das ewige Wanderleben der Nomaden. Der gemeinsame Durst und der Wind verbinden die Massais und die Tiere. Ich habe ja nur ein

wenig von außen hineingesehen — oder vielleicht einen Ausblick in eine Art von Freiheit erlebt, die ich bis dahin nicht kannte, nämlich das Gefühl, ein Teil der Natur zu sein. Bisher konnte ich nie etwas auf sich beruhen lassen. Ich mußte alles auseinanderpolken, das Blühen der Rose, den Vogelflug, das Wesen der Massais, und alles wahrscheinlich nur auf der Suche nach dem eigenen Ich.
Die Zivilisation hat den Menschen eine schmerzhaft bohrende Erkenntnis ihrer inneren Unzulänglichkeiten und Widersprüche beschert. Die Massais waren davon noch unberührt. Ihre Einfachheit war so beruhigend, so frei von Spannungen, Ängsten und Seelenkonflikten!
Und doch sind sie, wie ich schon sagte, zum Aussterben verurteilt. Sie sterben an der Krankheit, die in zivilisierten Ländern längst weitgehend unter Kontrolle gebracht ist, bei ihnen aber als Volksseuche immer weiter um sich greift. Was ich zu Anfang meiner dritten Woche in Afrika erlebte, wird mir — und wohl auch den Massais — unvergeßlich bleiben.
Es war ein glühendheißer Mittag, als ich, mit Handspiegeln, Nagellack und bunten Tüchern beladen, zu meiner Abschiedsvisite eintraf. Eine Gruppe von Frauen, die aufgeregt neben einer Hütte am Rande des *menyatta* schnatterte, stürzte mir entgegen und beschwor mich, mit ihnen hineinzugehen. Als die Löwenhaut über dem Einschlupf hinter mir zufiel, hörte und roch ich zischend heiße, feuchte Ziegel, die über einem niedrigen Feuer warm gehalten wurden. Auf einer Palmwedelunterlage hockte eine Massaifrau von etwa Mitte Dreißig und wiegte den Oberkörper hin und her. Ein dicker, fliegenübersäter Umhang verhüllte sie. Ich wandte mich mit fragendem Blick an eine der älteren Frauen, die mit einer universal verständlichen Geste antwortete. Panik erfaßte mich. Ich sollte bei der Geburt eines Kindes zugegen sein!
Die Hütte war voller Frauen und Kinder, die dichtgedrängt um das qualmende Feuer standen, quarrten, spuckten und sich beständig mit den Fingern schneuzten. Triefäugig und syphilistisch, wie die meisten schon jetzt waren, krabbelten sie auf dem festgestampften Mist- und Lehmboden um die Gebärende herum.
Die Stammesälteste schob mich energisch zu ihr. »Du bist jetzt die Hebamme«, schien sie zu sagen.
Ich hob den Umhang und sah, daß das Blut bereits auf die Palmenunterlage rieselte. Außerdem bot sich mir zum ersten-

mal der gräßliche Anblick einer beschnittenen Frau. Bei den Massais wird den heranwachsenden Mädchen die Klitoris weggeschnitten, um ihre sexuellen Begierden zu unterdrükken. Die in den meisten heißen Ländern übliche Beschneidung wird hier bei beiden Geschlechtern praktiziert und gilt zugleich als Charakterprobe. Der ganze Stamm sieht zu. Das Opfer wird in einen Trog mit kaltem Wasser gesetzt, das ein wenig schmerzlindernd wirkt. Dann wird die Operation, meist mit einem scharfkantigen Stein oder einer Glasscherbe, vollzogen. Die Umstehenden passen genau auf, ob das Opfer auch nur die leiseste Andeutung einer Grimasse macht – wenn ja, verfällt es der allgemeinen Verachtung. Kein Wunder, daß die Gebärende vor mir ihre Wehen stumm aushielt. Auch das war ein Ehrenpunkt. Sie besiegte den Schmerz.

Fliegenschwärme, vom frischen Blut angezogen, attackierten auch das rasch austretende Baby. Ein letztes krampfhaftes Zucken der Mutter, und es lag auf den blutgetränkten Palmwedeln. Ich kniete davor und hatte keine Ahnung, was ich tun sollte. Es war ein kleines Mädchen, schwarz und naßglitzernd. Ich nahm das wimmernde, schleimige Geschöpf hoch, soweit die Nabelschnur es erlaubte. Wie man die abtrennte, wußte ich nicht.

Nun endlich griff die Stammesälteste ein. Ehrerbietig kniete auch sie nieder, biß die Nabelschnur einfach durch, langte nach einem der zischend heißen Steine und versiegelte damit das herabhängende Ende.

Das Kleine war so glitschig, daß ich Angst hatte, es fallen zu lassen. Es protestierte mit Armen und Beinen gegen die Welt, in die es hineingeboren war. Ich fühlte mich der Situation so wenig gewachsen, daß mir nichts recht zum Bewußtsein kam als der grauenhafte Schmutz ringsumher. Die Mutter zuckte noch einmal konvulsivisch und entledigte sich der Nachgeburt.

Der Boden war schwarz von Fliegen. Ich konnte es nicht mehr mit ansehen. Ich fegte soviel Mist, Lehm und Blut wie möglich mit Palmwischen beiseite und reinigte die Wöchnerin mit meinem relativ sauberen Halstuch. Die Nachgeburt wurde gesondert an der Hüttenwand niedergelegt. Wahrscheinlich wurde sie noch für irgendeinen feierlichen Ritus gebraucht.

Inzwischen wurde das Neugeborene schon an seinen spindeldürren Ärmchen von Frau zu Frau gereicht, und jede einzelne spuckte ihm in den Mund. Mir drehte es Kopf und Magen um. Wie viele Seuchenerreger mochte der arme Wurm schon in der ersten Stunde seines Lebens zu schlucken bekommen? Manche Frauen schneuzten sich erst einmal kräftig und hielten dann den Kopf des Babys mit ihren Rotzfingern. Mich wunderte, daß überhaupt ein Kind diese Einweihungsfeier überlebte.

Und nun war die Reihe an mir — man erwartete offensichtlich, daß ich dem Beispiel der anderen folgte. Nun wurde mir ganz und gar übel. Der Gedanke schoß mir durch den Kopf, daß das Baby gegen die Bazillen der Massais vielleicht schon im Mutterleib in gewissem Grade immunisiert war, aber sicher nicht gegen meine fremdartigen. Ich nahm das Kind unschlüssig in einen Arm, deutete mit der freien Hand auf meine Kehle und schnitt ein Gesicht, als hätte ich Halsschmerzen. Das schienen sie zu verstehen. Ich durfte das Kind ohne Spucken an die Älteste zurückgeben.

Die Mutter stöhnte fast unhörbar und blutete weiter vor sich hin, ohne eine Miene zu verziehen. Ihre Augen starrten leer über alles hinweg. Ich lächelte ihr ermutigend zu, aber sie reagierte nicht, und ich merkte, daß sie blind war. Später erfuhr ich auch, sie sei infolge vorgeschrittener Syphilis »krank im Hirn«. Ich konnte mit dem Blutaufwischen gar nicht schnell genug nachkommen. Zwischendurch suchte ich in meiner Safaritasche verzweifelt nach Aspirin und nötigte die arme Frau sanft, zwei zu schlucken. Etwas Besseres hatte ich nicht, und mehr konnte ich nicht tun.

Schon hatte ein anderer Ritus begonnen. Die Frauen reichten ein mit Salz gefülltes Schälchen unter sich herum; jede fuhr mit der Zunge hinein, nickte und gab es weiter, natürlich auch an mich. Bloß nicht zögern, dachte ich, stippte die Zungenspitze so oberflächlich wie möglich hinein und versuchte nicht an die Krankheitserreger zu denken, die ich mit den paar Krümchen Salz aufnahm. Ich war hilflos gegen soviel offenbar geheiligte Bräuche. Also nickte auch ich und gab das Schälchen weiter, und zum erstenmal, seit ich vor zwei Stunden die Hütte betreten hatte, lächelte alles anerkennend. Draußen hatte sich inzwischen das halbe Dorf versammelt. Ich sehnte mich nach frischer Luft.

Im allgemeinen nehmen Massaiväter keine Kenntnis von ihren Kindern, ehe sie zwei Jahre alt sind. Aber die Begleitumstände dieser Geburt waren so außergewöhnlich, daß der

Vater die Hütte betrat. Er kümmerte sich weder um seine Frau noch um das Baby, sondern wandte sich an die Alte, von der er hörte, daß ich das Kind »empfangen« und der Mutter Medizin gegeben hätte. Er nickte befriedigt, winkte mir — immer noch ohne einen Blick auf die Seinen —, und ich stolperte, halb erstickt von Rauch und Gestank, hinter ihm her.
Draußen erwartete mich der Häuptling. »Du nun Massai-Blutsschwester«, erklärte er feierlich, »Baby heißen Shuri.«
Ich versuchte in der grellen Sonne, meine Gedanken zu sammeln. Mein Bedarf an »einfachem Leben« war im Moment gedeckt. Ich hatte auch keinen missionarischen Ehrgeiz. Ich wollte niemanden erziehen oder bekehren. Aber dieses neugeborene Kind brauchte ärztliche Hilfe. Leben — das war das einzige, woran ich glaubte und wofür ich eintreten mußte.
»Dieses Kind wird sterben«, erklärte ich dem Häuptling, »wenn es nicht richtig behandelt wird. Seine Mutter ist schon ein Opfer der Syphilis, und Shuri ist damit auf die Welt gekommen. Und selbst wenn das nicht wäre, würden ihr der Dreck und die Fliegen bald den Garaus machen. Erlaube, daß ich sie in ein Hospital bringe, wo es Ärzte und Penicillin und gesunde Kindernahrung gibt. Ihr habt ihr meinen Namen gegeben. Laßt sie nicht umkommen. Habe ich nicht ein gewisses Recht, gegen ihren Tod zu protestieren?«
Die quarrenden Kinder und schnatternden Frauen verstummten, und die *moranee* schlossen einen schweigenden Kreis um mich. Sie hatten meine Worte zwar nicht verstanden, aber sie spürten, daß ich dem Häuptling die Stirn zu bieten wagte.
Der Häuptling hatte auch nicht alles verstanden, aber doch das Wesentlichste. Mit einem strengen, durchdringenden Blick grollte er:
»Shuri nicht krank sein.«
»Ihr seht es jetzt noch nicht, aber sie ist krank. Wartet nicht, bis auch ihr es seht.« Das war ein Appell, der gegen alle Massai-Grundsätze ging.
Es besteht ein großer Unterschied darin, ob man etwas überwindet oder es einfach ignoriert. Der Häuptling rührte sich nicht. Kijimbele warf unsichere Blicke von ihm zu mir. Er befand sich im Zwiespalt zwischen dem wenigen, was er von meiner Welt wußte, und der tausend Generationen alten eigenen Überlieferung.
Die Augen des Häuptlings wichen nicht von den meinen. *Er*

sollte sich weißen Medizinmännern unterordnen? *Er* sollte zulassen, daß ein Stamm damit womöglich noch weiter unter weißen Einfluß geriet?
Er winkte ab. »Wir warten und sehen.«
Typisch! Krankhaft übersteigertes Traditionsbewußtsein, Scheu vor jeder Neuerung — der Zündstoff für tausend heftige Auseinandersetzungen. Da hilft nur Geduld. Manchmal bringt ja die Zeit selbst Änderungen mit sich, bevor es zu spät ist, und dann werden sie als »Lauf des Lebens« anerkannt.
Meinetwegen, dachte ich, und nickte dem Häuptling zu.
»Gut, ich werde warten«, sagte ich. »Heute nachmittag fahre ich zu meiner Safari nach Tanganjika weiter. Ich muß euch und Shuri sowieso verlassen und ein Flugzeug nehmen. Aber ich komme bald wieder.«
Sein Ausdruck wechselte. »Du gehen nach Tanganjika?«
»Ja, Sir.«
»Dort viele Massai.«
»Ja.«
»Du nun Massai-Schwester. In ganz Ostafrika, Massai dich schützen.«
Ich dankte ihm, obgleich ich nicht genau wußte, was er damit meinte.
Das Dorf kehrte zur gewohnten Tagesordnung zurück. Ich sah noch einmal in die Hütte der Wöchnerin; sie wiegte sich hin und her und schien bereits vergessen zu haben, daß sie vor kurzem ein Kind geboren hatte. Die Alte hielt Shuri in den Armen. Das Feuer schwelte weiter, und die Luft war kaum zu atmen. So ging mein »Patenkind« seinem Schicksal entgegen.
Ich kam mit flatternden Nerven auf dem Flugplatz von Nairobi an und erhoffte mir von der bevorstehenden Safari baldige Wiederherstellung meines seelischen Gleichgewichts. Ich wollte eine Weile nicht an Shuri denken, sondern mich auf Photographieren und Schmalfilmaufnahmen konzentrieren. Das hatte ich mir schon als Kind gewünscht, als ich die Hefte von *Bomba the Jungle Boy* serienweise verschlang.
Natürlich hatte ich das Versprechen des Häuptlings, die Massais würden mich überall in Ostafrika schützen, nicht ganz ernst genommen. Aber als mein kleines Charterflugzeug mich auf offenem Feld in Tanganjika absetzte und zurückflog, spürte ich, obwohl ich mutterseelenallein auf meinem Gepäck saß, daß ich beobachtet wurde. Wir hatten die Safari von

oben gesehen; sie war mindestens eine Wegstunde von mir entfernt. Ich roch die Massais, bevor ich Speerspitzen und ockerfarbene Köpfe im Busch entdeckte. Ich stand auf und lächelte, und vier bewaffnete *moranee* kamen auf mich zu.
»Du weiße Frau mit Namen Shuri?« fragte einer.
Es war etwa zweieinhalb Stunden her, seit ich dem Häuptling in Kenia gesagt hatte, ich nähme an einer Safari in Tanganjika teil, und inzwischen hatte ich 275 Flugmeilen zurückgelegt. Woher wußte dieser fremde *moranee* meinen Namen? Wie hatte die Kunde von meiner Ankunft schneller reisen können als ich selbst? Ich wußte, daß die Massais weder Trommel- noch andere Signale benutzen.
Als ich später einem erfahrenen weißen Jäger auf der Safari von diesem Phänomen erzählte, war er gar nicht besonders erstaunt. Vor allem, sagte er, sei die Ernennung zur Massai-Blutsschwester durchaus wörtlich zu nehmen. Und zweitens fänden selbst ernsthafte weiße Wissenschaftler die einzige Erklärung, daß die Massais ihre Nachrichten auf dem scheinbar unmöglichen Wege der Gedankenübertragung weitergeben könnten.
Wie dem auch sei — jedenfalls folgten mir die Massais während der ganzen Safari auf Schritt und Tritt. Alle paar Meilen war eine Wachablösung zur Stelle, wo auch immer unsere Gesellschaft knipsend und filmend durchs Land zog. Und wo wir auch unser Nachtlager aufschlagen mochten: jede Nacht stand ein *moranee* bis zum Tagesanbruch vor meinem Zelt Wache.
Als ich nach zwei Wochen in mein *menyatta* in Kenia zurückkehrte, war der Häuptling bereits über alles, was ich inzwischen getan hatte, bestens im Bilde. Er wußte nicht nur, daß ich mich geweigert hatte, Tiere anders als mit der Kamera zu schießen und deswegen am Lagerfeuer mit begeisterten Jägern in Streit geraten war, sondern auch, daß ich einen kleinen apfelgrünen Pullover für Shuri gestrickt hatte.

Auch Kijimbele hatte mich schon erwartet und geleitete mich und die »weise Frau« sofort zu einer abseits gelegenen Hütte. Der übliche Rauch kräuselte sich aus dem löwenhautverhängten Eingang. Ich holte noch einmal tief Luft und trat ein.
Shuri lag, in einen Lappen gewickelt, saugend an der Brust ihrer Mutter, die unverständliche Laute vor sich hin lallte. Ich nahm das Baby und wickelte es aus. Shuri ließ es apa-

thisch geschehen. Sie war mit nässenden, eitrigen Wunden und Geschwüren bedeckt, deren Inhalt in schmierigen Rinnsalen über den schwächlichen kleinen Körper lief. Ihre Augen waren so infiziert und verklebt, daß sie sie nicht öffnen konnte. Ihre Mutter delirierte. Die Syphilis hatte das Hirn endgültig erreicht.
Der Häuptling wartete draußen. »Du das in Ordnung bringen«, sagte er. »Mutter auch.«
Mit Hilfe einiger Frauen wurden die beiden in meinem Land-Rover verstaut, und ich fuhr sie zum Hospital.
Kijimbele rannte uns ein Stück nach. »Brauchen langes Ding für Medizin wie das da?« Er zeigte mit einer Handbewegung, daß er eine Injektionsspritze meinte.
Ich nickte.
»Tun das nicht weh?«
Welch eine Frage aus dem Munde eines jungen Mannes, der die Mutproben der Beschneidung und des Löwenkampfes hinter sich hatte!
Ich schaltete wütend in den vierten Gang und schrie zurück: »Jedenfalls nicht halb so wie die Krankheit!«
Im Hospital, das von Weißen geführt wurde, aber Kikuyu-Ärzte und -Schwestern hatte, bekamen Shuri und ihre Mutter in den ersten drei Tagen alle vier Stunden Penicillinspritzen. Ohne sie wäre das Kind in kürzester Zeit gestorben. Die Mutter hätte infolge ihrer körperlichen Widerstandskraft noch ein Weilchen länger dahinvegetiert. Beide wurden von der Syphilis geheilt; freilich war gegen den Schwachsinn der Mutter kein Kraut mehr gewachsen.
»Wenn doch nur mehr Massais zur Behandlung kämen«, seufzte der Kikuyu-Arzt. »Anders können wir ihnen nicht helfen. Diese beiden sind vorerst gerettet, und die Kleine wird sogar immun bleiben, falls sie sich die Krankheit nicht später beim Geschlechtsverkehr von neuem holt.«
Meine Nerven gingen in die Binsen. Ich hätte gern so viel mehr getan! Ich strickte weitere apfelgrüne Kinderpullover und lehrte die Kinder und Frauen die Kunst, mit Wolle und Stricknadeln umzugehen. Es war das reinste Mirakel, was für eine Produktivität sie alsbald entwickelten.
Natürlich versuchte ich auch, und das vor allem, den Häuptling von den Segnungen der modernen Medizin zu überzeugen. Aber trotz der beiden Beispiele, die ich nun anführen konnte, blieb er stur bei seinem »Abwarten«. Ich wußte, daß

er das Hospital und die Kikuyus so tief verabscheute wie die Masse der Weißen. Aber schließlich war er als Häuptling verantwortlich für das Wohlergehen und Überleben seines Stammes. Hoffentlich wurde er eines Tages so weise, das Notwendigste von der Zivilisation zu übernehmen. Das bedeutete ja noch lange nicht, daß er sich auch in anderen Dingen anpassen mußte. Aber wie ich die Massais jetzt kannte, war ihr eigenbrötlerischer Stolz nicht zu kurieren.

»Mein Mann hat mich gerufen«, erklärte ich am letzten Tag meines Aufenthalts, »ich muß nun zu ihm.«

Er sah mir, mit seinen Knitterfältchen verschmitzt lächelnd, in die Augen. »Du kommen wieder?« fragte er.

»Hoffentlich. Irgendwann.«

»Mit Mann?«

»Ja, vielleicht.«

»Gut, du ihm sagen, ich bieten fünfhundert Rinder für dich. Wenn er kommen, wir machen Geschäft.«

Ich lachte geschmeichelt, und er schüttelte mir lange die Hand wie ein Pumpwerk. *Diesen* Import aus der zivilisierten Welt fand er so schön, daß man auf seine Knochen achtgeben mußte.

Auch von den anderen verabschiedete ich mich so rasch wie möglich, weil ich Abschiede nicht ausstehen kann. Viele halten mich deswegen für unhöflich, aber es liegt daran, daß ich bei Menschen, die mir lieb geworden sind, immer Angst habe, die Fassung zu verlieren. Mir wird bei diesen Gelegenheiten allzu klar, wie vergänglich unser Leben ist und daß die Wahrscheinlichkeit, seine eindrucksvollsten Stunden wiederholen zu können, verschwindend gering ist.

Kijimbele schwenkte seine Mickymaus-Uhr, die er jetzt nicht mehr am Arm trug, sondern an seiner Speerspitze. Die anderen *moranee* standen stolz und statuengleich neben ihm und winkten mechanisch. Die Frauen bildeten einen bunten Kreis um eine kleine Pyramide von Spiegeln, Stoffen, Waschschüsseln, Seife und apfelgrünem Strickgarn. Die Kinder, einige schon mit apfelgrünen Pullovern angetan, hüpften um sie herum.

Der Häuptling nahm Shuri stolz auf den Arm und bewegte die Hand ihrer blinden Mutter so, daß es aussah, als winke auch sie mir zum Abschied zu. Seine langen, geschlitzten Ohrlappen baumelten hin und her, aber den Dosenöffner hatte er abgelegt. Statt dessen trug er nun auf jeder Seite zwei raffiniert ineinander verflochtene Stricknadeln.

Der aufwirbelnde Staub entzog das Dorf und die Bewohner meinen Blicken. Vor mir wogte nur noch das lange Steppengras.

13

Ich habe immer gewußt, daß ich nie eine wirklich überragende Schauspielerin werden würde, weil das Leben hinter der Kamera mich stets mehr beschäftigte als das Agieren vor ihr. Und mein Wissensdurst verstärkte sich von Jahr zu Jahr. Wenn ich zwei Monate an einem Film gearbeitet hatte, steuerte mein Auto scheinbar von selbst auf den nächsten Flughafen zu. Gewiß, die Schauspielerei machte mir Freude und war mein Beruf, aber das Menschliche an den Figuren, die ich spielte, interessierte mich im Grunde viel mehr als der fertige Film.
Doch je intensiver ich mich ins allgemein Menschliche versenkte, desto verwirrter wurde ich. Die Methode, alles nur oberflächlich und im Touristen-Eiltempo zu besichtigen, war der Illusion, man hätte das Gesehene auch verstanden, beinahe förderlicher. Bohrte man nur ein bißchen tiefer, so merkte man bald, daß ein Menschenleben nicht ausreicht, alles zu ergründen. Oft machte ich mir selbst das Dasein schwer, indem ich zu lange an einem Ort blieb, um das, was mich jeweils interessierte, zu erforschen. Ich versuchte in die Haut anderer Leute zu schlüpfen, um sie sozusagen von innen heraus zu verstehen, wie sie zu leben, zu essen, zu denken und zu sterben, wie Mutter mal gesagt hatte — aber war das Experiment vorbei, war ich nach wie vor ich, und die andern waren andere, und die Einsicht, daß die Trennungslinie zwischen Mensch und Mensch nie zu überbrücken ist, ließ mich fast verzagen.
Steve verstand, worauf ich aus war. Er hatte sich nun einen festen Platz in Japan errungen und beabsichtigte nicht mehr, in die USA zurückzukehren, am allerwenigsten nach Hollywood. Seine Suche nach dem ihm Gemäßen war beendet, und er betätigte sich dort, wo er am glücklichsten war. Ich hingegen war noch nicht soweit. Er wußte, daß ein dauerndes Nur-Familienleben in Tokio nichts für mich gewesen wäre

und sehr bald zu Spannungen geführt hätte. Und Sachie fand es vollkommen normal, daß Vater und Mutter nicht immer zusammenlebten. Sie stellte unser »Abkommen« nie in Frage, denn sie spürte, wieviel Liebe und Freundschaft ihm zugrunde lagen und daß ständiges Aneinanderkleben keineswegs nötig war, diese wichtigste Grundlage zu erhalten. Steve hatte seinen eigenen Freundeskreis (einige seiner Bekannten habe ich bis heute nicht kennengelernt) und ich den meinen. Die Hauptsache war schließlich, daß wir uns verstanden. Aber mit dem Verständnis meiner Umgebung haperte es meistens. Ich war zu schwer in eine herkömmliche Rubrik einzuordnen. Erst erklärte man sich den »asiatischen Mythos« meiner Ehe damit, daß ich kurz vor der Scheidung stünde; dann mit Eskapismus, dann mit der Vermutung, ich sei insgeheim eine tolle Jet-Set-Nudel. Da das alles offensichtlich nicht zutraf, gab man es schließlich auf, mich irgendwie einzustufen, und nannte mich einfach einen Freigeist. Diese Meinung war für mich sehr schmeichelhaft, aber um wirklich ein freier Geist zu werden, mußte ich noch einen weiten Weg wandern.

Einige meiner Bekannten fanden masochistische Züge an mir. Mein Herz blutete für alle, sagten sie, von Caryl Chessman angefangen bis zu den Rotchinesen, von den Taifunopfern in Japan bis zu den verwaisten Mischlingskindern in Vietnam und Korea, von den Kriegsgegnern in Amerika bis zu den Schützlingen der Tom-Dooley-Stiftung in Laos, Vietnam und Nepal. Daß mein Herz blutete, stimmte freilich, und es blutete um so mehr, je häufiger ich auf meinen Reisen andere Menschen bluten sah.

Ich war fast überall auf Erden, so weit mein Paß reichte — in ganz Südostasien, Rußland, Rumänien, Ostdeutschland, Westeuropa, Nordafrika, Schwarz-Afrika, Australien, im Südpazifik, in Skandinavien, auf den Kariben, in Mexiko und Kanada. Aber das Land, das mich am tiefsten beeindruckte, war Indien.

Einmal, als ich nach einem halbjährigen Aufenthalt bei Steve und Sachie von Japan nach Amerika zurückflog, hatte ich eine Zwischenlandung in Bombay. Ich wollte eigentlich nur dort übernachten. Aber ich blieb drei Monate.

Für mich war Indien der klarste Spiegel des Lebens und des Kampfes. Es war greifbar und fühlbar. Seine Lebensäußerungen traten deutlich zutage und konnten mit nichts anderem verwechselt werden. Sein Elend und sein Wille zur

Selbstbehauptung zeigten sich in bedenkenloser Nacktheit.
Ich fühlte mich merkwürdig zu Hause, als ich von Bombay
nach Haiderabad, Madras, Neu-Delhi, Jaipur, Udaipur, Aggra, Benares und schließlich durch Bengalen und Orissa reiste.
Ich ließ meine Kleider im Koffer und trug nur noch einen
selbstdrapierten Sari, das erste wirklich bequeme Kleidungsstück meines Lebens. Man kann darin gehen und sitzen wie
man will, ohne sich je beengt zu fühlen, und jede Bewegung
gewinnt natürliche Anmut. Als weitere Anpassung an das
Klima aß ich nur indische Gerichte. Meistens fuhr ich ohne
Begleitung, hatte aber unterwegs viele Begegnungen mit Leuten, die ihre eigenen Entdeckungsreisen machten.
Durch viele Dörfer erreichte ich endlich den Golf von Bengalen. Es war fünf Uhr morgens, und ich unternahm sofort
einen Strandspaziergang. Drahtige braune Männer mit spitzen Hüten waren schon jetzt als Rettungsschwimmer auf dem
Posten. Das warme, sanftgewellte Wasser verbirgt nämlich
steile Abstürze, die vielen Badenden zur Gefahr werden.
Die Sonne ging gerade auf, als sich mindestens fünfhundert
weiße Segel gleichzeitig blähten und in jedem Boot ein aufrecht stehender Fischer ein langes Ruder führte, um rascher
aufs offene Meer hinauszukommen. Die Arbeit mußte vor
der Tageshitze beendet sein. Ich lief an die Stelle, wo die
Boote geankert hatten, und sah sie schon weit draußen als
malerische Silhouetten gegen den Sonnenaufgang. Die Fischer
waren Emigranten aus Madras, Meister ihres Fachs. Ihre
Boote, die nur aus halben, mit Seilen zusammengebundenen
Baumstämmen bestehen, kentern angeblich nie. Kein Wetter
ist ihnen zu rauh, und die Dörfler behaupten, sie verstünden
die Sprache der Fische.
Ich hielt in meinem Lauf inne und schnupperte: ein unverkennbarer Geruch warnte mich, lieber mal vor meine Füße
statt in die Ferne zu sehen. Und richtig, da lagen säuberlich
am Rande des Wassers aufgereiht Hunderte von Kothäufchen. Morgentoilette in echt indischem Stil! In einer Stunde
würde die Flut kommen und das Freiluft-Klo des ganzen
Fischerdorfes bis zur nächsten Benutzung wieder fleckenlos
rein spülen.
Natürlich besuchte ich auch das Dorf selbst, wo schon alles
auf den Beinen war. Netze waren zum Trocknen und Flicken
auf dem Sand ausgebreitet, und die spielenden Kinder verhedderten sich zuweilen darin. Kochtöpfe dampften über

Holzfeuern. Berge von Krabben, alle Sorten kleiner Fische und ein riesiger, ausgeweideter Schwertfisch lagen schon zum Verkauf bereit und zeigten mir, daß die Dorfbewohner hier ein relativ gutes Auskommen haben mußten. Die Frauen, die mir mit den Blicken folgten, während ich meine Nase so keck in ihre Angelegenheiten steckte, wirkten nicht so weich und feminin wie sonst die meisten indischen Bäuerinnen, sondern härter und gerissener. Das kam sicher vom täglichen Umgang mit den Tücken des Meeres. Ihre bunten Saris waren in den Falten mit Salz verkrustet, und an ihren Nasen baumelten oft ganze Trauben von Goldgeschmeide. Was mochten sie wohl machen, wenn sie mal einen Schnupfen bekamen? Ich traf keinen einzigen Mann im Dorf an; die waren jetzt alle draußen beim Fischen.

Eine Frau, ebenfalls mit Goldschmuck an den Nasenflügeln und in einem verblichenen roten Sari, näherte sich mir, zupfte mich am Ärmel, hielt mir ihr etwa zwei Monate altes Söhnchen vors Gesicht und fragte auf Hindi, ob ich ihr das Kind nicht, bitte, abkaufen wollte.

Das Baby lachte mich an, strampelte munter und riß am Nasenring seiner Mutter, während ein Hund sich neben ihr auf die Hinterkeulen setzte und, gut dressiert, mit einer Vorderpfote »Bitte, bitte« machte.

Der Ton der Frau war normal, aber in ihrem Gesicht war etwas Düsteres, Wildentschlossenes, als ob sie es ernst meinte. In der Nähe saß eine alte Frau mit nacktem Oberkörper und hütete zwei kleine Kinder, während sie Netze flickte. Scharen von anderen Kindern sprangen und quengelten allerorten herum. Die Frauen, die sich um mich gedrängt hatten, beobachteten gespannt meine Reaktion. Eine machte mir begreiflich, daß ich natürlich handeln könne; niemand erwarte von mir, daß ich sofort den Preis für das Kind zahlte, den die Mutter verlangen werde.

»Danke, ich habe schon eines«, sagte ich und machte mich schleunigst aus dem Staub. Ein kleiner Trupp Kinder folgte mir mit flehend erhobenen Händen. Ich beschleunigte meinen Schritt — sie auch. Ich drehte mich um und lächelte begütigend — sie lächelten zurück. Ich begann zu rennen. Sie fanden das Spiel herrlich und rannten mir lachend nach. Wahrscheinlich merkten sie gar nicht, daß sie immer noch die Hände in der traditionellen Bettlergeste nach mir ausstreckten.

Indiens Armut ist paradox, leidenschaftsdurchtränkt, manchmal fast humoristisch. In den Dörfern spielt sich das menschliche Drama oft vor einem so schönen Hintergrund ab, daß es zur Groteske wird. Außerhalb der Städte hat Indien eine Farbenskala, die man auf der ganzen Welt nicht wiederfindet. Ein indisches Blau ist wie kein anderes Blau auf der Welt. Ein wolkenverhangener indischer Himmel scheint zu irisieren. Er umhüllt die Wipfel der Regenbäume mit Phosphorglanz, und im Gezweig gurren Hunderte von grünspanfarbenen Tauben. Ein indischer Sonnenuntergang hat so schreiende Farben, daß es schon fast unanständig ist. Farbe, Farbe überall. Ein scharlachroter Sari weht vor dem saftigen Jadegrün eines Reisfeldes. Schöngearbeitete, mit bunten Steinen besetzte Schmuckstücke heben sich von braunen Armen, Schultern und Gesichtern ab.
Ich glaubte zu träumen, als ich einmal an eine stille Lagune kam, auf deren glatter Fläche elfenbeinfarbene Lotosblumen schwammen. Aus dem Pepulbaum, der seine Zweige darüber breitete, fielen ab und zu rote Beeren, und die Ringe, die sie ins Wasser malten, ebbten gegen die staksigen Beine eines Wasserbüffels. Kinder putzten sich die Zähne mit faserigen Holzstäbchen, und halbwüchsige Mädchen bereiteten sich aus Öl und den Blättern des Kajalbaumes eine kühlende Augenschminke. Mir war, als sähe ich einem improvisierten Stück zu, das von erstklassigen Darstellern aufgeführt wurde.
Zwischen diesen magischen ostindischen Lagunen stehen die schilfgedeckten Lehmhütten der Dörfer. Kokospalmen neigen sich sanft unter dem Gewicht der Männer, die hinaufklettern, um die Nüsse zu ernten. Die Frauen stehen unten und fangen die herabgeworfenen Früchte auf, und irgendwoher erklingt herzbewegende Sitarmusik.
Hier fand ich, wohin ich auch kam, die großzügigste Gastfreundschaft. Die Leute boten mir alles an, was sie hatten. An den Innenwänden ihrer Hütten hingen Farbdrucke von Hindugottheiten. Die jungen Mädchen schwatzten und kicherten hinter vorgehaltener Hand über meine Ohrringe und meinen Trauring, meine weiße Haut und meine blauen Augen. Offensichtlich wollten sie sich von mir soviel wie möglich abgucken, während ich mir überlegte, wie mir wohl ein Smaragdclib am Nasenflügel stehen würde ...
Die Männer des Dorfes waren zu stolz, um offene Neugier zu bekunden. Nur ein paar Greise, die über falsche Auslegungen

schon erhaben waren, sahen mich wenigstens von der Seite an. Und die Kinder waren gegen die Fremde freundlich, offen und zutraulich. Sie flüchteten sich nie hinter die Röcke der Mutter, wie es manche Stadtkinder getan hätten. Sie waren unabhängig. Sie amüsierten sich, tobten in Scharen herum, sprangen splitternackt ins laue Wasser der Lagunen, bespritzten sich gegenseitig und kreischten vor Wonne. Ihre glitzernasse Haut wies alle Schattierungen von dunklem Elfenbein bis blauschwarz auf.
Ein Ochsenkarren, beladen mit Kokosnüssen, zockelte die Dorfstraße entlang. Obenauf saß ein verwitterter alter Mann und wedelte lässig mit seinem Bambusstecken, den er nie benutzte. Es wäre ihm gar nicht in den Sinn gekommen, seine Ochsen damit anzutreiben. Sie brachten ihn auch ohne das zeitig genug zum nächsten Markt. Eine Fuhre pro Tag genügte. Wozu die Eile? Wer brauchte mehr als das Allernotwendigste?
Der indische Regen war ein Phänomen für sich. Er hatte messerscharfe Grenzen. Ich konnte ruhig in der Sonne stehenbleiben, während drei Schritte vor mir der Regenvorhang herabrauschte. So machten es alle; kein Mensch rannte wegen eines Regens ins Haus. Er hörte auch genauso plötzlich auf, wie er angefangen hatte. Nur die glänzenden, tropfenden Blätter und naßgewordenen Vögel zeigten noch für ein Weilchen, daß es tatsächlich geregnet hatte.

Aber als ich dann nach Kalkutta kam, empfand ich den Gegensatz als äußerst kraß. Hier wird die Armut durch nichts gemildert und erreicht Grade, die menschenunwürdig sind.
Ich hatte ein Zimmer im dritten Stock des Grand-Hotels, von dem aus ich die Hauptverkehrsader Kalkuttas, den Chowringhi-Boulevard, überblicken konnte. Tag für Tag saß ich auf dem Fensterbrett und sah zu, wie die Masse Mensch morgens zum sogenannten Leben erwachte.
Die Trottoirs dienten über Nacht Hunderten von Obdachlosen als Schlafstelle. Überall lagen in Saris gewickelte Babys herum. Außer den japanischen Kimonos gibt es nichts Hübscheres und Anmutigeres als Saris, solange sie frisch und sauber sind; aber wenn man monatelang darin lebt und schläft, sehen sie aus wie ein Bündel schmutziger Lumpen. Und diese Lumpen waren die Uniform der Armen.
Bei Tagesanbruch erhoben sich die Massen in quirligem

Durcheinander und begaben sich zunächst an die Rinnsteine. Überall standen die blutfarbenen Pfützen von ausgespienem Betelsaft.

Der erste Bus hielt an der Ecke und stieß eine schwarze Abgaswolke aus dem Auspuff, die ich bis in meinen dritten Stock hinauf riechen konnte. Ich wagte in Kalkutta nie richtig Luft zu holen. Treibstoff ist Mangelware, und daher wird für die Busse ein besonders niederträchtiges Gemisch verwendet. Menschenmassen quollen aus dem Bus, und ebenso viele drängten sich mit flatternden Saris und Dhotis hinein. Ich machte mich unwillkürlich dünn, sooft ich dies Gequetsche mit ansah. Einige Leute mußten jedesmal zurückbleiben, auch wenn sie ein paar Meter nebenher rannten und hilfreiche Hände sich ihnen entgegenstreckten. Was zuviel war, war zuviel. Schließlich blieben sie auf ihren dürren braunen Beinen stehen, zuckten kaum merklich die Achseln und gingen wieder nach Hause — auf den Bürgersteig.

Eines Morgens erwachte ich von einem ungewohnten Lärm, der sich aus der smogverhüllten Innenstadt näherte. Der Lärm wurde zu Sprechchören. Dann sah ich den Protestmarsch allmählich aus dem Smog auftauchen. Es sollen 250 000 Menschen gewesen sein, die in bengalischer Sprache nach Nahrung schrien. Über den Köpfen der Masse schwankten rote Plakate mit den Bildern Chruschtschows, Marx' und sogar Stalins. Ich glaube nicht, daß diese Gesichter den wandelnden Skeletten viel sagten. Sie protestierten eben, so gut sie es verstanden. Die Schläfer erhoben sich von den Trottoirs und schlossen sich ihnen an. Frauen mit dicken, öligschwarzen Zöpfen führten gehorsame Kinder in die Reihen. Und so zogen sie weiter, ohne jede Marschordnung, manche lachend, manche herausfordernd, manche voll Hoffnung — und alle hungrig.

Wenn diese Tausende und Abertausende, die absolut nichts hatten als ihre gemeinsame Not, einmal wirklich explodierten, mußte es fürchterliche Folgen haben.

Ein paar Tage zuvor hatte ich ein etwa elfjähriges Mädchen gesehen, das unter meinem Fenster bettelte und die beiden bandagierten Arme flehend emporhielt. Ein Mann, der ihr Vater zu sein schien, erteilte ihr plötzlich einen scharfen Verweis. Sie schrie gellend auf, riß mit den Zähnen die Bandagen ab und zeigte den Passanten ihre blutigen Armstümpfe. Es stellte sich heraus, daß der Mann sie geraubt und ihr beide

Hände abgehackt hatte, um eine wirkungsvolle Bettlerin aus ihr zu machen. Obwohl solche Verbrechen im Bettlergewerbe gang und gäbe waren, rissen die Leute, die sich angesammelt hatten, den Kerl binnen weniger Minuten in Stücke. Sie hatten endlich ein Ventil für ihre schwelende Wut gefunden.
Sonst war, was die Massen der Hungernden betraf, ein Tag wie der andere. Zeit ist für sie kein Begriff. Dunkelheit bedeutet nicht unbedingt, daß man sich schlafen legt, und Tageslicht ist ebensowenig mit Tätigkeit identisch. Selbst auf den Straßen ist nicht Platz genug, daß alle zu gleicher Zeit schlafen könnten. Und Essen gibt es sowieso nicht zu bestimmten Zeiten. Man ißt, wenn man etwas findet. Orangenschalen werden gehamstert. Man verschlingt sie nicht, sondern kaut sie heimlich über einer Mülltonne, aus der jedes etwa herunterfallende Stückchen wieder herausgefischt werden kann.
Jedem Touristen strecken sich aufwärts gekehrte flehende Handflächen entgegen. Der Ausdruck der Touristen verrät angewidertes Mitleid und oft so etwas wie Schuldbewußtsein. Ich sah einen, der einen Schnappschuß von einer lendenlahmen, kranken Kuh machte, die gerade ihren Fladen fallen ließ, während ein Inder sie mit Brot fütterte, das er einem jammernden, halbverhungerten Kind weggenommen hatte. Hinterher wurde das Kind ausgescholten, weil es dem heiligen Tier nicht genügend Achtung bezeigt hatte. Sehr empfehlenswert für Photoamateure sind auch die versteckten Gäßchen, in denen dickgeschminkte zwölfjährige Prostituierte in einer Art Käfig zur Schau gestellt sind. Die schreienden Farben ihrer Saris lenken von der Trostlosigkeit der Umgebung ab. Die Luft ist von atembeklemmendem, ranzigem Parfüm geschwängert.
Und beim ersten Anzeichen von Gutwilligkeit hat man eine Armee von Krüppeln und anderen Bettlern auf dem Hals. Ich machte zuerst den Fehler, den Kindern alles zu geben, was ich bei mir hatte. Die Kunde verbreitete sich wie ein Lauffeuer bis zum Tadsch Mahal. Ich mußte meine Freigebigkeit rigoros stoppen, sonst wäre ich, wohin ich auch kam, zu Tode gedrückt worden.
Mein Hotel lag in der Nähe der Wohnung von Martin und Bhulu Sarkees, die ich über Bekannte in Bombay kennengelernt hatte. Bhulu entstammte einer prominenten nepalesischen Familie, und Martin war ein mit allen Wassern gewa-

schener Perser. Er hatte ein Kino in der City von Kalkutta
und machte sich einen diebischen Spaß daraus, die einheimischen Passanten mit dem, was er »den neuesten amerikanischen Quatsch« nannte, hineinzulocken.
Er war ein magerer, schon recht verlebt aussehender Mann
von vierzig, der stets einen Anzug mit Nadelstreifen und
eine lange Uhrkette trug. Er liebte handfeste Scherze, guten
Wein und Pferderennen.
Seine Frau Bhulu war eine dunkeläugige und dunkelhaarige
Schönheit mit leidgewohntem und ständig anklagendem Gesichtsausdruck. »Martinnn, wo warst du?« erklang ihre
Stimme, sooft er auftauchte. Nachdem er dann, mehr oder
weniger überzeugend, die Harmlosigkeit seiner Abwesenheit
bewiesen hatte, ertrug sie das Leben wieder bis zum nächstenmal.
Martin war ein sehr vielseitiger Mensch und konnte sich auf
jeden anderen einstellen; vielleicht lag das an seiner persischen Abstammung. Er verstand meine sofortige Neigung zu
Indien. Er teilte mein Interesse für Leute aus dem Westen, die
zu östlichen Religionen übergetreten waren. Er beschrieb sie
als »diese typischen Yankees, die nach Indien kommen, um
Kartells zu gründen und Arbeitskräfte auszubeuten — und
dann bleiben, um sich selbst zu entdecken«.
Was Martin mit am meisten am Herzen lag, war ein Heim
für Waisenknaben außerhalb der Stadt. Er unterstützte es
auf jede ihm mögliche Art, und als er mich dort einführte,
war ich wie erschlagen. Die Kinder waren nicht unbedingt
Waisen in unserem Sinne. Die meisten waren von ihren Eltern, die sie nicht ernähren konnten, unmittelbar nach der
Geburt ausgesetzt worden.
Die Leitung des Heims lag in den Händen von Pater Aloysius Vanigasooriyar. »Pater Van« war ein Abkömmling der
ceylonesischen Könige, hatte aber alle Erbansprüche aufgegeben, um Priester zu werden. Er war jung und außergewöhnlich gutaussehend. Seinen Übertritt zum Katholizismus begründete er damit, daß er keinen anderen Weg gesehen habe, den Armen auf gut organisierte Weise zu helfen.
Die meisten seiner Schützlinge hatten das »Licht der Welt«
zuerst in Mülltonnen erblickt; die Überlebenden waren Niemandskinder der Straße. Womit sie sich in den ersten Lebensjahren ernährt haben mochten, war unvorstellbar. Sie waren,
da sie noch lebten, gegen die meisten Krankheiten immun.

Manche krochen allerdings auf allen vieren, weil sie mit den Straßenkötern zusammen aufgewachsen waren.

Einige dieser ausgestoßenen Kinder, deren Zahl Legion ist, wurden zu Pater Van gebracht, der sich alle erdenkliche Mühe gab, sie zu Mitgliedern der menschlichen Gesellschaft zu erziehen. Viele starben ihm unter den Händen, weil es schon zu spät war. Aber diejenigen, die es schafften, hatten einen derartigen Lebenswillen, eine derartige Entschlossenheit, über den Tod zu triumphieren, daß man an ihnen die Evolutionslehre bestätigt sah. Zäh wie Krustentiere, waren sie lebende Beispiele des Willens, sich gegen alles und alle zu behaupten. Unsereins hätte es in manchen Fällen barmherziger gefunden, wenn sie gestorben wären; aber sie taten es nicht. Sie schlugen schreiend mit Händen und Füßen aus, krallten sich an ihr bißchen Leben und ließen es nicht wieder fahren.

Die kleinen Inder waren in ihrer eigenen »Kinderstadt«, wie der Pater es nannte, untergebracht. Pater Flanagan, der Gründer solcher Kinderstädte in Nebraska, war Pater Vans Vorbild, und er wollte für seine Schützlinge ebensoviel tun.

Nach westlichen Begriffen wurden die Kinder nicht verwöhnt, aber nach indischen lebten sie wie die Prinzen. Das Heim war für sie eine Oase der Hoffnung. Sie pflanzten und ernteten ihren eigenen Reis und rechneten damit, sich demnächst eine Kuh anschaffen zu können. Ein gütiger Spender hatte ihnen siebzehn Junghennen geschenkt, zu denen bald ein Hahn kommen sollte. Barfüßig, fast immer im Freien und so gut wie ohne persönlichen Besitz, entwickelten die Jungen einen Gemeinschaftsgeist, der sogar die staatlich gelenkten Kindergärten und Erziehungsheime der Sowjetunion übertraf.

Pater Vans Waisenanstalt bestand seit zwei Jahren, als ich sie das erstemal besuchte, und umfaßte etwa 23 Morgen Bodenfläche zwischen Kalkutta und Diamond Harbor. Ich hatte meinen Wagen mit gewaltigen Keksdosen, Körben voll frischer Früchte und Schokolade vollgeladen.

Der Pater hatte seine Kinder auf den Besuch einer »ausländischen Dame« vorbereitet, und die ganze Horde raste mir jubelnd und kreischend entgegen. »Tante! Tante ist da!« Jeder suchte sich wenigstens eines Fingers von mir zu bemächtigen, wenn er mir nicht am Hals oder sonstwo hing. Dann geleiteten sie mich zu einem kreisförmigen Platz unter schattigen Bananenstauden, wo sie Murmeln spielten, und begannen

ein Match, als wollten sie mich damit amüsieren und nicht
sich selbst. Nur ganz verstohlen sahen sie zu, wie Pater Van
die mitgebrachten Leckerbissen aus dem Wagen holte und im
gemeinsamen Speisesaal an den Plätzen verteilte.
Von nun an besuchte ich das Heim täglich, und stets spielte
sich die gleiche Szene ab: ein ohrenbetäubendes Jubelgeschrei
aus mehr als hundert Kehlen, sobald meine Mitbringsel verteilt
wurden. Aber einige der Jungen wollten nicht von meiner
Seite, obwohl auch sie nach den Süßigkeiten lechzten.
Fast eifersüchtig beobachteten sie, wieviel Zeit ich jedem widmete.
Sie konnten sich nicht genug tun, meine Hände und
Arme zu quetschen, und manchmal weinte einer, weil die andern
ihn nicht heranließen.
Pater Van war immer sanft und verständnisvoll. Er erhob nie
die Stimme. »Wenn ich laut und streng spreche«, erklärte er
mir, »bringe ich manche von ihnen für Tage in die tiefste
Verzweiflung. Ihr Gefühlsleben ist so ramponiert und labil,
daß man sie äußerst behutsam behandeln muß. Natürlich
nutzen sie meine Sanftmut oft unverschämt aus, aber ich habe
keine andere Wahl.«
Immerhin bestand er unerbittlich darauf, daß die Jungen
aufeinander Rücksicht nahmen. Sie mußten sich der Größe
nach in einer Reihe aufstellen und mit bittend hingehaltenen
Händen abwarten, bis ich jedem etwas hineingelegt hatte. Ich
sträubte mich innerlich gegen diese Bettlerhaltung und mußte
mir immer wieder sagen, daß man in Indien nichts dabei findet.
Vielleicht hätte es mich erleichtert, wenn sie mir Teller
hingestreckt hätten. Jedes beschenkte Kind sah zu mir auf
und sagte in aufrichtigem und doch eingepauktem Ton:
»Danke«. Das Dankesagen vergaßen sie nie.
Und diese Kinder waren noch die Glücklichen, deren Rettung
beizeiten gelungen war. Nicht so ein namenloser Außenseiter,
der etwa elf Jahre alt sein mochte und von Pater Van erst
vor drei Monaten aufgegriffen worden war. Er sprach nicht,
sondern gab nur bellende und knurrende Laute von sich. Pater
Van hatte ihn nackt, mit langem, verfilztem Haar auf
allen vieren aus einer alten Tonne zum Wasser kriechen sehen,
wo er schlabbernd trank wie ein Hund. Als der Pater die
Hand nach ihm ausstreckte, versuchte der Junge ihn zu beißen.
Pater Van trat etwas zurück, und das Kind wartete mit
angstvoll rollenden Augen, weil der fremde Mann zwischen
ihm und seinem Unterschlupf stand. Der Pater wußte, daß

das Kind sich wie ein Tier in der Falle fühlte, ging weg und beobachtete es nur noch von weitem. Für diesmal war es so verschreckt, daß es die ganze Nacht in der Tonne blieb, statt auf Nahrungssuche zu gehen.

Wochenlang kehrte der Pater allabendlich zu der Tonne zurück, bis das Kind sich einigermaßen an seinen Anblick gewöhnte und, statt zu knurren und zu schnappen, dankbar das »Futter« aus seiner Hand annahm. Bald lief es ihm auf seinen nächtlichen Streifzügen nach, und eines Tages folgte es ihm freiwillig ins Heim.

Der Junge hatte in Pater Van seinen »Herrn« und Beschützer anerkannt, aber mit den anderen Kindern wollte und konnte er nichts anfangen. Er hockte stets abseits, sah reglos zu und verschlang grunzend sein Essen. Nachts schlief er hinter einem Stein, und tagsüber fühlte er sich am wohlsten im Kuhschuppen. Ich suchte ihn täglich auf. Wenn er mich kommen hörte, regte er sich unter den raschelnden Blättern und begrüßte mich auf seine Art. Ich durfte ihm kurz die Hand schütteln, worauf er die Arme hob, beide Hände auf seinem Kopf kreuzte und mich unverwandt mit törichtem Lächeln anstarrte. Offenbar liebte er es, wenn Pater Van und ich uns über ihn unterhielten. Wir brachten nie heraus, ob er etwas verstand, aber er begriff sicherlich, daß er unser Sorgenkind war. Er war dem Pater so ergeben, daß er sich ohne Befehl nicht rührte. Er hätte in der einmal angenommenen Haltung, die Hände über dem Kopf, eine Woche lang ausgeharrt, wenn der Pater ihm nichts anderes zu verstehen gegeben hätte. Die sonderbarste Folge und das größte Problem der Fürsorge für derart wild aufgewachsene Kinder war, daß sie ins andere Extrem totaler Abhängigkeit fielen und jede Spur von Individualität verloren. Ihr Kampfgeist war hin, und sie begnügten sich mit dem Dasein von Parasiten.

Eine Zeitlang hatte Pater Van noch einen anderen »Mülltonnenjungen« gehabt, einen ganz ähnlichen Fall. Er hatte die beiden zusammengesetzt, aber keiner nahm von dem andern Notiz. Verständnislos blickten sie, jeder für sich, in das Treiben der geistig gesünderen Kinder. Sie katzbalgten sich nicht, sie spielten nicht; sie behandelten einander wie Luft. Sie hockten herum und starrten stundenlang, tagelang vor sich hin, bis einer von ihnen starb. Der andere schien nicht einmal zu merken, daß er wieder weg war. Für ihn gab es nur Pater Van, der ihn berühren und sogar waschen durfte. »Manchmal gebe ich die fruchtlosen Bemühungen beinahe auf«, seufzte der Pater. »Kaum habe ich ihn gewaschen und er sieht mit sauberem Haar einigermaßen menschlich aus, so geht er hin und wälzt sich im Dreck, bis er wieder so stinkt, wie er es gewohnt ist.«

Als ich die Pflegeabteilung für Mülltonnenbabys besuchte, kamen mir die Tränen. Viele der Säuglinge und Kleinkinder waren blind oder taubstumm, und alle waren für ihr jeweiliges Alter viel zu klein. Die Kleinsten lagen auf Bodenmatten; die Größeren umringten den Pater und mich unter lautem Geschrei und gegenseitigem Geschubse. Sie hatten ihren ersten Kampf gegen den Tod gewonnen, aber ihre Gesichter wirkten schon jetzt alt, erschöpft und unkindlich. Zwei Mädchen, Zwillinge, sieben Monate alt, aber noch nicht größer als Neugeborene, hatten drei Abtreibungsversuche ihrer Mutter, die dann bei ihrer Geburt ironischerweise selbst gestorben war, überstanden. Ihre Knochen waren noch nicht richtig ausgebildet; sie sahen aus wie winzige, runzlige Affen und hatten nicht einmal die Kraft zu schreien. Ihre Münder pumpten Luft aus und ein, aber es kam kein Ton. Ihr Vater, ein Rikscha-Kuli, nächtigte auf den Straßen und verdiente etwa sieben Rupien (achtzig Cents) die Woche. Er hatte die Zwillinge in seiner Verzweiflung auf der Schwelle des Heims ausgesetzt. Die Nonnen meinten, sie würden durchkommen.

Ein sehr nettes, lächelndes kleines Mädchen war von seinen Eltern erdrosselt worden, aber da es noch nicht ganz tot war, banden sie es draußen vor Kalkutta auf die Bahnschienen. Eine Polizeistreife entdeckte das Kind, ehe der Zug kam. Sie war von ihren Erlebnissen ein bißchen geistesgestört, aber sie lebte – ein weiteres kleines Krustentier.

Ferner gab es eine Menge englisch-indische Mischlinge mit heller Hautfarbe und blauen Augen, die von ihren Müttern ausgesetzt worden waren. Selbst die niedrigste Kaste der Hindus verachtet Kinder mit »unreinem« Blut.

Die Sterbequote unter diesen Findlingen ist enorm – aber das gehört zum Leben in Kalkutta.

Die Unmenschlichkeit des Ganzen brachte mich fast zur Raserei. Manchmal fragte ich mich, warum ich überhaupt noch blieb, statt weiterzureisen. Ich tat, was ich konnte, ich rief mit Erfolg indische Filmstars zu einer gemeinsamen Wohltätigkeitsvorstellung auf, aber alles das war ja nur ein Tropfen auf den heißen Stein. Das Problem war unlösbar.

Pater Van sagte mir, die meisten Ausländer litten an Alpträumen, wenn sie ein paar Tage in Kalkutta verbracht hätten, und reisten so schnell wie möglich wieder ab. Er fragte mich beständig, ob mir noch nicht schlecht geworden sei, und da ich dies verneinte, lobte er meine Sachlichkeit. Nur wer die Dehumanisation in vielen Teilen der Welt als Begleiterscheinung des Lebens hinnehme, statt sich gefühlsmäßig dagegen zu sträuben, könne von einigem Nutzen sein. Wer sich vom Anblick des millionenfachen Elends nur abgestoßen fühle, tue selbst mit irgendwelchen Hilfsaktionen sich und andern nichts Gutes.
Der kurze Weg von meinem Hotel ins nächste Einkaufszentrum oder zum Ehepaar Bhulu und Martin Sarkees war jedesmal wie ein Gang durchs Inferno. Meine früheren Maßstäbe verloren jede Bedeutung; ich mußte mir neue bilden. Das Gewimmel von skelettartigen Erwachsenen und schweigenden, aufgedunsenen Kindern versetzte mir immer wieder einen Schock. Ich fragte mich, wie es soweit hatte kommen können. Darauf war ich nicht vorbereitet und nicht gefaßt gewesen.
Halbtote menschliche Wesen, die schon kaum Menschliches mehr hatten, lagen in den Gossen herum und warteten aufs nächste Leben. Meistens konnte ich nicht mehr unterscheiden, welche dieser Sterbenden Männer und welche Frauen waren. Der Tod machte sie geschlechtslos. Manche stöhnten noch, aber die meisten waren still. Der Tod war ihnen willkommen. Sie sahen ihm mit starren Augen apathisch entgegen.
Wer Kalkutta von dieser erschütternden Seite kennengelernt hat, kann der Notwendigkeit, sich selbst zu erforschen, nicht mehr ausweichen.
Es war daher kein Zufall, daß ich mich für indische Meditationslehren zu interessieren begann. In Kalkutta hatte ich die Existenz meines innersten Wesens mehr gespürt als irgendwo anders in der Welt.

14

Martin und Pater Van meldeten mich für Yoga-Unterricht an.
»Der Sinn und Zweck des Yoga«, erklärte mir mein Lehrmeister, »ist die Befreiung des Geistes, die Vereinigung der

Seele mit dem Universum. Yoga ist das Sanskrit-Wort für Sammlung, Konzentration, und soll die höchsten körperlichen, seelischen und geistigen Kräfte des Menschen aktivieren. In jedem von uns ist mehr verborgen, als die Oberfläche ahnen läßt. Aber nur wenige finden es. Ich will Sie Selbsterkenntnis lehren. Es gibt keinen Grund, warum Sie und jeder andere, der sich ehrlich bemüht, nicht die Hemmnisse überwinden sollten, die dem inneren Reifeprozeß und damit dem Seelenfrieden entgegenstehen. Haß, Angst und Schmerz können durch Konzentration besiegt werden. Finden Sie Ihr inneres Selbst. Sie haben mehr innere Kraft, als Sie wissen.«
So begann ich meine Meditationsübungen, anfangs immer nur für eine halbe Stunde auf einmal. Ich entspannte mich und ließ meine Sinne mit der Natur verschmelzen. Oft saß ich still in dem Reisfeld, das an Pater Vans Waisengelände angrenzte. Es war himmlisch, den über die Reispflanzen hinstreichenden Wind auf meinem Gesicht zu spüren. »Wir sind alle ein Teil der Natur«, sagte der Lehrer, »und von ihr ebensowenig getrennt wie voneinander. Die Natur hat einen Sinn; das menschliche Leben ist nur ein Teil davon. Wenn wir uns von der Natur entfernen, schneiden wir uns selbst vom Sinn des Lebens ab. Viele Menschen nehmen sich selbst so wichtig, daß sie nicht mehr daran denken. Die Natur hat ihren eigenen Willen und ihre Harmonie. Wir aber jagen unseren Plänen und Projekten nach, unseren Wettbewerben um materielle Dinge, um Ruhm und Reichtum. Wir merken gar nicht mehr, wie wir uns dabei verzetteln und daß all unser Gezappel eitel und dumm ist, denn die Natur wird auch an uns ihr stilles, unvermeidliches Werk tun. Wir hätten es von vornherein leichter und angenehmer, wenn wir mit ihr zusammenarbeiteten. Unsere individuellen Ambitionen würden gelockerter, glücklicher, und wir fänden das Leben nicht nur leichter, sondern voller Wunder.«
Er rügte oft mein »westliches Tempo«, wie er es nannte. Ich nahm mir nie genug Zeit. Immer strebte ich dem nächsten Experiment zu, wie in einer »Tretmühle des Lernens«.
»Geduld«, zitierte er ein arabisches Sprichwort, »ist der Schlüssel zur Glückseligkeit.« Und er wußte noch ein sehr gutes Sprichwort aus dem Himalaja: »Der Mensch sagt, die Zeit vergeht. Die Zeit sagt, der Mensch vergeht.«
Nach ein paar Wochen riet mir der Lehrmeister: Falls ich die Erforschung meines Innern ernstlich fortsetzen wollte, sollte

ich dem Lärm der Niederungen aus dem Wege gehen und es einmal mit den Bergen versuchen.

Er selbst war auch schon ins Gebirge geritten und hatte sich ein stilles Plätzchen in der Einsamkeit gesucht, wo er drei Monate lang nur meditierte und den Stimmen der Natur lauschte. Ein Diener sorgte für seine geringen leiblichen Bedürfnisse. Jeden Morgen, erzählte er, sei er in einen Wald gegangen, wo er mit einem uralten Baum und einer Krähe Freundschaft geschlossen und sich stundenlang mit beiden unterhalten habe. Der Baum sei erst etwas abweisend gewesen, habe dann aber dank seinem Talent, lange und friedlich zu schweigen, Vertrauen zu ihm gefaßt.

Ich glaubte dem Lehrer aufs Wort, daß er sich allmählich wie ein Teil des Baumes gefühlt und auf dem weichen Blätterteppich unter ihm wahrhafte Konzentration gefunden hatte.

Er sagte, auch im Tiefland habe er gelegentlich blitzartige Erleuchtungen, aber im Heiligtum der Berge stehe die Wahrheit dauernd und in fast erschreckender Klarheit vor ihm.

»Ich verstehe nichts von diesen Weisheitslehren«, gab Martin offen zu, »mir langt mein täglicher Ärger. Aber wenn du dich wirklich so dafür interessierst, folge deinem Lehrer und begib dich aufs Dach der Welt. Indien ist ja nur die erste Stufe der Leiter. Wenn du höhere Einsichten suchst, ist es nicht der richtige Platz für dich, auch nicht Kaschmir, Nepal oder Sikkim. Alles schon von zu vielen andern verdorben. Geh nach Bhutan, da waren bisher meines Wissens nur drei Amerikaner und kaum jemand anders aus dem Westen. Bhutan ist ein Reich für sich, das seine Eigenart bewahren will.«

Es war mir schon schwergefallen, mir den Himalaja vorzustellen, aber nun erst Bhutan!! Ich hatte nie anders als mit ehrfürchtigem Schauder davon sprechen hören. Es schien ein längst untergegangenes Königreich zu sein, das nur in der Sage fortlebte, und es gab praktisch keine zuverlässigen Berichte neueren Datums. Manche Leute wagten nur flüsternd von Bhutan zu reden. Aber man flüsterte häufig, denn die Neugier war ebenso stark wie die heimliche Furcht.

Bhutan, ein winziges Königreich, liegt hoch oben in eine Talmulde des Himalaja eingebettet und grenzt im Norden und Osten an China, im Süden an Assam und im Westen an Sikkim und Tibet. Die Tatsache, daß es einer der letzten autonomen Bergstaaten ist, erklärt die Legenden der Mystiker.

»Vielleicht kannst du in Bhutan die letzten Weihen des Hi-

malaja-Buddhismus mitkriegen«, meinte Martin Sarkees. »Ich habe einen Lunch mit dem Premierminister Dorji arrangiert. Er ist ein alter Freund von mir und befindet sich gerade in Kalkutta.«
Ich erbebte bei dem Gedanken, eines der Häupter des Buddhismus von Angesicht zu Angesicht zu sehen. Die Dorji-Familie übte nicht nur in Bhutan, sondern im ganzen Himalajagebiet seit langem große Macht aus, Llendhup Dorjis Bruder Rimp wurde in informierten Buddhistenkreisen als *die* Wiedergeburt des ersten Dalai Lama verehrt, als Papst des Buddhismus. Sicherlich würde er in seiner allwissenden Gelassenheit vor uns thronen, und ich unfertiges, nervöses, noch suchendes Wesen würde mich danebenbenehmen. Ich stellte ihn mir im Safrangewand und in der traditionellen Lotosposition vor. Mein Gruß würde ihn nur in seiner Meditation stören; er würde mit einer milden Handbewegung um Schweigen ersuchen, und ich würde mich schämen.
Aber als ich im »Blauen Fuchs«, dem erwählten Rendezvousort, ankam, war das Restaurant fast gästeleer, und Dorji war noch nicht erschienen. Martin, Bhulu und ich tranken eine Limonade. Jeder wußte, auf wen wir warteten; sogar die Kellner schienen gespannt. »Sei nicht so nervös«, beruhigte mich Martin. »Er wird dir gefallen. Du stellst ihn dir bestimmt ganz falsch vor.« In diesem Moment ging die Tür auf, und die Sonne schien gleißend in das abgedunkelte Restaurant. Ein großer, schlanker Mongole von etwa achtundzwanzig Jahren kam auf unseren Tisch zu. Seine schwarze Hose saß so eng wie eine zweite Haut. Dazu trug er ein leuchtendrotes Sportjackett mit passender Weste. Seine schwarze Seidenkrawatte hob sich wie ein Ausrufungszeichen vom schneeweißen Hemd ab. An den Füßen hatte er spitze, glänzende, handgearbeitete italienische Schuhe. Er kaute Betel und rauchte gleichzeitig eine Zigarette, während er heranschlenderte und mir die Hand hinstreckte.
»Hey«, stellte er sich mit amerikanischer Formlosigkeit vor, »mein Name ist Lenny.«
Ich verschluckte mich vor Staunen an dem Rest meines Eiswürfels. »Welche Ehre für mich, Mr. Dorji«, stotterte ich, ihm die Hand schüttelnd. »Ich freue mich sehr über dieses Zusammentreffen.«
»Na, und ich erst«, erwiderte er. »Ihre Filme sind Klasse, besonders die mit den Kerlen – wie heißen sie noch – Frankie

und Dino. Muß ein phantastischer Clan sein, was?« Er setzte sich lachend und sah um sich. »Wo steckt denn Glenda? Jesus, kann die Person nie pünktlich sein? Ist sie schon wieder beim Friseur?«

Bhulu nickte. Glenda war Dorjis Frau.

»Na, dann trinken wir solange noch einen.«

Er rief einen eilfertigen Kellner mit einem Fingerschnippen herbei. Danach entstand ein kurzes Schweigen. Dorji lächelte, sein Gesicht verwandelte sich, und über seine kesse Redeweise legte sich ein Hauch von Schwermut.

»Wissen Sie, ich war auf einem College in den Staaten. Zwei Wochen lang habe ich im Zentralbahnhof geschlafen und mir blaue Flecke am verlängerten Rückgrat geholt. Dann kriegte ich endlich ein Zimmer in Greenwich Village. Die meisten Leute hielten mich für einen chinesischen Wäscher. Wie soll man Amerikanern erklären, daß man aus Bhutan ist? Ich hab's gar nicht erst versucht.« Er machte eine kleine Pause. »Kennen Sie New York richtig? Ich setze voraus, daß Sie mal da waren; aber kennen Sie es?«

Ich schüttelte den Kopf.

»Eine grausame Stadt«, fuhr er fort. »Lange Zeit dachte ich, New York wäre Amerika, bis ich mit einem Kumpel per Anhalter quer durchs ganze Land kam. New York mag für gebürtige New Yorker okay sein, aber man hält es höchstens besuchsweise darin aus, wenn man nicht dort geboren ist. Wo stammen Sie her?«

Ich war vollkommen perplex. Hierauf hatte mich Martin nicht vorbereitet. Dieser bhutanesische Staatschef hatte auf den Bänken des Zentralbahnhofs übernachtet und war für einen chinesischen Wäscher gehalten worden? Aber vielleicht war er nicht unglaubwürdiger als ein amerikanischer Filmstar, der in der Höhenluft des Himalaja mit sich selbst ins reine kommen wollte.

»Sie haben beim Ballett angefangen, nicht wahr?« setzte er das Interview fort. »Ich hab' mal in einer Filmzeitschrift alles über Ihre Karriere gelesen.«

Filmzeitschriften in der Bergwildnis?

»Oh«, sagte er lächelnd, »ich kann Ihnen sogar erzählen, wie die heutige Börse abgeschlossen hat und wer in Amerika gerade streikt. Ich interessiere mich für alles. Gleichgültigkeit kann ich mir nicht leisten. Lassen Sie sich durch mein Geschwätz und meine geckenhafte Kleidung nicht täuschen. Ich

möchte so lange wie möglich jung bleiben, das ist alles.«
Glenda, Dorjis Frau, erschien im Restaurant. Sie war mit
ihrem anmutig-herablassenden Gebaren sehr reizvoll. »Entschuldigen Sie die Verspätung«, sagte sie, »aber ich mußte
erst meine Kinder füttern.«
»Na, dann können wir ja ein Haus weiterziehen«, meinte
Dorji und stand auf.
Der Besitzer und die Angestellten des »Blauen Fuchses« standen Spalier, als wir das Lokal verließen und in Lennys neuen
europäischen Sportwagen stiegen. Die Einwohner Kalkuttas
starrten fassungslos auf die bhutanesische Flagge, die am
Kühler wehte.
Lenny war in den oberen Schichten Kalkuttas ein beliebtes
Klatschobjekt. Sein hektisches Leben und seine Spielleidenschaft wurden heftig kritisiert. Er wußte es, aber es war ihm
gleich.
Er sagte, nach längeren Aufenthalten in Bhutan, das, wie er
behauptete, im Bronzezeitalter steckengeblieben sei, brauche
er das Stadtleben. In Bhutan gebe es nur eine einzige Telefonzentrale, und die liege in dem Grenzstädtchen Phuncholing. Elektrizität sei unbekannt, und außer den indischen Ingenieuren, die ab und zu in Jeeps einträfen, sei noch niemand
auf den Gebrauch des Rades gekommen. Kartoffeln, Reis (in
ca. 5000 m Höhe angebaut!) und scharfe rote Pfefferschoten
seien die Hauptnahrungsmittel. Alles schmecke nach ranziger
Yak-Butter. Auch das Fleich der Yaks werde gelegentlich
gegessen, aber die strengen Buddhisten lehnten es aus religiösen Gründen ab.
Dorjis kleinster Sohn war erst ein halbes Jahr alt, und er
fürchtete um seine Gesundheit, wenn sie, wie in Bhutan üblich, den Göttern anheimgestellt wurde. Krankenhäuser und
Ärzte gab es dort nicht. Einer der Gründe für die hohe Kindersterblichkeit war die Sitte, Neugeborene mit scharfem
Pfefferbrei zu füttern, »um sie innerlich zu wärmen«. Weder
die königliche Familie noch die Regierung hatten mit ihren
Aufklärungsversuchen bisher Erfolg gehabt.
Die Cholera hatte gegen Ende des letzten Jahrhunderts fast
alle sechs Millionen Einwohner dahingerafft. Zur Zeit betrug
die Bevölkerungsziffer nur noch 850 000. Syphilis und Lepra
waren stark verbreitet, und jeder dritte Mensch hatte einen
Kropf, da die Nahrung zu wenig Jod enthielt.
»Trotz dieser primitiven Lebensbedingungen haben unsere

Leute genug zu essen und sind zufrieden«, fuhr Lenny fort. »Wir brauchten dringend ärztliche Versorgung, aber eins zieht das andere nach sich. Wir verkaufen unsere Seele nicht für eine Penicillinampulle. Sehen Sie sich Nepal und Sikkim an — sie sind heute nichts als indische Satellitenstaaten. Das soll uns nicht passieren. Aber die Lage wird immer schwieriger. Wir sind der Puffer zwischen Indien und China, und beide suchen uns zu beeinflussen und zu kontrollieren. Hier begreift niemand, daß wir China nicht so fürchten wie alle anderen. China hat uns nie angegriffen und wird es wohl auch nie tun. Es wäre ja Wahnsinn, nur unseretwegen in unser Hochgebirge einzufallen. Und wir haben mit den Chinesen im Grunde mehr gemein als mit den Indern. Wir sind Mongolen. Verstehen Sie?«

»Ja«, keuchte ich zwischen den wilden Tanzverrenkungen, zu denen er mich zwang. Er hatte uns nach dem Essen ins Grand-Hotel eingeladen. Erst bei diesem »Ballgeflüster« sprach er wie ein ernsthafter Politiker. Wahrscheinlich hatte er es nicht vor allen Ohren bei Tisch tun wollen.

»Martin hat mir erzählt, daß Sie sich für den Buddhismus interessieren, und ich sehe ein Buddha-Amulett an Ihrem Hals. Was versprechen Sie sich davon?«

Ich griff verlegen nach der hoffnungslos verwirrten Kette, die mir infolge meiner ungeschickten Bewegung ins Gesicht schlug.

»Nun...«, stammelte ich, »vorläufig habe ich mich ja noch nicht für den Buddhismus entschieden. Ich stelle mir zwar das Nirwana sehr schön vor, aber in Hollywood werde ich's schwerlich erreichen. Unter anderem finde ich das buddhistische Gebot ›Tu deinem Nächsten nichts zuleide‹ realistischer als das christliche, man solle ihn lieben wie sich selbst.«

Dorji ging darauf nicht weiter ein, sondern fragte nur:

»Sie reisen viel, nicht wahr?«

»Ja, so viel ich kann. Es ist schon weit mehr als ein Hobby. Ich glaube, ich filme nur noch, um meine Flugtickets bezahlen zu können.«

Die Musik ging in einen langsameren Takt über, aber ich hatte schon beinahe Wadenkrämpfe. Dorji ließ nicht locker.

»Können Sie alles, was Sie auf Ihren Reisen sehen, in ungeschminkter Realität gutheißen?«

»Jedenfalls akzeptiere ich es.«

»Könnten Sie ein hoffnungslos rückständiges Land mit all

seinen Unbequemlichkeiten bereisen und es trotz seiner Primitivität schön finden?«
Die Frage klang ängstlich und stolz zugleich. Dachte er, ich vergliche irgendeine primitive Gegend, welche es auch sei, mit dem Luxus eines Hilton-Hotels?
»Lenny«, erwiderte ich, »ich bin keine Massentouristin. Ich bin eine Entdeckungsreisende.«
Er führte mich an der Hand zu unserem Tisch zurück und bemerkte, als wir uns setzten: »Eine ungewöhnliche Frau. Ist sie wirklich und wahrhaftig Amerikanerin?«
Martin beugte sich vertraulich zu ihm. »Sie verbringt das halbe Jahr in Tokio. Ich glaube, Asien hat ganz schön bei ihr abgefärbt.«
Orientalen reden über Frauen, als wären sie nicht anwesend.
»Ich werde ihr eine Einreisegenehmigung besorgen«, versprach Lenny. »Die muß sie sich allerdings in Neu-Delhi bestätigen lassen. Die indische Regierung genehmigt so etwas nur höchst widerwillig. Aber ich kann über einen Verbindungsmann einen gelinden Druck ausüben. Ich selbst fliege morgen zu einer Besprechung mit meinem König in die Schweiz. Er ist schon vorige Woche abgereist, weil er sich nicht wohl fühlt und einen Arzt konsultieren will.«
Wir standen alle auf, und Lenny kündigte nach dem sehr ausgedehnten Abend an:
»Nun gibt es ein bhutanesisches Frühstück in unserem Appartement, und außerdem muß ich Sie mit Bhalla bekannt machen.«
Das Standquartier des bhutanesischen Premierministers in Kalkutta strotzte von Dienerschaft. Allenthalben rafften sich in schwere Gewänder gekleidete Gestalten von ihren Schlafstellen im Korridor auf, um sich vor dem jungen Herrn hinzuwerfen. Dieser begab sich unverzüglich an seine Jazzplattensammlung, forderte uns, seine Gäste, mit einer Handbewegung zum Sitzen auf und verlangte Betelnuß. Die Diener verbeugten sich und entfernten sich im Krebsgang, um ihrem Herrn ja nicht den Rücken zu kehren.
Dorji hatte während unseres Zusammenseins schon mindestens zehn dieser anregenden *pans* konsumiert: Betelnuß, die mit einer kalkigen Paste in ein dickes, bitteres Blatt eingerollt wird. Es heißt, der Effekt entspreche mehreren Whiskys. Ich konnte verstehen, warum dieses Rauschmittel so allgemein beliebt war.

Auf einer langen Tafel wurden Berge von dampfendem Curryreis und Schalen mit grellroten Chilischoten verteilt.
Glenda zog sich zurück, um ihre Babys zu versorgen. Wir anderen saßen auf allzu prall gepolsterten modernen Möbeln im Wohnzimmer. Die Wände waren mit handgemalten Porträts der bhutanesischen Königsfamilie geschmückt.
Plötzlich öffnete sich die Tür, und ein mickriger, O-beiniger, dunkelhäutiger junger Inder steuerte unsicher auf den Premierminister zu. Seine Kleidung bestand aus einem zerknautschten alten Zweireiher mit einem Golfhemd darunter. Die Spitzen seiner Schuhe waren abgestoßen, und die marineblauen Socken schlotterten ihm um die Knöchel. Die Zigarette, die zwischen seinen dunkelroten Lippen hing, vervollständigte das Bild eines sehr gehetzten Vertreters auf der Durchreise.
»Nehmen Sie Platz, Bhalla«, sagte Dorji. »Dies ist Mrs. Parker, die Sie nach Bhutan begleiten werden.«
Wir tauschten einen Händedruck, und Bhalla setzte sich auf einen der Polstersessel. Das heißt, er schwebte nur an der Kante, ohne die Beine übereinanderzuschlagen oder es sich sonstwie bequem zu machen. Er schien dauernd auf dem Sprunge zu sein, um weitere Befehle seines Vorgesetzten entgegenzunehmen.
In den nächsten Wochen lernte ich Bhalla, ungeachtet seines schlampigen Äußeren, als vornehmen und tiefgründigen jungen Mann schätzen. Sein Wesen war von absonderlichem Humor durchtränkt. Er war zwar in Kalkutta geboren, aber seine Liebe gehörte Bhutan, wo der Mensch, wie er es ausdrückte, noch Mensch war. Er liebte seine ungezähmten Naturgewalten. »Die Berge geben ihr Geheimnis nicht so leicht preis«, sagte er, und es klang, als spräche er von seinen Brüdern. »Aber in ihrer Nähe fühle ich mich unsterblich — als ob ich schon seit Urbeginn da wäre.« Seine poetische Ausdrucksweise ließ mich vermuten, daß er sein Englisch von Rudyard Kipling gelernt hatte. »Ich lebe dort irgendwie zwischen Phantasie und Wirklichkeit, und das gibt mir Hoffnung.«
In den Straßen Kalkuttas hatte er keinerlei Hoffnung gehabt und war von der Sinnlosigkeit seines Daseins überzeugt gewesen. Der Mittelpunkt seiner Existenz war ein blakendes Kuhmistfeuer. »Sie geben doch zu, daß ich beneidenswert weiße Zähne habe?« fragte er mit Selbstironie. »Meine Zahnpasta war Mistasche.«

Aber dieser stolze indische Straßenjunge hatte es — als einer unter Millionen — gewagt, seinem Schicksal zu trotzen, es mit der Konkurrenz aufzunehmen und so dem Elend der Massen zu entgehen, die nur infolge ihrer Hungereuphorien das Leben ertrugen, ohne allzusehr zu leiden. »Die Natur erfindet offenbar ihre eigenen Betäubungsmittel«, meinte Bhalla. »Zum Beispiel den Schlaf. Ich habe nie soviel geschlafen wie in meiner Hungerzeit.« Dennoch hatte er sich zum Denken gezwungen, ruckartig den Schlaf der Apathie abgeschüttelt und die Tröstungen der Religion von sich gewiesen. »Selig sind die Sanftmütigen, denn sie werden das Himmelreich erwerben ...« »Büßet die Sünden der Menschheit ab, auf daß ihr im nächsten Leben ...« Bhalla hatte sich nicht mehr daran gekehrt, was »geschrieben stand«, sondern sein Heil in eigener Gedankenarbeit gesucht und gefunden. Es war, als hätte sein Verstand ihn auf die Füße gezerrt und ihm befohlen »Steh auf und wandle« — und zwar hinaus aus dem schmutzigen Elend, das sein einziges Erbteil war.
Dieser Schritt war nur der erste von vielen, die man sich ertasten muß, sobald man anfängt, selbständig zu denken. Bhalla hatte seit seiner Emanzipation noch vor manch anderer Entscheidung gestanden. Neutralität war nichts mehr für ihn. Der Sache, die er wählte, gehörte er ganz. Und er hatte sich mit leidenschaftlicher Treue Bhutan verschrieben.

»Mrs. Parker wird morgen nach Neu-Delhi fliegen, um sich die indische Bestätigung ihrer Reiseerlaubnis nach Bhutan zu holen«, sagte Dorji zu Bhalla. »Tags darauf kehrt sie nach Kalkutta zurück und bereitet den Aufbruch ins Hochland vor. Besorgen Sie ein Regierungsflugzeug von Baghdora nach Hasimara und einen Jeep, der bei der Landung bereitsteht. Achten Sie darauf, daß sie warme Kleidung mitnimmt und Armeestiefel bekommt.« Augenzwinkernd fügte er hinzu: »Sie schwärmt für Schokolade. Martin kennt den besten Konditor von Kalkutta. Bestellen Sie dort eine Schokoladentorte in Herzform — auch als Gruß an Mary MacDonald. Die läßt sich nicht zweimal bitten, das Herz mit Mrs. Parker zu teilen.«
Bhalla nickte und stand von dem Sessel auf, in dessen Übermaßen er wie ein Zwerg gewirkt hatte. Dorji verabschiedete ihn mit einem langen und tiefen Blick in die Augen. »Ich brauche wohl nicht extra zur Vorsicht zu mahnen.«

Einen Tag später schwirrte die Bürokratie Neu-Delhis von dem unglaublichen Gerücht, daß ich die Einreisegenehmigung nach Bhutan bekommen hätte.
»Ihre Einladung scheint ja in Ordnung zu sein«, sagte Mr. Raskothra, der leitende indische Verbindungsbeamte für bhutanesische Angelegenheiten. »Da Dorji selbst unterschrieben hat, bleibt mir nichts übrig, als ebenfalls zu unterschreiben; aber ich wäre Ihnen dankbar, wenn Sie es nicht an die große Glocke hängen würden. Es gibt hier zu viele, die seit Jahren in Indien wohnen und denen ich die gleiche Erlaubnis aus guten Gründen verweigern mußte.«
Ich hielt auch brav den Mund. Aber, wie es in Indien so ist: mein Reisevorhaben stand schon in jeder Zeitung, als ich Neu-Delhi verließ.
Die kochendheißen Bazars von Kalkutta schienen nicht gerade der geeignetste Ort, Wollsocken, Sweater, lange Unterwäsche und dicke Schals einzukaufen. Die Schneegipfel des Himalaja waren von hier so weit entfernt wie der Mond. Braune Straßenkinder verfolgten mich auf meiner Einkaufstour und verbreiteten die Kunde, die Memsahib mit den blauen Augen habe viel Geld. Ich konnte dem Gebettel kaum widerstehen, aber ich mußte es; ich hatte meine Erfahrungen hinter mir und wußte, welche Kettenreaktion unbedachtes Almosengeben auszulösen pflegt. Wie erwartungsvoll ihre Augen brannten, wenn ich eine der kleinen Gemischtwarenhandlungen betrat! »Raus mit euch!« schimpfte der Ladenbesitzer, und zu mir fügte er scherzend hinzu: »Lästig, lästig, nicht?«, während ich in seinen Augen tiefe Mißbilligung meiner Person las. Von den Konservendosen und Kleenexpackungen, die ich seinen Regalen entnahm, wirbelte jahrealter Staub auf. Seine indischen Kunden konnten sich solche Kostbarkeiten nicht leisten, und »anständige« Ausländer aßen in vornehmen Restaurants.
»Wie wär's mit ein paar Bonbons?« fragte Martin, der mich bei einigen Gängen begleitete, und kramte zwischen verhärteten Candy-Riegeln und Pfefferminzrollen. Ich konnte sie nicht kaufen, aus oben erwähnten Gründen.
Von warmer Frauenkleidung hatten die meisten Händler noch nie etwas gehört. Sie wußten allenfalls von westlichen Barbaren, die zur Treibjagd nach Bengalen reisten und gegen die Nachtkälte des Dschungels allerhand warmes Zeug brauchten. Am liebsten hätte ich alles, was da war, aufge-

kauft, um dem Ladenbesitzer einen unverhofften Profit und dem Tiger ein längeres Leben zu sichern.
Als ich Dorji noch einmal aufsuchte, um ihm für seine Vermittlung zu danken, traf ich ihn beim Kofferpacken für die Schweiz und anscheinend ziemlich aufgeregt. Er flüsterte unaufhörlich in seiner Heimatsprache mit seinen Adjutanten und Dienern. Ich wunderte mich.
»Gehen Sie in Frieden und mit aufgeschlossener Seele«, lautete Dorjis Abschiedswort an mich, als er uns überstürzt allein ließ. »Lernen Sie mein Land kennen — und viel Vergnügen!«
Bergmäßig ausgerüstet fuhren Bhalla und ich zum Dum-Dum Flugplatz. Martin und Bhulu standen schon zum Winken bereit. Wir wußten alle, daß wir mindestens einen Monat lang keinen Kontakt mehr miteinander haben würden und es überhaupt keine Verbindung zur Außenwelt mehr gab. Steve hatte mir ein Kabel geschickt:

LERNE WEITER IN BHUTAN STOP
ABER FALL NICHT VOM BERG

Martin zwinkerte, wünschte mir die erstrebte »höhere Erleuchtung« und auch sonst alles Gute für mein Reiseabenteuer und berührte segnend die kleine, aus Gold und Elfenbein bestehende Buddha-Hand, die ich als Amulett um den Hals trug.
Der Lautsprecher krächzte Ankündigungen für die Flüge nach Kairo, Bangkok, Tahiti, Nairobi und New York, und es war mir eine gewisse Beruhigung, daß auch diese Orte noch nicht aus der Welt lagen.
Plötzlich erinnerte ich mich an einen Frühlingsmorgen in Virginia. Ich war auf dem Schulweg. Die warme Sonne ließ mich wie einen Gummiball auf dem Wasser hüpfen. Ich schlug mit den Armen wie mit Flügeln. Den Kopf in den Nacken geworfen, achtete ich nicht auf den Weg — ich war noch zu klein, um dauernd ans Notwendige zu denken. Und da erblickte ich den Schmetterling, der auf dem grünen Zweig eines kräftigen, erdgebundenen Baumes saß. Seine bunten Schwingen klappten für einen Moment zusammen. Der Schmetterling schien nur durch die Fühler alles, was um ihn war, in sich aufzunehmen: die Sonne, den leichten Frühlingswind, den schönen Tag. Aber plötzlich schwang er sich ab und flog genau auf mich zu. Ich, mit der Märchenphantasie meiner

sechs Jahre, machte mich ganz klein, um ihm auf den Rücken zu springen und mit dem herrlichen Geschöpf, das einst eine Raupe gewesen war, ins Weite zu fliegen. Ich haftete nicht mehr am Boden. Ich war frei.

Bhalla, der den herzförmigen Schokoladenkuchen treu bewachte, saß neben mir. Unsere erste Zwischenlandung war Baghdora, ein kleiner Flugplatz im Bezirk Darjeeling.
Mein Herz tat plötzlich einen Sprung. Fern am Horizont ragten die Himalajagipfel: der Makalu, der Kachenjunga und der Fürst aller Berge, Mount Everest. Und dahinter wußte ich China, die Wüste Gobi, den ungeheuren Strom Jangtse, die Millionen Menschen, die die soziale Ordnung der Welt ändern konnten. Wann würde ich wohl auch dahin kommen? Ich zückte meine Minox. »Entschuldigen Sie«, sagte die hübsche Sari-Stewardess, »aber Photographieren ist an Bord und auf den Flughäfen leider streng verboten.«
»Und das gilt für ganz Indien«, fügte Bhalla hinzu. »Die Chinesen haben uns übertriebenes Mißtrauen eingejagt. Schade.«
Ich lehnte mich ergeben zurück. Meine ersten Eindrücke vom Himalaja durfte ich also nur mit dem inneren Auge festhalten. In diesem Moment beschloß ich, fortan Tagebuch zu führen. Sonst würde ich später nie mehr zusammenkriegen, was ich im Lande der Mystiker erlebte.
Die Maschine setzte geräuschvoll in Baghdora auf, von wo sie in einer Stunde nach Kalkutta zurückflog. Bhalla und ich wurden in einen kleinen hölzernen Warteraum gewiesen, wo uns der Pilot der Privatmaschine, die uns über Telepara nach Hasimara bringen sollte, begrüßte. Er erzählte uns, das Flugzeug nach Kalkutta habe heute königliche Passagiere.
Ich beobachtete durchs Fenster, wie eine sehr elegante Mongolenfamilie in die eben von uns verlassene DC-3 einstieg: eine Dame, zwei Begleiter, und drei Kinder.
»Das ist die Königin mit dem Prinzen und den Prinzessinnen«, erläuterte Bhalla in völlig normalem Ton.
»Warum fliegen sie denn alle auf einmal nach Indien?« wollte ich wissen.
»Keine Ahnung«, sagte Bhalla achselzuckend.
Ich erfuhr erst später, warum die gesamte königliche Familie und auch der Premierminister Dorji es vorgezogen hatten, Bhutan auf unbestimmte Zeit zu verlassen.

Unser kleines, einmotoriges Flugzeug klomm mühsam über die herrlichen Täler und üppigen Teeplantagen zwischen Darjeeling und Telepara. Das Donnern des Propellers schien die Ruhe von Jahrhunderten zu stören, als wir abermals landeten.
Drei Männer kamen uns aus einer Grashütte entgegen. »Freunde von mir«, erklärte Bhalla. »Sie haben gehört, daß wir vorbeikommen, und sie möchten sich gern mit Ihnen zusammen knipsen lassen.«
Ich war baff. Hollywood schien mir so unendlich fern — aber unsere Filme erreichten Zonen, von denen wir Darsteller uns nichts träumen ließen. Diese Erfahrung setzte mich immer wieder in Erstaunen. Und wenn ich die Leute dann fragte, welcher Film ihnen am besten gefallen habe, sprachen sie nur von den Figuren, nie von der Story. Sie interessierten sich, wie ich, nur für das Menschliche. Sie versuchten sich in das Wesen der Ausländer einzufühlen, zumal sie ja selbst mit ihren eigenen Lebensumständen nicht recht fertig wurden. Lachen und Weinen aber war überall das gleiche. Wenn Hollywood zufällig mal die richtige Saite anschlug, hallte sie rund um den Globus wider.

Die kleine Cessna hatte nur zwei Sitzplätze. Ich setzte mich deshalb vorn neben den Piloten. Bhalla saß auf dem Gepäck und hütete weiterhin den Schokoladenkuchen. Die drei einsamen, kontakt- und filmsüchtigen Gestalten unter uns winkten, bis wir außer Sicht waren.
Unvermittelt brachen andere Flugzeuge über uns durch die Wolken. Deutsche, französische, indische Düsenmaschinen donnerten über den Frieden der Bergwelt. Fünfzehn Minuten später kreisten wir über Hasimara, dem grenznächsten Militärflugplatz.
»Schnappschüsse endgültig verboten«, sagte Bhalla, und ich verstand ihn sehr gut.
Wir landeten auf einer grasigen Ebene außerhalb des eigentlichen Flugplatzes: ein frecher Spatz zwischen Raubvögeln. Nach dem Aussteigen blickte Bhalla bedenklich um sich. Der angeforderte Jeep war weit und breit nicht zu sehen. Ich stand in meiner Hochgebirgsausrüstung in der glühenden Sonne. Heiße Staubwolken wirbelten über den ausgedörrten Flugplatz.
Bhalla reichte mir eine Thermosflasche mit lauem Wasser.

»Sie werden es brauchen«, sagte er. »Ich gehe jetzt zu Fuß los und suche den Jeep. Das Flugzeug muß nach Baghdora zurück. Passen Sie bitte solange auf das Gepäck auf. Ich werde mich nach Möglichkeit beeilen.« Damit schlenderte er mit krummem Rücken durch das hohe Gras davon.
Ich verabschiedete mich dankend von dem Piloten und sah das kleine Flugzeug alsbald zwischen den Bergen verschwinden. Dann saß ich allein auf dem Gepäck. Meine Gedanken rasten, und mein Herz klopfte hörbar. Dies Gefühl hatte mich von jeher entzückt. Ich mochte es nicht, wenn der nächste Tag oder auch nur die nächste Minute allzu genau festgelegt waren. Dieser Art von Sicherheit hatte ich nie etwas abgewinnen können. Wahrscheinlich war das eine Trotzreaktion auf meine bürgerliche Herkunft.
Man hatte mich vor Bhutan gewarnt. »Dort passieren seltsame Dinge. Lassen Sie's lieber. Diese Mystiker werden Sie total verwirren und Sie Ihrer Seele berauben. Ihre Welt ist von unserer zu verschieden, als daß wir sie je verstehen könnten. Wenn Sie zurückkommen — vorausgesetzt, *daß* Sie zurückkommen —, werden Sie nicht mehr dieselbe sein wie vorher.«
Aber als ich da mutterseelenallein auf meinem Koffer saß, inmitten wehenden Grases, und nur von fern unverständliche Laute vom Flugplatz hörte, empfand ich nichts als unbändige Neugierde auf das Unbekannte.

15

Endlich knatterte ein Jeep auf mich zu. Bhalla saß neben dem dürren, jungen bhutanesischen Fahrer. Sie wirkten beide etwas mitgenommen.
»Wir sind versehentlich auf der falschen Bergseite gelandet«, erklärte Bhalla. »Darf ich vorstellen: Larry Llamo, einer von Lennys Assistenten.«
Der Händedruck des jungen Mannes war kurz und fest. »Wir werden im Rasthaus von Phuncholing zum Essen erwartet«, sagte er. »Höchste Zeit, daß wir hinkommen.«
Die Bambusgrenze, über die wir ins Königreich Bhutan überwechselten, war nur fünfzig Meter weit entfernt. Aber die

Atmosphäre änderte sich sofort. Vier argwöhnische Grenzwächter blätterten endlos in unseren Papieren, während zwei Zollbeamte unser Gepäck durchstöberten. Der herzförmige Schokoladenkuchen erregte offenbar besonderes Mißtrauen. Ihre Maschinenpistolen kontrastierten seltsam mit den farbigen Gewändern über den breiten Brustkästen, die dem Leben in dünner Höhenluft angepaßt waren.
Bhalla, Larry und ich warteten ruhig im Jeep, bis sie fertig waren. Üppige Palmwedel wiegten sich vor dem Hintergrund schneegekrönter Berge. Beiderseits der Straße waren sumpfige, nach Jauche riechende Reisfelder und erinnerten uns daran, daß wir immer noch in Asien waren. Man glaubte es kaum, denn jenseits der Grenze änderten sich Landschaft, Gebräuche und Denkweise übergangslos. Indien, das kaum eine Meile hinter uns lag, rückte in Minuten weltweit ab.
Die Grenzstadt Phuncholing war nach normalen Begriffen kaum ein Dorf zu nennen; sie bestand hauptsächlich aus lokker zusammengewürfelten Hütten. In Bhutan gibt es keine Größenordnungen der Siedlungen, wie wir sie kennen. Die 850 000 Einwohner leben weit getrennt voneinander. Auch die zweitausend von Phuncholing sind über ein weites Gebiet verstreut.
Das Rasthaus, ein in Fertigbauweise errichteter weißer Kasten, stand nun freilich in schreiendem Gegensatz zu der vorsintflutlichen Umgebung. Es war von einem mit Spitzen bewehrten Eisenzaun umgeben. Blumenrabatten wucherten um die Veranda, auf der sich ein verlassener Schaukelstuhl in der leichten Brise wiegte. Hätten noch ein paar Männer auf den Stufen Würfel gespielt, so wäre die Szene komplett amerikanisch gewesen. Dorji hatte sie auf seiner Anhaltertour durch die USA gewiß oft angetroffen. Für mich sah es aus wie eine Straße im San Fernando Valley.
»Sie sind von dem westlichen Einfluß angenehm berührt, nicht wahr?« fragte Bhalla stolz. Er selbst war nie über Indien hinausgekommen, hatte aber viele Filme und Illustrierte gesehen. »Und wir haben sogar Bier, wie in den Londoner Pubs, warm und köstlich. Dazu schmeckt unser Stew besonders gut.«
Er hatte recht. Mir war es ein Rätsel, wieso das dicke bhutanesische Nationalgericht ein Gemengsel von Kartoffeln, Yakfleisch, Rüben und scharfen Pfefferschoten in der Hitze der Täler so appetitanregend sein konnte ... Aber schließlich

aß man ja auch in Indien bei 50° im Schatten brennendscharfe Currygerichte.

Der Eintopf lag uns schwer, aber kraftspendend im Magen, als es Zeit zur Weiterfahrt wurde. Ich schnappte nur wenig von Bhallas und Larrys Neuigkeitenaustausch auf. »Dorji ist auch abgeflogen.« »Konflikte auf höchster Ebene.« »Die Residenz in Paro ist geschlossen.« »Die Königin und die Kinder sind nach Kalkutta abberufen worden.« Aber, und das war für uns das wichtigste: »Die Straße Phuncholing—Paro ist noch sicher zu bereisen.«

Besagte Straße wand sich über 105 Meilen in die Berge hinauf. Vor ihrem Bau hatten die Bhutanesen kaum Verbindungsmöglichkeiten gehabt; jetzt war sie eine Lebensader. Sie legte ein beredtes Zeugnis von Erfindergeist und körperlichem Durchhaltevermögen ab.

Sie war 1962, unmittelbar nach der chinesischen Invasion in Tibet, begonnen und drei Jahre lang in die Felsen gesprengt und gegraben worden. Über tausend Menschenleben waren dem Bau zum Opfer gefallen. Erdrutsche, die von den Sprengungen verursacht wurden, hatten Jeeps, Bulldozer, Kipploren und sonstige Fahrzeuge mit sich in die Tiefe gerissen. Und jede Regenzeit machte einen Teil des Geschaffenen wieder zunichte — die Straße verwandelte sich in einen unpassierbaren Sumpf. Während des letzten Monsuns war ein Baufachmann zwei Wochen lang in seinem Jeep von Erdmassen eingekeilt gewesen, ehe man ihn retten konnte.

Unser Jeep mühte sich aufwärts. Die Straße wimmelte auch jetzt noch von Arbeitern. Männer, Frauen (viele mit Säuglingen in einem Tragetuch auf dem Rücken) und Kinder zerklopften Felsblöcke zu Schotter, der die lehmige Fahrspur bis zum nächsten Monsun befestigen sollte. Den meisten Erwachsenen hing dabei die unvermeidliche Zigarette zwischen den bläulichen Lippen.

Es waren größtenteils nepalesische Gastarbeiter, die von der bhutanesischen Regierung ins Land geholt waren. Sie verdienten pro Tag etwa drei Rupien (fünfzehn Cents) und mußten davon auch noch ihre jämmerliche Kost und Unterkunft bezahlen. Wenn sie nach anderthalb Jahren Schwerarbeit nach Nepal zurückkehrten, hatten sie bestenfalls 50 Dollar erspart. Aber als Bergbewohner waren sie an die Schufterei in dünner Höhenluft gewöhnt, und ihre Beziehungen zu Bhutan waren von jeher freundlich.

Als ich aus dem Jeep kletterte, hielten alle Arbeiter inne. Meine blasse Haut und meine runden blauen Augen faszinierten sie. Sie glotzten mich an und qualmten und sahen zu, wie ich es bewerkstelligte, mich an den Felsbrocken zu halten. Ich fühlte mich wie beschwipst und atmete in hastigen Stößen. Wie brachten die Leute es nur fertig, in so dünner Atmosphäre auch noch zu rauchen?
Ich sah auf. Über mir ragten gigantische Bergwände in den Himmel. Meine Füße standen in leichten Nebelschwaden. Nicht lange mehr, und ich würde in den Wolken sein!
Dann fuhren wir weiter. Es war November. Schon um vier Uhr nachmittags leuchtete der Himmel in Sonnenuntergangsfarben, die einem Haschischtraum glichen. Wer im Tiefland lebt, kann sich keine Vorstellung davon machen.

Nach fünf Stunden erreichten wir ein einziges Dorf und verbrachten die Nacht in einem weiteren Fertigbau-Rasthaus. Es gab wieder bhutanesischen Eintopf mit Chilischoten und ein Kaminfeuer. Beides war nach dem drastischen Temperatursturz hochwillkommen.
Das Gepäck, das wir hinten im Jeep aufgestapelt hatten, war von Staub bedeckt — auch der (glücklicherweise in Zellophan eingewickelte) Schokoladenkuchen. Ich hatte großen Appetit darauf, bezwang mich aber, weil ich ihn für die sagenhafte »Mary« aufbewahren wollte. Außerdem schlief ich sehr bald ein. Meine Hinterfront war von dem langen Gerüttel wie gelähmt. Und bis Paro hatten wir noch zwei Tage Fahrt vor uns.
Es dämmerte früh. Die Berge gähnten sich durch purpurne und aprikosenfarbe Schleier. Lange buddhistische Gebetswimpel flatterten im Morgenwind. Kinder quäkten, und Rauchsäulen stiegen in den kalten Himmel. Und dann, nach einem aus Reis und Chilis bestehenden Frühstück (der Schokoladenkuchen blieb unangetastet), hatte uns die Straße wieder. Die Straße, die Straße. Sie schien hier alles menschliche Leben zu bestimmen.
Unser nächstes Ziel war Chasilakha, das indisch geleitete Hauptquartier für den Straßenbau.
Je weiter wir hinaufkamen, desto gefährlicher wurde es. Manchmal verengte sich der Weg so, daß unser Jeep nur mit knapper Not durchfahren konnte. Barfüßige Bergbewohner sprangen sicher wie Gemsen von Fels zu Fels, ohne an die

tödlichen Abgründe zu denken. Larry saß am Steuer, Bhalla nickte dösend in der Mitte, und ich saß als Nervenbündel rechts außen und versuchte zu lesen. Nur das Rattern unseres Jeeps störte die Bergstille.

Aber plötzlich donnerte vor uns eine Erd- und Steinlawine zu Tal, Äste krachten, und menschliche Schreie mischten sich in den Lärm. Wir bogen gerade um eine Kurve, und Larry trat eben noch rechtzeitig auf die Bremse. Bhalla fuhr kerzengerade in die Höhe, und ich war einer Ohnmacht nahe. Dicht vor uns hatte sich ein fünf Meter breiter Abgrund aufgetan. Ein Teil des Gebirges war abgerutscht und hatte die Straße mit in die Tiefe gerissen.

Ich schluckte krampfhaft. Angstschweiß rann mir in den Nacken. Wer hätte es je erfahren, wenn wir da hineingestürzt wären?

Minutenlang konnte ich mich nicht rühren. Ich starrte in die Schlucht. Ein abgestürzter gelber Bulldozer hatte eine Staubwolke aufgewirbelt. Larry und Bhalla sprangen aus dem Jeep. Draußen standen schreckerstarrte Arbeiter. Einer war verletzt.

Es war unmöglich, den Fahrer des Bulldozers zu retten oder auch nur festzustellen, ob er noch lebte. Dies war sowieso unwahrscheinlich. Nun, es war wenigstens schnell gegangen.

Die Arbeiter nahmen mit unbewegten Mienen ihr Steineklopfen wieder auf. Nur in dem Ausdruck, mit dem sie die Reste des Berges betrachteten, lag eine Mischung von Feindseligkeit und Ehrfurcht.

Unser Jeep saß auf der engen Straße fest. Wenden war unmöglich.

»Hier gibt's nichts als umsteigen«, sagte Bhalla, der an Kummer dieser Art gewöhnt war. Entweder konnte er sich gar nicht aufregen, oder er zeigte es nicht.

Er schrie jemandem auf der anderen Seite des Abgrunds den Befehl zu, nach Chasilakha zu gehen und irgendein Fahrzeug für unseren Weitertransport herbeizuschaffen.

Ein paar Straßenarbeiter halfen uns, die schwere Ladung an dem Erdrutsch vorbei hinüberzubringen. Ich lud mir einen kleinen Koffer auf die Schulter und ging los. Meine Muskeln spannten sich vor Anstrengung, und mein Herz hämmerte. Ein Sherpa hackte uns mit dem Buschmesser einen schmalen Fußpfad durch das dichte Berggestrüpp. Es ging steil aufwärts. Ich nahm mir ein Beispiel an dem Sherpa und seinen

Helfern, die barfuß von Fels zu Fels sprangen, aber dabei immer die Regel befolgten: Stets aufwärts blicken, niemals abwärts.

Durch meine Tennisschuhe spürte ich die kantigen Steine, doch mein Hauptproblem hieß: im Gleichgewicht bleiben. Ich konnte mich nirgends festhalten, ohne den Koffer loszulassen, und balancierte ihn deshalb in weit vornüber gebückter Haltung. In meinem dicken gelben Sweater wurde mir bei der Anstrengung erstickend heiß. Und ich wagte keinen Blick hinunter, sonst hätte ich bestimmt den letzten Rest von Mut verloren.

Zweige kratzten uns an Schultern und Wangen; wir hatten unsere liebe Not, mit den erhobenen Armen wenigstens die Augen zu schützen. Die Nesseln und Dornen am Boden stachen durch die Kleidung und juckten fürchterlich. Dabei hatten wir noch Glück, denn zu jeder anderen Jahreszeit wären die Blätter voller Blutegel gewesen, die Menschen und Tiere gleichermaßen plagen. Die einzige Art, die widerlichen schwarzen Sauger wieder loszuwerden, ist abschneiden — mitsamt der Hautstelle, an der sie sitzen. Aber in der Novemberkälte waren Gott sei Dank keine da.

Wir stiegen und stiegen. In Bhutan scheint man nie irgendeinen Gipfel zu erreichen. Ich wollte unbedingt Erinnerungsphotos von unserem Treck haben, stellte den Koffer an einer relativ geraden Stelle ab, gab meine Minox einem der Arbeiter (der noch nie im Leben eine Kamera gesehen hatte) und rannte nach vorn, um mit aufs Bild zu kommen. Als ich »Los!« rief, drückte er anweisungsgemäß auf den Zauberknopf und war sichtlich enttäuscht, daß gar nichts weiter passierte, keine Explosion, kein Donner, keine Zaubererscheinung — nichts. Er händigte mir die Kamera mit einem Gesichtsausdruck wieder ein, als wollte er sagen: Und deswegen macht die so einen Wirbel!

Wir brauchten drei Stunden, um den Bergrutsch zu umklettern und auf die andere Straßenseite zu kommen. Meine Lungen und meine Beine hielten durch, aber meine Haut brannte von den Nesseln, und meine Schultern zerbrachen beinahe unter der schweren Kofferlast. Es war die erste Anpassungslektion, die mir das Wunderland Bhutan erteilte. Ich wollte ja unverdorbene und unverfälschte Natur haben! Und nun bekam ich schon einen leisen Begriff davon, was es heißt, im Himalaja unterwegs zu sein. Man braucht dazu Selbst- und

Gottvertrauen, denn man ist der Natur auf Gnade und Ungnade ausgeliefert. Jeden Tag kommen Pilger, selbst Einheimische mit genauen Ortskenntnissen, durch Bergrutsche auf ausgetretenen Pfaden ums Leben. Der Todessturz in den Abgrund ist ein Risiko, mit dem jeder zu rechnen hat. Ich mußte plötzlich an die juwelenglitzernden Hollywood-Parties denken und hellauf lachen. Bhalla sah mich an und zwinkerte mir verständnisinnig zu.
Der Lastwagen erwartete uns auf der anderen Seite. Es war ein gerade noch funktionierender Rumpelkasten, aber besser als nichts. Wir sackten mit wehen Knochen im Rücksitz zusammen und ruhten uns aus, während die Karre nach Chasilakha, zwei Stunden weiter, holperte.

Chasilakha ist ein geschäftiges Bauzentrum, das erste, das ich in Bhutan sah. Etwa hundert Arbeiter schippten und verluden Lehm, mischten Zement und sägten Balken — alle mit der unvermeidlichen Zigarette zwischen den Lippen. Ein indischer Aufseher leitete das Ganze.
Neben einem Lehmhaufen, den Rücken zur Straße, saßen zwei der ungewöhnlichsten Frauen, die ich je gesehen habe. Sie waren groß und stämmig und kämmten mit ausladenden, gefallsüchtigen Bewegungen ihr langes, üppiges schwarzes Haar. Ich hielt sie für Inderinnen und fragte mich im stillen, ob sie hier angestellt seien, um die Chasilakha-Männer bei guter Laune zu halten. Aber, wie seltsam: die bhutanesischen und nepalesischen Arbeiter traten zwar gelegentlich heran, schienen den Damen aber nur von den Fortschritten der Arbeit zu berichten und ehrerbietig ihre Antwort abzuwarten. Ich war fasziniert.
Schließlich war das Kämmen erledigt; die Damen rollten ihre glänzende Haarpracht zu Scheitelkronen auf, erhoben sich, zogen Turbane aus ihren Taschen und banden sie sich um. Das Rätsel war gelöst: es waren gar keine Frauen, sondern Sikhs aus dem Pandschab. Ich hatte diese hochgewachsenen, stolzen Männer schon oft gesehen, aber nie ohne Turban!
Die leitenden Angestellten des Straßenbaus waren alle noch jung; dreißig schien das Höchstalter zu sein. Einige waren schon seit zwei Jahren dabei und hatten ihre Gipfelregion während der ganzen Zeit kein einziges Mal verlassen. Sie wohnten in hölzernen Schlafbaracken, die reichlich mit amerikanischen Filmzeitschriften, Rum, Bier, Scotch, Bourbon

und Brandy ausgestattet waren — und mit amerikanischen Jazzplatten, die sie mit Batteriebetrieb abspielten. Jazz und Zeitschriften sorgten fürs Gemüt, die Getränke für innere Wärme.
Larry, Bhalla und ich setzten uns wieder einmal zum bhutanesischen Stew, diesmal in einem Zelt, das als »Messe« diente. Ein Kartentisch war mit Flaschen besetzt, die alsbald strömten wie der Ganges. Die Arbeiter — Tibeter, Inder, Nepalesen und Bhutanesen — fanden sich ebenfalls ein und starrten mich neugierig, aber schweigend an. Dann begannen sie zu essen. Bhalla beobachtete sie genau und war auf der Hut. Er wußte, daß das Auftauchen einer einzigen Frau in Gesellschaft zweier Männer sie stutzig machte. Einige grinsten wissend, andere kauten und glotzten nur; aber ein Sikh schien der Meinung zu sein, zwei Jahre Enthaltsamkeit seien genug. Er schlenderte an unseren Tisch, packte mich am Arm und schlug mir vor, die Nacht in seiner Baracke zu verbringen. Bhalla warf ihm einen warnenden Blick zu und sagte: »Dorjis Befehl lautet, daß wir von Chasilakha unverzüglich weiterfahren.« Der Name des Premierministers bewirkte, daß der Sikh meinen Arm losließ und alle die Gläser absetzten. »Wir werden euch mit Mrs. Parker zusammen knipsen, wenn ihr wollt, aber dann brechen wir auf.«
Die Sonne war untergegangen und die Temperatur unter Null gesunken. Draußen fiel ein Eisregen. Als wir abfuhren, kletterte der Sikh auf das nasse Trittbrett, klammerte sich an den Fensterrahmen und brüllte uns Beleidigungen zu. Bhalla stieß ihn wortlos in den Dreck. Der Turban des Sikh fiel herunter, und sein langes Haar wallte ihm bis zum Gürtel nieder.
Die feuchtkalte Luft ernüchterte Bhalla und Larry so weit, daß sie fahren konnten, aber die Straße war grauenerregend. Die Bergketten der Räder entließen bei jeder Umdrehung Ströme von Schlamm. Zwei Stunden lang strengten wir, jeder Nerv gespannt, unsere Augen an, um nicht von der glitschigen Straße abzuweichen. Zum Glück war es zu dunkel, um die gähnenden Abgründe zu sehen.
Eisige Windstöße heulten durch die Schluchten. Ich hoffte, daß wir in Paro irgendeine Heizmöglichkeit vorfinden würden. In den bisherigen Rasthäusern hatte ich keine gesehen.
Ein paar Meilen später kamen wir an den gigantischen Paro-Wasserfall, der den Fluß gleichen Namens speist. Welche

Schnee- und Gletschermassen mochten wohl diese eisigen Stürze hergeben! Ich war nach dem Rum, den wir in Chasilakha genossen hatten, furchtbar durstig, zog mir die Schuhe aus und watete an den Rand, um zu trinken. Das Wasser war eiskalt und wunderbar erfrischend. Bhalla und Larry begnügten sich mit Kaffee aus der Thermosflasche. Mein Wagestückchen wäre mir fast schlecht bekommen; ich rutschte auf dem Felsen aus, auf den ich den einen Fuß stützte, und die stürzenden Wassermassen hätten mich beinahe kopfüber mitgerissen. Schlotternd, spuckend und hustend kehrte ich zum Wagen zurück und schwor mir: Dies sollte das letzte Bad gewesen sein, das ich in Bhutan nahm!
Eine Dreiviertelstunde später waren wir in Paro. Wir hatten zweieinhalb Tage für eine Strecke von 150 Meilen gebraucht.

16

Das Hochtal von Paro gehört schon zu den entlegensten Zonen menschlicher Phantasie und hätte einen Hintergrund für den Film *Lost Horizon* abgeben können. Es ist ein geheiligter Zufluchtsort für verschüchterte Sterbliche, den der Himalaja wie schützende Arme umschließt. Angesichts seiner granitenen Mauern verstand ich, daß die übrige Welt es in Ruhe läßt, denn weiter dahinten und darüber gibt es nur noch winddurchheulte Schluchten, Gletscher und eisige Felsen, die niemand besiegt.
Wilde Blumen und Grasspitzen drangen durch die leichte Schneedecke. Gespenstisch wandernde Mondschatten jagten mir einen abergläubischen Schauder durchs Gebein. Die Sterne flimmerten so groß und nah, daß man glaubte, sie vom Himmel pflücken zu können.
Der königliche Palast war abgeschlossen, aber die Gästehäuser, etwa eine Meile entfernt, waren für uns reserviert. Überall an den nackten Holzwänden begrüßten uns Bilder der königlichen Familie. Jedes der einzeln stehenden Häuschen hatte eine Vorderveranda mit zwei Holzstufen, die ins Innere führten. Gegen das gewaltige Bergmassiv sahen sie aus wie Puppenhäuser. Ich bekam eines, Larry und Bhalla ein an-

deres. Die übrigen standen leer und dunkel im pfeifenden Wind.

Bhalla zeigte mir mein »Heim«, in dem ich nun für den Rest meines Aufenthaltes in Bhutan wohnen würde. Ein indisches Armeefeldbett mit Laken und dünner Khakidecke bildete die einzige Ausstattung des quadratischen Schlafzimmers. Daneben befand sich noch ein kleinerer Raum mit Zementboden, in welchem ein Topf mit Holzdeckel eingelassen war: die Toilette. An der Wand war ein weißes Waschbecken. Das eisige Wasser, das aus dem Hahn kam, wurde durch eine Röhre wieder ins Freie geleitet. Licht und Heizung gab es nicht. Die orangefarbene Tünche blätterte von den Wänden auf meine Khakidecke. Hölzerne Schiebeläden schützten die unverglasten Fenster nur unvollkommen. Der Bergwind blies durch die Ritzen über meine nassen Sachen. Bhalla knipste seine Taschenlampe aus und versicherte tröstend:

»Gegenüber ist der Aufenthaltsraum — mit Kamin. Am besten kommen Sie gleich mit, damit Sie trocknen können.«

Geduckte Sherpas verfolgten uns um die Ecken herum mit den Blicken. Ihre Gesichter und Arme waren von dem Ruß der Holzkohle, die sie in ihren Hütten brannten, bis zur Unkenntlichkeit bedeckt. Eine Fremde war angekommen, mit Koffern! Morgen würden sie einen Aufbewahrungsraum dafür finden müssen.

Die Tür des Gemeinschaftshauses stand halb offen. Ein prasselndes Feuer aus massiven Baumstämmen in einem riesigen Kamin gaukelte mir Sehtäuschungen vor. Wie konnte es sonst sein, daß mich ein japanisches Paar in echten Kimonos zeremoniell auf der Schwelle begrüßte?

»*Irashaimas*«, sagten sie. »Wir haben gehört, daß Sie kommen, und möchten Sie bei Ihrem ersten Besuch in Paro willkommen heißen.« Alles auf Japanisch.

Japan schlug über mir zusammen — die Sprachmelodie, das Blumenparfum der Frau, das bunte Brokatmuster der Kimonos, die uralten, noblen und rücksichtsvollen Höflichkeitsformeln.

Mr. und Mrs. Nishioka waren von der bhutanesischen Regierung angeworben worden, um sie bei Garten- und Ackerbauprogrammen zu beraten. Nishioka-san war schon ein Jahr lang in gleicher Funktion in Nepal tätig gewesen und hatte den Respekt, den alle Asiaten ohnehin vor den Japanern haben, weiter verbreitet.

Als wir zusammen vor dem Kaminfeuer saßen, machte Nishioka-san Papiertäubchen. Japanische Hände können nie müßig sein, sie schaffen aus allem möglichen Abfall Kunstwerke. Oksan sah ihm schweigend zu. Das Gespräch versickerte, und als ich genügend aufgewärmt war, sagte ich gute Nacht. Ich hatte einen langen Weg hinter mir und war todmüde.

In einer halben Minute zog ich mich bis auf mein langes Unterzeug aus und sprang in das tüncheberieselte Bett, um die mitgebrachte Kaminwärme möglichst lange zu bewahren. Aber das Schnellverfahren nützte nichts. Die Eiseskälte durchfuhr mich wie kalter Stahl. Wie sollte ich bloß die Nacht überstehen! Ich friere von jeher leicht, und eine solche Hundekälte hatte ich in Innenräumen noch nicht erlebt. Ich klapperte mit den Zähnen und krampfte den ganzen Körper zusammen. Ich *mußte* die Kälte irgendwie überwinden. Mehrere solcher Nächte konnte ich nicht aushalten.

»Ich friere nicht, ich friere nicht«, versuchte ich mir einzureden. Aber die Kälte hatte mich schon zu sehr beim Wickel; ich griff sie von der negativen Seite her an, statt schon die *Angst* vor ihr zu beherrschen. Jetzt mußte ich die inneren Kräfte mobil machen, von denen mein Yogalehrer in Kalkutta gesprochen hatte. »Konzentrieren Sie sich, aber ohne Verkrampfung«, hatte er mir immer wieder gesagt. »Es ist unwichtig, was Sie sind – Hauptsache, Sie *sind*.« »Entspannen Sie sich, wenn Sie Schmerzen haben oder sich auch nur im geringsten unbehaglich fühlen. Sie werden mit Ihrer Umgebung verschmelzen, deren Gesetzen gehorchen und mühelos in ihr aufgehen.«

Getreu diesem Rat, versuchte ich meine Muskeln zu lockern und das Zähneklappern zu unterdrücken.

Dann fiel mir der Orangeball ein.

»Ihr Geist hat ein Zentrum«, hatte mich der Yogi gelehrt. »Aus dieser Quelle entspringt jeder Ihrer Gedanken, um sie kreist Ihr Weltall. Finden Sie diesen Mittelpunkt. Konzentrieren Sie sich. Sie werden ihn finden und entspannt sein. Das ist der Sinn aller Meditation. Lassen Sie sich durch nichts ablenken, weder bewußt noch unbewußt, weder von Angst noch Kummer, Schmerz oder Kälte. Sehen Sie unbeirrt in Ihr Inneres. Sie werden es allmählich auftauchen sehen wie eine kleine Sonne, einen orangefarbenen Ball. Eine Sonne ist das Zentrum jedes Sternsystems und die Lebensgrundlage aller

Planeten, die um sie kreisen. Und jeder Mensch ist sein eigenes Sonnensystem.«
Ich schloß die Augen und forschte nach der Mitte meines Wesens. Wenn ich diese kleine Sonne nur finden könnte! Ich will mich auf das Bild der echten Sonne konzentrieren, dachte ich, der Sonne, die ich kenne, und wenn mir das gelingt, wird mir schon warm werden.
Das Zimmer entglitt. Meine verkrampften Muskeln lockerten sich. Allmählich entstand vor meinen Lidern ein winziger, orangefarbener Kreis. Er wurde größer und größer, er wurde zum leuchtenden Ball, von dem Wärme und Licht ausgingen. Die Wärme durchdrang erst meine Schultern und Arme und sammelte sich schließlich in der Magengrube. Ich begann zu schwitzen. Das Licht wurde so überwältigend, daß ich im Bett hochfuhr und die Augen aufriß — ich war überzeugt, daß jemand mich mit einem Scheinwerfer anleuchtete. Verblüfft und in Schweiß gebadet erkannte ich, daß der Raum nach wie vor stockdunkel war. Ich legte mich zurück und schlief ein, warm wie nie. Der Yogi hatte recht: man hat mehr innere Kräfte, als man ahnt.
Wenn man sie nur öfter finden und benutzen könnte!

17

Der bhutanesische Morgen schimmerte frostig durch die Fensterläden, aber mir war immer noch ganz warm. In der dünnen Bergluft war jeder Laut weithin zu vernehmen, als würde er von den Lichtstrahlen getragen.
Vier rußige Gesichter starrten mich an. Mit unverhohlener Neugier sahen sie zu, wie ich mich aufrichtete und gähnte. Ich lächelte sie an, erntete aber kein Gegenlächeln. Sie sahen auf meinen ungeöffneten Koffer und von da auf das Photo von Steve und Sachie, das ich neben meinem Feldbett aufgestellt hatte.
Ich erteilte ihnen mit einer Handbewegung die Erlaubnis, meinen Koffer zu öffnen. Einer der jüngeren Bhutanesen tat es und begann ihn zu durchwühlen. Fassungsloses Erstaunen malte sich in den rußigen Gesichtern der vier, die jeden einzelnen Gegenstand in die Hand nahmen: Zahnbürste, Zahn-

pasta, die Minox-Kamera, Büstenhalter, Hosen, Wäscheklammern, Kleenex, Kotex, Aspirin, Lockenwickel ... für sie lauter unbegreifliche Dinge von einem anderen Planeten. Sie selbst leben derart naturnah, daß sie kaum geistige und materielle Sorgen kennen. Sie wissen nicht, was »Sachen« sind, und noch weniger, was es für einen Sinn haben soll, Sachen, die nicht unbedingt zum Leben gehören, zu besitzen. Einer der Gründe, warum die bhutanesische Regierung sich so lange gegen jeden Einfluß aus dem Ausland gewehrt hat, ist, daß die Ausländer materialistische Ideen einschleppen, die traditionelle Denkweise untergraben und damit ihre eigene Macht gefährden.

Die Männer schauten begehrlich auf die herzförmige, verstaubte Schachtel mit dem Schokoladenkuchen, aber ich schüttelte den Kopf und sagte: »Nein, das ist für Mary.« Mein leichtes Stirnrunzeln genügte schon, sie aus dem Zimmer zu jagen. Einer kam aber bald wieder und brachte mir den Morgentee mit Yakbutter.

Das Geräusch des Steineklopfens echote in den Bergen. Weitere Pässe wurden von Sherpas und Tibetern befestigt, die noch höher oben wohnten und jeden Morgen zur Arbeit nach Paro hinunterstiegen. Der Himalaja war die gigantische, alles beherrschende Kulisse, vor der ich mir winzig und vollkommen bedeutungslos vorkam. Wie konnte überhaupt jemand im Schatten dieser Riesen Selbstgefühl entwickeln und behaupten? Wie kamen die Bergbewohner damit zurecht? Bis jetzt hatte ich den Eindruck, daß sie zwar Ehrfurcht vor den Naturgewalten hatten, aber auf gewissermaßen familiäre Weise. Die Berge gehörten eben von Anbeginn zu ihrem Leben und waren für sie kein besonderes Mysterium.

Das Geheimnis, wie man im seelischen Gleichgewicht blieb, hieß also vielleicht nur: die eigene Bedeutungslosigkeit hinnehmen. Vielleicht meinten die Lamas und Yogis nichts weiter als das mit den Begriffen »Erleuchtung«, »wahres Glück«, »Nirwana«, »Nichtigkeit«. Vielleicht erwachsen Heiterkeit und Ausgeglichenheit wirklich nur aus der Erkenntnis, wie nichtig alles ist. Vielleicht sind unsere inneren Konflikte nur die Folge unserer Bemühungen, die eigene Bedeutung zu beweisen.

Aber wenn ich mir die bemalten Puppenhäuschen ansah, die sich in die Gigantenarme der Berge schmiegten, schien es mir doch, als hätten die Leute hier ihre Individualität noch nicht

völlig aufgegeben. Die Holzstrukturen zeugten von künstlerischem Ausdruckswillen. Die handgeschnitzten, geschwungenen Dächer griffen mit ihren aufgebogenen Ecken nach den tiefhängenden Wolken. Gebetsfahnen flatterten im sonnigen Morgendunst. Sie bedeuteten Wünsche und Bitten an den Allmächtigen, und die Leute zweifelten nicht daran, daß ihre Gebete an die richtige Adresse gelangten und erhört wurden.
Sie mochten an Krankheiten dahinsiechen, den Kampf gegen die Elemente wieder und wieder verlieren, in totaler Unwissenheit sterben und abergläubischen Ängsten verfallen sein — trotz alledem hatten auch sie den Trieb, sich auszudrücken.
Nach dem Frühstück, das aus in Yakbutter gebratenen Eiern und wiederum gebuttertem Tee bestand, fuhr Bhalla mit einem Jeep vor dem Gemeinschaftshaus vor.
»Mary ist im Ha-Tal«, berichtete er. »Als Dorjis Sekretärin ist sie hingeschickt worden, um das Orakel für das kommende Jahr zu hören. Aber sie soll heute abend wieder hier sein.«
Das Orakel in Ha wird von einem buddhistischen Priester verkündet, aus dem, wie die Leute glauben, eine Gottheit spricht. Sein Wort ist Gesetz. Er hatte, unter anderem, auch die Ermordung des vorigen Premierministers richtig vorausgesagt. Ich fragte Bhalla, wie Mary dorthin gekommen sei.
»Zu Fuß«, sagte er. »Das Ha-Tal liegt noch weit höher als Paro über der chinesischen Grenze und ist nur zu Fuß erreichbar. Nicht einmal Tiere schaffen die steilen Pfade.«
»Muß ein tüchtiges Mädchen sein«, bemerkte ich.
»Sie werden ja sehen.«
Staubschleier legten sich über unsere Gesichter und puderten uns das Haar, als wir abfuhren. Ich winkte Nishioka-san zu, der über seine Reisernte gebeugt stand. Er wollte beweisen, daß Bodenfruchtbarkeit ein relativer Begriff sei.
Nach einer Weile ließen wir den Jeep stehen und gingen zu Fuß über eine schmale Holzbrücke zum *dzong* (einem buddhistischen Kloster) weiter. Einige Mönche begrüßten uns schweigend und führten uns durch die steinerne Pforte in den Hof. Dieses von Mauern umschlossene Kloster war die oberste Behörde von Paro, in der Priester und weltliche Beamte gemeinsam herrschten. Die massiven Bauten waren weiß getüncht und mit roten Friesen geziert. Unter dem Komplex lag der Kerker, in den kein Strahl Tageslicht drang.
Niemand sprach ein Wort zu uns. Die Priester und Lamas

gingen barfüßig in dicken, muffigriechenden braunen Gewändern hin und her. Man hörte nur die gedämpften Zymbelschläge eines alten Lamas, der mit gekreuzten Beinen auf dem Kopfsteinpflaster hockte. Vor ihm übten weitere 26 Lamas im Takt der Zymbel ihre gespenstischen Maskentänze, deren Thema die Versuchungen des Teufels sind. Arm- und Beinbewegungen symbolisieren die Abwehr des Bösen. Ihre nackten Füße klatschen auf den Steinen, und je zahlreicher die Versuchungen werden, desto heftiger keuchen sie. Die älteren Priester sahen mit Pokergesichtern zu, wie die jüngeren einer nach dem andern zu Boden sanken. Ich war nicht unbedingt sicher, ob sie nun der Versuchung widerstanden hatten oder ihr erlegen waren.

In einem langen Unterrichtssaal plärrten kleine Jungen, künftige Lamas, in hohem Singsang Gebetstexte und verneigten sich dabei in rhythmischen Abständen. Eine große Buddhastatue, von Hindugöttern umgeben, lächelte gütig auf sie hernieder.

Der Oberpriester führte uns durch jede Kapelle des Klosters. Vor jeder Buddhastatue warf er sich nieder und bedeutete uns, seinem Beispiel zu folgen. Reichgeschmückte Hindugottheiten lächelten aus den Wandnischen, während wir dem erdgeborenen Fürstensohn, der selbstverleugnend die acht Pfade zum Nirwana entdeckt hatte, unsere Ehrfurcht erwiesen.

Dann wurden wir in der Stille des Abtzimmers mit einem Gemisch aus Tee, Yakbutter, Reis und Zucker bewirtet. Da ich eine Besucherin aus dem Ausland war, wartete der Oberpriester, bis ich mit meiner Portion fertig war, ehe er selbst anfing.

Die Teezeremonie ist in ganz Asien von besonderer Bedeutung. Eine Legende über den Ursprung des Tees erzählt, daß im sechsten Jahrhundert ein südindischer Weiser namens Bodhidharma nach China reiste. Er pflegte vor einer kahlen Mauer zu meditieren. Eines Tages ärgerte er sich so über sich selbst, weil er bei diesen Geistesübungen immer schläfrig wurde, daß er sich die Augenlider abschnitt und von sich warf, um nie wieder einschlafen zu können. Die Lider aber schlugen unverzüglich Wurzeln und wurden zu einer bis dahin unbekannten Pflanze — dem Tee —, und ihre Blätter dienen seither dazu, den Schlaf zu verscheuchen.

Der Teestrauch wurde tatsächlich aus Südindien eingeführt,

und der weise Bodhidharma ist der Vater der Zen-Philosophie. Daher kommt es wohl, daß seine Jünger noch heute beim Meditieren Tee trinken.

Ich trank das Gebräu bis zum letzten Tropfen aus. Dann verabschiedeten wir uns unter Verbeugungen von dem Oberpriester und den Lamas seiner engsten Umgebung. Der Singsang der Schüler hallte wieder über den Hof, und die jungen Lamas übten aufs neue ihre Maskentänze.

Bhalla und ich verließen das Kloster, kletterten aber nicht gleich wieder in den Jeep, sondern durchstreiften das waldige Berggelände. Wir durchwateten flache Bäche und verrenkten uns die Augen, um die Quellen zu entdecken. Das eisige Wasser war so kristallklar, daß es alle Nerven wie ein belebender Strom durchkribbelte. Kleine murmeltierähnliche Wesen schossen über die Pfade, und im tieferen Dickicht erwarteten Bär und Leopard den Abend. Höher oben begegneten wir einigen Leprakranken. Augen, Nasen, Hände und Teile des Gesichts waren bei den meisten schon mehr oder minder weggefressen, während man anderen, die noch im Frühstadium waren, die Krankheit fast nur am Blick ansah, der das unausweichliche Grauen schon vorwegnahm. Sie alle hatten sich freiwillig von ihren Mitmenschen abgesondert und kamen nie in die Nähe des Dorfes. Das Angestarrtwerden und die Angst, die sie erregten, waren für sie das Schlimmste.

Unten im Dorf gab es primitive Buden, in denen Stiefel aus gut durchgekautem Yakleder, schwere handgewebte Wollstoffe, Kleiemehl, Holzkohle, Kartoffeln und Chilis feilgeboten wurden. In einer oder zwei Buden hingen auch Fertigkleidung, Sweater und wollene Kopfbedeckungen. Da die Bergbewohner jedoch im allgemeinen jahraus, jahrein in nie gewechselten Sachen leben, schlafen, essen, arbeiten und sterben, war der Handel nicht gerade lebhaft.

Alte, verkrümmte Weiber saßen da, kauten Betel und präparierten schon das nächste Blatt mit der zugehörigen Kalkpaste. Neben ihnen standen volle Körbe davon; Betel kostete fast nichts. Die Bhutanesen brauchen ihr Rauschmittel nicht auf dem Schwarzmarkt zu suchen — es gibt genug für alle.

Die Münzen sind nicht rund und flach wie in allen Ländern, wo man darauf Wert legt, sie bequem in der Tasche unterbringen zu können. Bhutanesische Gewänder haben nämlich keine Taschen. Das Geld besteht daher seit dem sechzehnten

Jahrhundert aus dicken, schweren Stahlklumpen, die eher grobgeformten Schmuckstücken als Münzen ähneln. Sie werden, wie der tägliche Proviant und andere Habseligkeiten, in Strohhüllen verwahrt und in einer Gürtelfalte des Gewandes verborgen.

Die Dorfhütten stehen auf Stelzen. Unter dem Wohnraum der Familie befindet sich der offene Viehstall. Schwärme von Insekten vermehren sich in der Streu, während das menschliche Leben sich um ein dauernd in Gang gehaltenes Holzkohlenfeuer abspielt. Von fließendem Wasser oder geregelter Müllbeseitigung kann natürlich gar keine Rede sein.

Daß es in Bhutan weder Krankenhäuser noch Ärzte noch Apotheker gibt, habe ich schon erwähnt. Die dörflichen Medizinmänner behandeln alle Leiden mit abergläubischem Hokuspokus, der oft erstaunlich erfolgreich ist, denn der Glaube versetzt bekanntlich Berge. Nur gegen Lepra, Syphilis, Cholera und Typhus sind leider alle Beschwörungen machtlos.

Dorji hatte mir ja schon in Kalkutta erklärt, warum die bhutanesische Regierung so lange zögerte, die Neuzeit in ihr mittelalterliches Königreich einzulassen. Es geschah nicht nur aus Eigennutz. Industrialisierung, Maschinen und alle übrigen Begleiterscheinungen der modernen Zivilisation hätten die Überlieferung und den Frieden des Volkes zerstört. Es brauchte keinen Handelsaustausch, der zuviel andere Verpflichtungen nach sich gezogen hätte. Bhutan wollte unabhängig bleiben. Allerdings schnitt es Dorji ins Herz, daß sogar neuere medizinische Erkenntnisse und ärztliche Hilfe von dieser Ablehnung mitbetroffen waren. Sein Volk war zwar leidlich zufrieden, aber es war krank. Es brauchte Unterstützung. Die Bevölkerungsziffer sank rapid. Dorji hatte sich für die Erhaltung und Pflege des Lebens in seinem Land eingesetzt, aber bei seiner Regierung kein Gehör gefunden. Selbst Ärzte, hieß es, seien ein bedrohlicher Einfluß von außen.

Also mußte der bhutanesische Bürger weiterhin auf seinen Zugang zur modernen Welt warten. Seine tiefeingewurzelte Treue machte ihm das Leben erträglich. Er nahm alles hin, solange es die Herrschenden für richtig hielten. Und sonderbarerweise schien das Volk — trotz Krankheit, Schmutz und Analphabetentum — wirklich lebensbejahend und heiter zu sein. Die Kinder spielten im Misthaufen, die Erwachsenen stapften ohne Schuhe durch Eis und Schnee, aber allen strahlte ungetrübter Seelenfriede aus den Augen.

Die Sonne ging täglich schon um vier Uhr nachmittags unter, und das Tal sank fast übergangslos in kaltes Dunkel. Der Kamin im Gemeinschaftshaus war dann immer eine hochwillkommene Zuflucht.
Eines Abends saß ich mit Bhalla und dem japanischen Ehepaar ruhig beim Feuer und sah durch die halboffene Tür auf die scheinbar wie Lampen herniederbaumelnden Sterne. Da passierte etwas Märchenhaftes. Einer der Sterne bekam plötzlich Arme und Beine und schwebte auf mich zu. Es war eines der schönsten weiblichen Wesen, die mir je vor Augen gekommen sind. Eine Fee? Eine der geheimnisvollen Gespenstererscheinungen, die auf nächtlichen Gebirgspfaden auf einsame Wanderer lauern, um sie zu verführen? Ihre Reize sind unwiderstehlich, aber jeder Mann, der ihnen verfällt, muß bei Tagesanbruch sterben. Die Wald- und Felsenwelt ist bei Nacht ein Tummelplatz der Geister. Gewöhnliche Sterbliche verstecken sich in ihren Höhlen und Yakfell-Hütten, bis der Sonnenaufgang ihnen wieder einen Tag lang Schutz gewährt. Selbst die vernünftigsten und gebildetsten Leute wagen nicht, an der Existenz dieser nächtlichen Unholde zu zweifeln. Es gibt zu viele Beweise — Augenzeugenbeweise! Man hat *gesehen*, wie blutrote Dämonen Menschenherzen fraßen! Unsichtbare *yettis* zerkratzen nachts die Brust der Sünder und schlagen sie mit Fieber und Hysterie zugleich, einem Krankheitsbild, das für die westliche Medizin bis zum heutigen Tage ein unlösbares Rätsel ist.
Erst vor kurzem hatte ein westlich erzogener Prinz sich geweigert, die abergläubischen Riten des »Lichterfestes« mitzumachen. Es hieß, daß einer seiner längst verstorbenen königlichen Ahnen in einem Baum neben dem Palast wohne. Dieser Baum wurde aus Ehrerbietung vor dem Schlaf des Toten als einziger während des Lichterfestes nicht mit Lampions geschmückt. Der Prinz witzelte und versetzte dem Baumstamm einen verächtlichen Tritt. Bei Tagesanbruch war sein Bein schmerzhaft geschwollen. Er konnte sich nicht mehr vom Fleck rühren und blieb mehrere Tage in dieser unerklärlichen Verfassung, bis ein buddhistischer Priester ihn bewog, sich in aller Form bei dem Baum zu entschuldigen. Kaum hatte der Prinz seinen toten Ahnen um Verzeihung gebeten, so wurde sein Bein wieder gesund. Hierauf entwichen selbst die aufgeklärtesten Intellektuellen seiner Umgebung in panischer Angst vor den Rätseln der Himalajas.

Als ich den menschgewordenen Stern sah, wußte ich, daß die Berge auch mich zu hypnotisieren anfingen. Die Realität des Tieflands konnte mir gestohlen bleiben.
Mittlerweile stand die schwarzhaarige Schönheit schon in der Tür. Sie trug bhutanesische Kleidung und eine Korallenkette um den Hals. In ihrem Haar glitzerten tauende Schneeflocken. Ihre feste Schärpe enthüllte eine makellose Figur. Der Atem stand ihr wie ein Silberwölkchen vor dem Mund, als sie näher trat. Sie hatte bloße Arme und nur Sandalen an den bloßen Füßen. Ihr Alter war vielleicht dreiundzwanzig. Sie hatte Augen wie schwarze Oliven und eine zartbraune Seidenhaut. Sie streckte mir die Hand hin und stellte sich in akzentfreiem Englisch vor:
»*How do you do?* Ich bin Mary MacDonald, Dorjis hiesige Sekretärin. Sie kenne ich schon — Sie sind mein Lieblingsstar. Sagen Sie mal, ist Jack Lemmon im Leben auch so drollig wie in seinen Filmen?«
»O Gott, nun fang du nicht auch so an!« dachte ich. Schließlich war ich nicht 24 000 Meilen um die Welt gereist und ins Himalajagebiet geklettert, um über Filme zu reden. Aber ich nahm mich zusammen und bejahte Marys Frage.
Sie selbst war gerade von einem Vierzehn-Meilen-Fußmarsch durch tiefen Schnee zurückgekommen. Sie war hoch oben an der tibetischen Grenze gewesen, um die Weisheitssprüche des Orakelpriesters zu hören. Eigentlich war sie Christin — aber was Bhutan anging, steckte sie bis zum Hals in uralten Überlieferungen. Zum Beispiel sind die Bhutanesen der Meinung, daß der berühmte Seher sinnlos betrunken sein muß, um ein ordentliches Orakel zu liefern. Da er dann nicht mehr weiß, was er sagt, redet die Gottheit aus ihm. Mary erzählte uns, daß der Eremit zwei Tage lang unter Alkohol gesetzt worden sei, ehe er die eigens für ihn geschlagene Waldlichtung betrat. Er sei aber gleich zu Anfang schrecklich böse geworden, weil er unter den Andächtigen kein Mitglied der königlichen Familie gewahrte. Mit wildem Gebrüll stürzte er sich auf die Gebetsfahnen und rieß sie mitsamt den Flaggenmasten aus dem Boden. Das Publikum wich ängstlich zurück. Das war der echte Zorn der Götter!
Beherzte Helfer rammten die Flaggenmasten wieder in den Boden und baten den Heiligen, dennoch das Orakel zu verkünden. Zitternd und lallend versuchte er sie abermals auszureißen, stand aber plötzlich stocksteif und schrie eine klar

formulierte Warnung in die Luft: Die königliche Familie solle ihr Augenmerk auf die Mönche von Thimphu (der bhutanesischen Hauptstadt) richten. Er habe schon einmal, anderthalb Jahre bevor es geschah, einen anonymen Brief aus Thimphu angekündigt, der Jigme Dorji, Llendhups Bruder, seinen Tod androhte. Der Mord sei dann ja auch geschehen. Die Dorjis täten gut daran, seine Voraussagen künftig ernster zu nehmen.

Mary hatte sich schleunigst auf den Rückweg gemacht, um das Orakel an die richtige Adresse weiterzugeben. Als sie hörte, die königliche Familie nebst Anhang sei bereits über die Grenze gegangen, war sie tief beunruhigt. Mary war nicht so leicht ins Bockshorn zu jagen. Im Gegenteil, ihre natürliche Gelassenheit übertrug sich auf andere. Sie konnte ansteckend lachen. Aber nun war ihr doch unbehaglich zumute. Deshalb griff sie jetzt zum Hilfsmittel des Horoskopstellens. Sie bezeichnete sich selbst als »Himalaja-Cocktail«, denn sie war eine Mischung aus indischem, bhutanesisch-mongolischem, schottischem und irischem Blut. Zwei altjüngferliche katholische Tanten hatten sie in Kalimpong großgezogen. Kalimpong hatte ehemals zu Bhutan gehört, war aber von den Engländern Indien zugesprochen worden. Obwohl Mary katholisch aufgewachsen war, flüchtete sie in jeder Drangsal instinktiv zu asiatischen Glaubenslehren.

Bhalla starrte schweigend ins Feuer. Die rußigen Diener, die übrigens keinen Lohn bekamen (sie hielten es für eine Ehrenpflicht, dem Königshaus zu dienen), deckten den Tisch für unser Abendessen.

Plötzlich stürzte Larry Llamo herein. Er trug mehrere Sweater und hohe Stiefel unter seinem Umhang.

»Ich habe Anweisung von Phuncholing, sofort zurückzukehren«, meldete er. »Wahrscheinlich wieder ein Straßenunfall. Muß mich leider verabschieden.«

Mary und Bhalla wechselten einen beredten Blick, sagten aber nichts. Larrys Pflichtgefühl stand an erster Stelle — auch wenn er verliebt war.

Und daß er in Mary verliebt war, sah ein Blinder.

Sie stand mit strahlendem Lächeln auf und verabschiedete ihn wie eine Mutter, die ihrem Sohn ein paar gütige Ratschläge auf eine gefährliche Reise mitgibt. Bhalla flüsterte mir im Hintergrund zu, Mary sei noch ungeküßt und ein Eifersuchtsobjekt für alle ortsansässigen Ehefrauen. Er stellte den Plat-

tenspieler an, und blechern tönte es »Come Fly with Me«, als Larry abzog.
Wir aßen nun unser bhutanesisches Stew. Als Extragenuß gab es heute dazu eine indische Gewürzmischung, die eigens von Phuncholing heraufgebracht worden war. Ich nahm davon einen großen Löffel voll und fand den Geschmack köstlich. Mary und Bhalla hielten sich an die gewohnten Chilis. Wir lachten und scherzten. Marys Appetit war angesichts ihrer Feenfigur unglaublich. Sie futterte drei Portionen von dem dicken Eintopf und verschlang zum Dessert noch zwei große Schokoladenriegel. Letzteres erinnerte mich an den verstaubten und mittlerweile wahrscheinlich ranzig gewordenen herzförmigen Schokoladenkuchen, der noch in meinem Gastzimmer lag. Aber nun wollte ich ihn auf alle Fälle holen und lief über das bereifte Gras hinüber.
Die eisige Luft stach in meine Nasenlöcher, und meine Ohren klangen. Und plötzlich drehte sich alles um mich — rundherum. Und auch mein Magen drehte sich um, während mir am ganzen Leibe kalter Schweiß ausbrach. Nur verschwommen sah ich die Umrisse meines kleinen Gasthauses. Das Dröhnen in meinen Ohren wurde lauter und lauter, und mein Puls galoppierte. Ich erreichte die Toilette — das Loch im Zement — gerade noch, um mich ohne Hemmungen übergeben zu können.
Was ich von mir gab, Mageninhalt und Galle, war pechschwarz. Ich würgte, bis ich das Gefühl hatte, mein ganzes Inneres kehre sich nach draußen. Grauen packte mich. Ich war nicht vorschriftsmäßig gegen Cholera geimpft. An sich sollte man zwei Wochen lang regelmäßig Spritzen bekommen, aber dazu hatte ich nicht genügend Zeit gehabt, und der Arzt hatte gemeint, die Spritzen nützten sowieso nicht viel. Das einzige Mittel, keine Cholera zu kriegen, sei, Gefahrenzonen fernzubleiben.
Und nun hatte ich sämtliche Symptome: Fieber, krampfhaften Brechreiz, schwarzes Erbrechen, Durstgefühl, übermäßige Schweißausbrüche, Sehstörungen, Benommenheit und unerträgliche Übelkeit. Ich brach auf meinem wackligen Feldbett zusammen. Etwas abgeblätterte gelbe Tünche von der Zimmerdecke fiel mir ins Auge.
Nur mit halbem Bewußtsein sah ich Mary und Bhalla zu mir heran- und wieder wegschwimmen. »Keine Ahnung, was es ist«, verstand ich ab und zu. »Kalte Kompressen ... Da, sie

würgt schon wieder ... Nicht fallen lassen ... Sie muß Ruhe haben.« Die Gesichter der Palastdiener, die auf mich niederstarrten, waren gleichgültig und grausam unpersönlich.
Mary und Bhalla schleppten und stützten mich, so oft ich zur »Toilette« mußte, um mich aufs neue zu erbrechen. Ich war jetzt wie ausgedörrt und litt unbeschreiblichen Durst. Der Geruch der Tünche erstickte mich — jedenfalls bildete ich mir das ein.
Meine Angst- und Einsamkeitsgefühle waren niederschmetternd. Warum war ich so allein? Warum? Was hatte ich im Himalaja zu suchen? Warum spie ich schwarze Galle?
Sehnsüchte, die ich nie richtig ausdrücken könnte, überschwemmten mich. Höher und höher wollte ich in die Berge steigen, um weiter und immer weiter zu blicken, neue Welten zu finden und ein Teil des Alls zu sein.
Hier unten roch alles kränklich. Ich verschränkte die Arme über der Magengegend und wiegte mich vor- und rückwärts, um die gräßliche Übelkeit zu unterdrücken. Dabei dachte ich oft an die schwachsinnige Massaifrau, die desgleichen getan und kaum gemerkt hatte, daß sie ein Kind gebar.
Unter meinen wirren Gedanken kehrte auch sehr häufig die Frage wieder, ob Menschen wirklich miteinander verbunden sein könnten. Macht der Kampf ums Dasein nicht jedem genug zu schaffen? Würde alle Selbsterkenntnis mir helfen, andere zu erkennen — und umgekehrt? Wo endete die dauernde Suche? War man am Ende klüger als zuvor? Würde ich meine Identität finden oder sie total verlieren? Ich wußte es nicht.
Der Wind fauchte durch die Ritzen der Schiebefenster. Ich dachte an Sachie und was aus ihr werden sollte, wenn mir etwas passierte. Ich dachte an Steve, der meine Reise- und Entdeckungslust stets befürwortet hatte. War ich zu egoistisch gewesen, weil ich *mein* Leben lebte? Wäre es nicht besser für alle, auch für mich, gewesen, wenn ich mich auf ein Allerweltsdasein beschränkt hätte? Freiheit war meistens gleichbedeutend mit Einsamkeit. Und doch, wenn ich an Sachie dachte, wünschte ich ihr Freiheit. Freiheit und offene Fenster, in die der Wind aus allen Richtungen blies. Ich wünschte ihr, daß sie sich selbst in Freiheit kennenlernte. Und daß sie im tiefsten Inneren der Tatsache bewußt bliebe, daß es keine Sicherheit auf Erden gibt. Wer nach Wahrheit strebt, findet keinen sicheren Hafen — nirgends und bei niemandem. Ich

konnte nur hoffen, daß Sachie in eigener Regie erkennen würde, daß das Leben wichtig genug ist, um voll ausgelebt zu werden, und daß man im Grunde immer auf sich selbst angewiesen bleibt, und daß es darum not tut, unter allen Umständen dem eigenen Wesen treu zu sein ...
So philosophierte ich über manches, bis mir nichts wichtig war als mein gepeinigter Magen. Ich hätte Gott weiß was darum gegeben, ihn beruhigen zu können. Wie einfach konnte doch alles sein! Ich wollte nichts mehr, als mich wieder normal fühlen. Selbst Sachie, Steve, Filme und künftige Reisen waren dagegen vollkommen belanglos. Ich hatte nur noch einen einzigen Wunsch: nicht mehr zu kotzen.
Endlich fiel ich in einen tiefen Erschöpfungsschlaf. Es war mir egal, ob ich dabei unwissentlich ins Bett kotzte — ich brauchte Ruhe.
Nach Tagen, so schien es mir (ich hatte jeglichen Zeitsinn verloren), spürte ich endlich, endlich, daß es mir besser ging. Der Brechreiz war verschwunden. Ich riß die Augen auf und empfand es als himmlische Wonne, daß mir nicht mehr übel und meine Temperatur normal war. Bhalla und Mary öffneten gerade die Schiebefenster. Kalte Luft fuhr mir übers Gesicht. Ich suchte vergeblich nach passenden Worten, den beiden mein Glücksgefühl zu beschreiben.
Sie halfen mir aus dem Bett. Mein Gleichgewicht war noch jämmerlich. Sie brachten mir Tee und frisches Quellwasser. Dann saß ich am Fenster und gierte nach Sonne und Bergluft. Die folgenden Tage verbrachte ich bereits auf der Schwelle des Gästehauses und sog alles in mich auf, was rundherum vorging. Meine Kräfte kehrten allmählich wieder. Ich war in meinem Leben nur selten ernsthaft krank gewesen. Einmal hatte ich einen Blinddarmdurchbruch und einmal eine asiatische Grippe mit hohem Fieber. Aber diesmal lag der Fall anders. Nicht nur, weil niemand mehr nachträglich feststellen kann, ob ich damals wirklich die Cholera hatte oder nicht, sondern weil das Bewußtsein, keine ärztliche Hilfe zu haben und etwas Grauenvollem ganz allein gegenüberzustehen, schlimmer war als die Krankheit selbst.
Mir war, als hätte ich eine lange Entdeckungsreise durch die eigene Seele hinter mir. Und mein Forscherdrang wurde reger denn je. Kaum fühlte ich mich wieder einigermaßen wohl, so wollte ich die Lama-Einsiedler besuchen, die hoch oben in Felshöhlen wohnen.

Folglich machten Mary, Bhalla und ich uns eines Morgens um 5.30 Uhr auf den Weg zu der mehr als dreitausend Meter höher gelegenen Einsiedelei von Taksang. Mary trug, wie immer, ihr buntes bhutanesisches Gewand und nichts als Sandalen an den bloßen Füßen. Ich schlotterte wie üblich. Das Yogarezept mit dem Orangeball funktionierte nur nachts, wenn ich ganz allein war und durch nichts abgelenkt wurde. Andernfalls fror ich, wenn ich nicht in der prallen Sonne war. Mein Gemüt war eben noch zu zersplittert, um sich wahrhaft und in jeder Umgebung sammeln zu können.
Mary überreichte mir lächelnd eine Gummiwärmflasche. Ihr Haar war tropfnaß. »Ich hab's schnell mal im Bach gewaschen«, erklärte sie. Ich drückte die Wärmflasche an mich und beneidete sie, soweit ich zum Neid fähig bin. Mary tröstete mich dann auch sofort. »Die Sonne geht gleich auf. Dann wird Ihnen wärmer, und mein Haar wird trocken.«
Ich kletterte bibbernd auf eine der Mähren, die uns die Sherpas zur Verfügung gestellt hatten. Mein Tagebuch schob ich unter den Sattel. Mit den klammen Fingern hätte ich sowieso nicht schreiben können.
Während die Pferde sich mühsam ihre engen Pfade steil bergan suchten, dachte ich, wie idiotisch uns die Leute daheim finden würden, weil wir unser Leben so leichtfertig aufs Spiel setzten. Auch die Tiere konnten schließlich nicht riechen, ob und wann das lose Geröll unter ihren Hufen wegrutschen würde. Erst vor kurzem waren wieder zwei buddhistische Nonnen auf diese Art ums Leben gekommen. Man hatte kaum darüber gesprochen; Bergunfälle waren hier etwas zu Alltägliches.
Endlich hielten wir neben einem zugefrorenen kleinen See. Hoch über uns ragte eine Felsklause in die Wolken.
»Der Lama dort oben hat sein ganzes Erwachsenendasein einsamer Meditation geweiht«, sagte Bhalla. »Ein Dörfler bringt ihm zweimal wöchentlich etwas zu essen. Das ist der einzige Kontakt, den er noch mit anderen menschlichen Wesen hat, und die einzige Nahrung, die er bekommt. Aber er wird so verehrt, daß man ihn nie im Stich lassen wird. Die Bergleute sind überzeugt, daß ihre Götter in den Lamas fortleben.«
Fast im gleichen Moment erschien der Lama auf dem Bergpfad über uns. Er sah hinunter, schien uns aber nicht wahrzunehmen. Er glitt auf uns zu. Es war wie ein Schweben;

man sah jedenfalls keine Bewegung seiner Füße. Das Safrangewand blähte sich in seinem Rücken wie ein Segel.
Ohne uns zu beachten, glitt er an den Rand des Sees und schlug mit einem Stock ein Loch in die Eisdecke. Dann ließ er sich langsam bis zum Hals ins Wasser sinken, ohne daß sein Gesichtsausdruck sich im geringsten änderte. Fünfzehn Minuten lang blieb er unbeweglich in dem Eisloch. Auch wir wagten uns nicht zu rühren. Dann kam der Lama wieder aus dem Wasser und blieb wie in stummer Trance am Ufer stehen.
Bhalla gab mir einen kleinen Seitenstoß. Der Lama begann binnen weniger Sekunden zu dampfen und am ganzen Leibe zu schwitzen. Er dampfte sich trocken. Dann wandte er sich ab und kehrte wortlos in seine Einsiedelei zurück.
Bhalla lächelte über mein fassungsloses Gesicht. »Es gibt hier noch einen in der Nähe, der einen noch tolleren Trick zum besten gibt. Er sitzt mit gekreuzten Beinen auf einer Strohmatte, die Hände auf den Knien, in der bekannten Lotosposition, und ist imstande, plötzlich aus besagter Position einen Meter hoch in die Luft zu springen. Ich habe es selbst gesehen. Es ist mir ein Rätsel, wie er das macht.«
Jetzt konnte ich die Frage loswerden, die ich schon lange auf dem Herzen hatte. »Bhalla, ist es wahr, daß die Lamas auch richtig schweben können? Mein Lehrer in Kalkutta behauptete, daß es möglich sei, die eigene Schwerkraft aufzuheben, wenn man sich seelisch ganz stark auf einen anderen Planeten konzentriere. Es sei nur eine Frage der geistigen Energie. Sie entwickele so etwas wie ein magnetisches Kraftfeld, das sich mit der Anziehungskraft des anderen Planeten überschneiden und so die Erdgravitation überwinden könne, und der Effekt sei dann eben, daß man tatsächlich schwebt.«
»Viele Leute haben das angeblich schon gesehen«, sagte Mary. »Sie behaupten sogar, es gelinge bereits in den frühen Stadien der Erleuchtung. Aber ich weiß nicht recht ... Es ist wohl reichlich viel Autosuggestion dabei, sowohl bei den Ausübenden als auch bei den Zuschauern. Daß man im traumhaften Entrückungszustand der Meditation oft das *Gefühl* hat, zu schweben und mit dem All eins zu werden, ist ja eine allgemeine Erfahrung, und ich glaube, dieses Gefühl wird bereits als Tatsache hingestellt. Im Himalaja unterscheidet man nicht so genau. Zum Beispiel kenne ich einen Bergstamm weiter oben, dessen Angehörige nur ganz selten Nahrung zu sich nehmen. Natürlich ist das Essen in großen Höhen immer

knapp, und daher sollen sie gelernt haben, sich hauptsächlich
vom Sonnenlicht zu ernähren. Ganz undenkbar ist es nicht;
auch Pflanzen bilden ja mit Hilfe der ultravioletten Strahlen
ihre eigenen Vitamine und Nährstoffe. Und dann gibt es noch
einige Stämme, die durch ihre geographische Lage vor äußeren Einflüssen geschützt sind und keine Krankheiten kennen.
Sie werden 150 Jahre alt und manchmal noch älter. Es gibt
so vieles, was man nicht verstehen, sondern nur glauben
kann, denn der Glaube schenkt uns Hoffnung.«
Hierauf bestiegen wir wieder die Pferde und setzten unsere
schwierige Klettertour nach Taksang fort.
Die Sage kündet, daß vor tausend Jahren ein Lama, der auf
einem Tiger ritt, die Felsenklippe, auf der jetzt die Einsiedelei steht, zum Wohnort erkor. Er meditierte dort zwanzig
Jahre lang ganz allein, und seine zahllosen Nachfolger machten es ebenso. Die Klippe wurde das »Tigernest« genannt.
Auch heute noch hielt ein Lama dort einsam Wache. Das Essen wurde ihm, der alten Sitte gemäß, von einem der Talbe-
wohner zugetragen.
Die Klause, die in die Bergwand geschlagen war, konnte nur
von hinten über einen langen, geschlängelten Pfad erreicht
werden, der oft beängstigend schmal wurde. Obwohl unsere
Bergpferde an steiniges Gelände gewöhnt waren und sich
sehr vorsichtig bewegten, stolperten sie gelegentlich, brachen
in die Knie und waren schweißnaß. Vor besonders steilen
Stellen blieben sie stehen und prusteten heftig, ehe sie sich
weiterwagten. So ritten wir sechs Stunden lang. Die Sonne
brannte jetzt auf uns nieder.
Endlich hob Mary den Arm, und wir hielten neben einem
Wasserfall. Schweigend stiegen wir ab. Durch das silbrige Ge-
sprühe des stürzenden Wassers huschten Bergvögel, und die
Sonnenstrahlen brachen sich funkelnd auf ihrem nassen Ge-
fieder und den Felsen. Keiner sprach. Ich fühlte mich sehr
sonderbar. Ich setzte mich hin und aß ein Stück Brot. Es war
nicht die Höhenluft, die mir zu Kopf stieg — an Höhenunter-
schiede war ich nachgerade gewöhnt — und auch nicht die
körperliche Erschöpfung. Es war irgend etwas Seelisches.
Die Sherpas führten die Pferde ein Stück zurück an den Fuß
der Felsnase. Den Rest des Weges, noch über 300 Meter hinauf, mußten wir jetzt zu Fuß zurücklegen.
Die Bergluft weitete meine Lungen. Bhalla hörte endlich auf
zu rauchen. Wir begannen zu klettern. Meine Gummisohlen

hafteten sicher an den Felsen. Mary zog ihre Sandalen aus und trug sie in der Hand. Bhalla fand sich mit seinen spitzen, abgestoßenen italienischen Schuhen ab, so gut er konnte. Etwa zwanzig Meter über dem Kamm waren rohe Stufen in den Felsen gehauen. Dann hörten auch die wieder auf, und dicke Holzplanken ersetzten sie. Hoch über uns erwartete uns der Lama vor seiner Einsiedelei. Er stand wie eine Silhouette vor dem leuchtenden Himmel, und sein braunes Gewand flatterte im scharfen Wind. Als wir ihn endlich erreichten, begrüßte er uns mit einer gemessenen Verbeugung. Wir hatten uns seiner Klause von der Rückseite her genähert; er konnte uns also vorher nicht gesehen und erst recht nichts von unserer Absicht, ihn zu besuchen, gewußt haben. Dennoch empfing er uns, als sei unser Kommen für ihn ganz selbstverständlich.
Ich richtete mich nach der langen Kletterei endlich wieder kerzengerade auf. Mir war, als ob der Wind nicht um mich, sondern durch mich blies. Ich starrte auf die Berggipfel ringsumher und in das Tal unter mir, aber auch dieses Schauspiel war nicht mehr außer mir, sondern in mir — genauer gesagt: Ich war es selbst. Ich setzte mich benommen auf einen Felsblock. Mir war, als hätte ich mich in alles zugleich verwandelt, in Bäume, Bäche und den silbrigen Wasserfall da unten. Ich hatte ein überwältigendes Verlangen, vom Felsen ins Leere zu springen und zu fliegen. Ich war überzeugt, daß es mir gelingen würde. Jede Realität war aufgehoben. Es war, als hätte sich mein Geist vom Körper gelöst und wirbelte mit dem Wind ins Weite, aufwärts, abwärts, im spielerischen Rhythmus seiner Stöße. Kein plötzlicher Richtungswechsel konnte mich überraschen. Ich selbst war ja der Wind!
Es war wie eine nie gehörte Sprache, deren Einzelheiten man nicht folgen kann, deren Bedeutung einem aber immer klarer wird. Ich war nicht nur ich, ich war in allem, ich war alles.
War dies das Phänomen, von dem ich so oft gehört hatte und das die Furchtsamen als »Seelenraub« bezeichneten?
Ich sah zu Mary und Bhalla hinüber. Auch sie schienen wie in Trance. Sie blickten mit halbgeschlossenen, unbeweglichen Augen über alles hinweg, als hätten auch sie sich vom Körper gelöst und überließen sich dem, was auch immer in diesen Minuten in ihnen oder mit ihnen vorgehen mochte.
Der Lama beobachtete mich. Offenbar wußte und verstand er, was ich empfand, blieb aber unbewegt, fast unbeteiligt wie der Wind, der seit zwanzig Jahren um seinen einsamen

Berggipfel wehte. Er hatte nichts Menschliches mehr, er war eins mit dem All. Sein Gesicht schien trotz der Runzeln und Falten zeitlos jung.

Endlich berührte er der Reihe nach mich, Mary und Bhalla am Arm. Die beiden kamen zu sich, wiewohl noch immer mit halbgeschlossenen Lidern, und halfen mir auf. Der Lama führte uns in seine Empfangskapelle, wo die richtige Anzahl von Schalen mit Yakbutter-Tee bereitstand. Er segnete uns, und wir setzten uns schweigend nieder und tranken den Tee.

Der Wind heulte durch die leeren Felsengänge, schwieg eine Weile und strich dann wieder über die grobbehauenen Wände. Eine massive Buddhastatue überragte uns und lächelte mit dem Ausdruck leidenschaftsloser Weisheit auf uns nieder: ein Sinnbild der vollendeten Harmonie mit allem, was sie umgab.

Die Einsiedelei bestand aus nicht weniger als acht Kapellen, die der Lama zum größten Teil selbst gebaut und ausgestattet hatte. In jeder einzelnen betete er dreimal täglich. Außerdem war er ständig damit beschäftigt, weitere Zellen in den Berg zu schlagen, um seinen Glaubenseifer darzutun. Er zeigte uns alles. Dicke Bretter bildeten steile Stufen von einer Felsenhöhle zur anderen. Vor jedem Altar knieten wir nieder, berührten mit der Stirn den Boden und legten Opfermünzen vor die Buddhastatuen, die von den farbenfrohen Bildnissen vieler Hindugötter umgeben waren. Sie leuchteten in den Sonnenstrahlen auf, die durch hohe, schmale Fenster fielen. Von hier aus hatte man den Eindruck, daß die ganze Anlage wie ein Schwalbennest über dem Abgrund hing.

Der Lama ließ uns ein paar Minuten in einer der Kapellen allein und kam dann mit schmalen Streifen safrangelben Stoffes zurück.

»Dies wird euch schützen«, sagte er, als er uns die Stücke auf der offenen Hand darbot. »Sie sind gesegnet. Tragt sie um den Hals, bis sie zerfallen.«

Der Stoffstreifen war rauh und kratzig, aber ich band ihn gehorsam um den Hals. Die Idee, Schutz zu brauchen, paßte eigentlich gar nicht in dieses Heiligtum. Nichts hatte mehr die gewohnte Bedeutung, weder Gut noch Böse, Recht oder Unrecht. Demgemäß existierte auch keine Furcht. Man kann sich vor nichts fürchten, wenn man selbst alles ist und mit dem Wind schwebt.

Die feurigen Sonnenuntergangsfarben mahnten uns zum Aufbruch. In einer Stunde würde die Einsiedelei im Sternennebel hängen. Wir mußten den Hauptteil des Abstieges im Dunkeln machen.

Der Lama verabschiedete uns mit würdevollen Verbeugungen von seinem Felsengipfel. Hinunter ging es naturgemäß schneller als hinauf. Wo die Abhänge breit genug waren, ließen wir uns einfach auf dem Geröll rutschen. Aber schon breiteten sich die Schatten zwischen Bäumen und überhängenden Felsen aus. Ich war innerlich so gelöst und heiter, daß mir selbst die Dunkelheit auf dem unsicheren Weg nichts anhaben konnte. Ich brauchte kaum zu atmen, so leicht ging alles. Aber plötzlich blieb Bhalla stehen. Von unten, etwa aus halber Höhe des Berges, scholl eine Reihe scharfer, langgezogener Pfiffe herauf. Diese Pfiffe sind ein Verständigungsmittel unter den Bergbewohnern.

Mary packte meine Hand.

»Ein Leopard«, sagte Bhalla und reichte mir eine Schachtel Streichhölzer. »Die Leute pfeifen, um uns zu warnen. Zünden Sie beim Weitergehen immer wieder ein Streichholz an. Und schön ruhig bleiben, als wäre alles in bester Ordnung. Der Leopard fürchtet sich vor Flammen.«

Mary faßte nach ihrem safrangelben Tuchstreifen. Bhalla ging voran. Die Pfiffe, in unterschiedlicher Tonhöhe, ertönten bald hier, bald dort. Wir stiegen mit geheuchelter Ruhe weiter abwärts und verbrannten ein Streichholz nach dem andern, bis der flache Bergabsatz in Sicht kam, wo wir unsere Pferde gelassen hatten. Jetzt begannen wir zu rennen, um möglichst rasch in den Sattel zu kommen.

Die Pferde waren da, nicht aber die Sherpas. Bhalla pfiff ins Dunkel, ohne eine Antwort zu bekommen. »Macht ein großes Reisigfeuer«, wies er uns an. »Ich gehe zurück und suche die Leute. Solange ich den Feuerschein im Rücken habe, wird mir nichts passieren.«

Mary und ich häuften Reisig zusammen, zündeten es an und warteten. Bald hörten wir wieder Pfiffe und heisere Rufe, und schließlich tauchten Bhalla und die Sherpas aus dem Dunkel im flackernden Lichtschein auf. Die Sherpas hatten den Leoparden in verschiedene Richtungen gelockt, um ihn von unserem Pfad abzulenken, und sich dabei in der Wildnis aus den Augen verloren. Nun hockten sie vor dem Feuer und baten zur Belohnung um Schokolade.

Nach einer Weile bestiegen wir die Pferde und kehrten in tiefen Gedanken auf den Weg nach Paro zurück. In Berghöhlen und Mulden flackerten hin und wieder Feuer auf, und über uns glitzerten die Sterne. Die Stille hypnotisierte mich. Wieder *war* ich in allem ...
Später begann einer der Sherpas ein buddhistisches Gebet zu singen, und die anderen fielen ein. Der monotone Singsang echote in den Bergen, als ob auch sie in die Nacht hinein redeten. Man sah schon von weitem das Kaminfeuer unseres Gemeinschaftshauses.
Der Anblick war willkommen, aber ich fror nicht mehr. Es war sicher die kälteste Nacht, die ich je draußen erlebt hatte, und doch konnte ich nicht mehr frieren, weil ich ja selbst die Kälte war, wie ich auch alles andere war, und sie deshalb nicht fürchtete. Ich brauchte nicht mehr schlotternd und zähneklappernd ins Warme zu flüchten. Ich hätte auch noch den Rest der Nacht im Sattel meines flohgeplagten armen Gauls verbringen können. Der Wind umheulte mich, aber er war keine feindliche Naturgewalt mehr: er war ich. Der Trick mit dem Orangeball war überflüssig geworden; ich dachte gar nicht daran. Das war nur der erste Schritt auf dem Weg zur Erkenntnis gewesen, wie man die eigenen inneren Kräfte aktivieren kann. Der nächste mußte vollkommene Entspannung sein, und der letzte das absolut gelassene Hinnehmen von allem, was je war, ist und sein wird. Das war dann der Einklang mit sich und der Welt.

18

Als ich das Gästehaus betrat, saßen Mary und Bhalla schon vor dem Feuer, steckten die Köpfe über einem Blatt Papier zusammen und flüsterten. Sie schienen besorgt zu sein. Mary stand auf und wandte sich mir zu.
»Leider sind ab morgen für mehrere Wochen Dynamitsprengungen hier im Paro-Tal geplant«, sagte sie. »Das heißt, daß wir bei Tagesanbruch weg müssen.«
Weg?
Ich wollte keine unbequemen Fragen stellen, aber ich wußte, daß Mary mir nicht den wahren Grund sagte. Erst am Tag

zuvor war meine Aufenthaltsgenehmigung verlängert worden.
Vorbei, dachte ich. Gerade jetzt, wo ich anfange, zu verstehen und mein Einssein mit allem zu empfinden — auch mit Bhalla und Mary. Ich hatte neue Augen und Sinne für sie bekommen. Ich konnte mich oft dermaßen in ihre Gedanken einfühlen, daß die Grenzen unserer Identitäten sich verwischten. Ich *war* Mary, ich *war* Bhalla.

Die Sonne ging über Eis und Reif auf. Die nächtlichen Feuer waren erloschen. Die Berge schwiegen. Keine Sherpas zogen wie sonst zur Straßenbauarbeit. Das übliche Steineklopfen war nicht zu hören. Sogar die Diener unserer Rasthäuser waren verschwunden.
Wir packten unsere Sachen in zwei Jeeps. Mary und ich fuhren mit einem Chauffeur in dem einen, Bhalla allein in dem anderen. Der Aufbruch war so unfeierlich wie nur möglich. Wir blickten nicht einmal zurück. Ganz wie Touristen, die einen alltäglichen Ausflug gemacht haben und nun zum nächsten Programmpunkt weiterhasten.
Mary starrte vor sich hin, während die Staubwolke von Bhallas voranfahrendem Jeep unsere Windschutzscheibe bedeckte und unsere Augen, Nasen und Kehlen reizte. Aber Marys Augen hatten schon vorher rote Ränder gehabt. Ab und zu liefen ihr ein paar Tränen über die staubigen Wangen. Als sie merkte, daß ich es merkte, holte sie das Papier, über dem sie am Vorabend mit Bhalla getuschelt hatte, aus ihrem Gewand und reichte es mir. Es war ein kurzer Brief von Larry Llamo.

Liebste Mary,
Sie und Ihr Gast müssen Bhutan sofort verlassen. Es hat schon viele Verhaftungen gegeben. Alles ist in Verwirrung. Kommen Sie gleich. Was auch geschieht, halten Sie sich an meinen Rat. Ich liebe Sie. *Larry*

Mary trocknete sich seufzend die Augen. »Seit der vorige Premierminister ermordet wurde, gehen bei uns unverständliche Dinge vor«, sagte sie endlich. »Der Mörder wurde damals gefaßt, aber niemand weiß, ob er allein gearbeitet hat oder das Werkzeug einer größeren Verschwörergruppe war. Er hatte nie etwas gestanden.«

»Und was hat das mit den jetzigen Ereignissen zu tun?« fragte ich.
»Die Leute, die jetzt verhaftet werden, sind Dorjis Anhänger«, erwiderte Mary schlicht.
»Wieso? Wer verhaftet sie denn?«
»In unserem Königreich gibt es oft Fragen, die keiner zu beantworten weiß. Manchmal haben die Konflikte gar nichts mit Politik zu tun, sondern nur mit internen Palastintrigen, Eifersüchteleien, Beziehungen, Frauen, Mätressen, persönlichen Zu- und Abneigungen. Wir hatten einmal einen König, der so unter dem Einfluß seiner Mätresse stand, daß es allgemein hieß, sie betäube ihn mit Liebestränken, um ihn um so sicherer zu stürzen. Sie war im Komplott mit der Königinmutter, die selbst nach der Macht strebte.«
»Steht die königliche Familie hinter den jetzigen Verhaftungen?«
»Das weiß ich nicht. Wir wissen nur, daß Dorji zwecks Verhandlungen mit dem König in die Schweiz geflogen ist. Wir wissen auch, daß es Differenzen zwischen ihnen gegeben hat, aber nicht, was bei den Schweizer Besprechungen herausgekommen ist, und noch weniger, was diese neue Verhaftungswelle zu bedeuten hat.«
Ich vergegenwärtigte mir die strategische Lage Bhutans. Es ist, wie Sikkim und Nepal, einer der Pufferstaaten zwischen Indien und China – und Pufferstaaten können eines Tages immer zu Stützpunkten werden.
»Mary, gibt es eigentlich viele Chinesen in Bhutan?« fragte ich.
Sie sah geradeaus. »Nicht, daß ich wüßte.«
»Aber die Bhutanesen mögen die Inder nicht besonders, oder?«
»Nein«, sagte Mary. »Wir wollen ein Volk für uns sein und nehmen die indische Kontrolle übel.«
Ich dachte an den amerikanischen Konsul in Kalkutta, der mir nahegelegt hatte, Augen und Ohren weit offenzuhalten. Was hatte er wohl damit gemeint? War ein Staatsstreich geplant, der zeitlich mit Dorjis Abwesenheit zusammenfiel, und hatten die Amerikaner etwas damit zu tun? Waren Chinesen in Thimphu, der bhutanesischen Hauptstadt, und an der Nordgrenze? Mußte ich meinen Aufenthalt jetzt abbrechen, weil ich nächste Woche nach Thimphu hatte reisen wollen? Hatte ich die Reisegenehmigung in Neu-Delhi vielleicht

nur bekommen, um etwaige Sorgen Dorjis zu zerstreuen, in seinem Lande braue sich etwas zusammen? Hatte der König die Verhaftung seiner Anhänger von der Schweiz aus befohlen? Waren auch wir gefährdet? Und, wenn ja, warum?
Mary wiederholte, daß sie von nichts wisse. Bis wir Phuncholing erreichten, könne auch sie nur Vermutungen hegen. Und wir müßten die weite Strecke in einem Tag schaffen.
Zwei Stunden nachdem wir Paro verlassen hatten, stießen wir wieder auf Straßenbautrupps, die noch nichts von den Unruhen zu wissen schienen und ihre Arbeit verrichteten wie immer. Die Männer rauchten, die Frauen klopften Steine, Kinder zappelten in Rückentüchern. Für sie war es ein Tag wie jeder andere.
Aber plötzlich nahte sich Motorendonner von oben. Das Klopfen verstummte, alle Gesichter wandten sich aufwärts. Zwei Hubschrauber zogen, ungefüge Schatten werfend, über uns hinweg.
Bhalla sprang aus seinem Jeep und rannte zu uns.
»Das waren die königlichen Hubschrauber«, sagte er. »Sie fliegen in Richtung Paro. Vielleicht saßen der König und Dorji selbst drin. Ob wir nach Paro zurückkehren?«
Mary sah noch einmal in Larrys kurze Botschaft. »Nein, ich halte mich lieber an Larrys Warnung. Wahrscheinlich konnte er in der Eile keine genaueren Gründe angeben, aber ich glaube, daß wir so schnell wie möglich über die Grenze müssen.«
Sie war eine energische und klardenkende Person. Wenn es darauf ankam, stand sie ihren Mann. Darin war sie trotz ihrer zerbrechlichen Schönheit den meisten Männern ihres Umkreises überlegen. Sie betrachtete sie als Kameraden, mit denen man offen, direkt und sachlich sprechen mußte. Flirten und das Herauskehren weiblicher Reize und Emotionen waren ihr fremd. Das hätte wichtige und drängende Entscheidungen ja auch nur unnötig kompliziert.
Bhalla fügte sich widerspruchslos, kletterte wieder in seinen Jeep, und wir fuhren weiter.
Mary blickte schwermütig in die Staubwolken. Irgend etwas anderes schien ihr durch den Kopf zu gehen.
»Ich bin neugierig, ob ich je heirate«, sagte sie plötzlich.
»Aber warum denn nicht?«
»Weil ich mich immer nach den Wünschen meiner beiden Tantchen gerichtet habe. Sie haben sich nie mit Männern ein-

gelassen und erzogen mich ganz in ihrem Sinne. Fleiß, Vernunft, sichere Lebensstellung und so, wissen Sie. Ich lernte also Sprachen [sie beherrschte sechs Sprachen fließend], Umgang mit Menschen und was sonst noch zu einer tüchtigen Sekretärin gehört. Meine Tanten schickten mich zum Studium nach London, weil ich mich von Lenny Dorjis Bruder Rimp angezogen fühlte. Als ich nach Kalimpong zurückkehrte, war er anderweitig verheiratet.«
»Haben Sie ihn geliebt?«
»Woher soll ich das wissen? Ich habe keinen Mann nahe genug kennengelernt. Na, meine Tantchen werden vermutlich bald eine Vernunftheirat für mich arrangieren. Dann werde ich wohl auch mal geküßt werden.«
Sie schwieg und sah wieder vor sich hin. Ich wischte mir den Staub aus Nase, Augen, Ohren und Mund. Der Staub reizte Bronchien und Lunge bei jedem Atemzug. Wir fuhren so rasch, wie es die mit Schlaglöchern und Steinen übersäte Straße nur zuließ, und unsere Arme und Finger waren schon ganz verkrampft vom ewigen Anklammern an die Halteschlaufen. Kurz vor Chasilakha hörten wir eine Dynamitsprengung, und ein Teil der Bergwand rutschte mit Donnergepolter über die Straße. Bhalla hielt nicht an, sondern trat aufs Gas und setzte mit kühnem Schwung über die Geröllhaufen hinweg. Die Straße darunter war zum Glück ganz geblieben. Wir holperten hinterher, ohne uns lange Gedanken zu machen.
Chasilakha, das wir nach sechsstündiger Fahrt erreichten, war wie ausgestorben. Die Bauingenieure und die arroganten Sikhs waren nicht mehr da, aber wir fanden wenigstens noch abgekochtes Wasser und kalte Kartoffeln in der Barackenküche. Während des Weiterfahrens kauten Mary und Bhalla unentwegt Chilis.
Weiter, immer weiter rumpelten wir die staubigen Serpentinen hinunter, bis wir das Gefühl hatten, die Rückenwirbel und besonders das Steißbein müßten uns durch die Haut brechen. Angesichts der dürren Berglandschaft war es sonderbar, an die Regengüsse und Schlammfluten zu denken, die noch vor wenigen Wochen Bergrutsche verursacht hatten. Jetzt konnten nur Sprengungen zeitweise den Weg versperren. Vielleicht hatte die Revolution — oder was immer in diesem Lande vorging — vertagt werden müssen, bis die Wege wieder einigermaßen gefahrlos passierbar waren. Als die

Dunkelheit einbrach und mit ihr die Kälte, verminderten wir unser Tempo in den Kurven.

Plötzlich tauchten auf der Straße unter uns die Scheinwerfer einer ganzen Jeep-Karawane auf, die uns entgegenkam.

»Ducken Sie sich!« befahl Mary rasch und schob mich außer Sicht. Unser Chauffeur hielt an einer Ausweichstelle, um die Jeeps vorbeizulassen, und winkte ihnen zu. »Bewaffnete Soldaten und Zivilgefangene«, meldete er gleichmütig.

Ich sah, daß Mary mit den Augen jeden einzelnen Jeep absuchte. Sie hatte wohl eine Ahnung, obgleich sie es damals nicht wissen konnte — wir erfuhren erst später, daß Larry Llamo, mit Handschellen und Knebel, in einem dieser Jeeps ins Klostergefängnis von Thimphu transportiert und dort, an Händen und Füßen gefesselt, zwei Wochen lang gefoltert wurde, um das Geständnis von ihm zu erpressen, Dorji habe den König stürzen wollen. Seine warnende Botschaft an Mary, unverzüglich das Land zu verlassen, war so ziemlich seine letzte Tat vor der Gefangennahme gewesen.

Als die Karawane vorüber war, nahmen wir beschleunigt unsere Fahrt wieder auf. Das Grenzstädtchen Phuncholing war unsere Pforte für die Rückkehr nach Indien. Wir kamen nach im ganzen siebzehnstündiger Fahrt dort an. Aber was uns nun blühte, war ein einziger langgezogener Alptraum.

Schon am Ortseingang wurden wir von Soldaten angehalten. Einige trugen die indische Khakiuniform, andere bhutanesische Tracht; alle jedoch waren bis an die Zähne bewaffnet und gaben im Vollgefühl ihrer Wichtigkeit ungeheuer an.

Mary sprang vom Jeep, konfrontierte einen indischen Offizier und fragte scharf: »Was soll das heißen?«

»Wen haben Sie da bei sich?« war die Gegenfrage.

»Eine amerikanische Dame, einen Gast des Landes, und . . .« Mary zögerte etwas, ». . . und Bhalla, den Adjutanten des Premierministers, der den Auftrag hat, sie überall zu begleiten.«

Als Bhallas Name fiel, funkelten die Augen des Offiziers auf. »Ist das der da in dem anderen Jeep?« erkundigte er sich.

Mary antwortete nun ihrerseits mit einer Gegenfrage. »Wo ist Premierminister Dorji?«

Der Offizier lächelte dünn. »Sie werden Ihre weiteren Instruktionen im Rasthaus erhalten.«

Wir wurden von Wachtposten umringt und in das Rasthaus geführt, das uns vor einigen Wochen so drollig modern und

amerikanisch vorgekommen war. Jetzt war es nichts anderes als eine beliebige Militärbaracke. Soldaten wimmelten herum, und ihre Stabscheinwerfer zeigten uns den Eingang durch den weißen Gartenzaun. Die Blumenbeete waren zertrampelt, und auf der Veranda stand jetzt statt des Schaukelstuhls ein bewaffneter Wächter.
Bhalla klopfte sich nervös den Staub von den Hosen, schlug den Kragen seiner Lederjacke hoch und trat als erster an der Schildwache vorbei ein. Mary und ich folgten. Der Soldat starrte geradeaus und würdigte uns keiner Beachtung.
Die Dienerschaft hockte verängstigt in der Küche. Keiner begrüßte uns. Keiner wagte auch nur ein Wort. Bhalla näherte sich einem der Diener und fragte direkt: »Was ist los? Was geht hier vor?« Der Mann wich ihm verlegen aus und entschlüpfte durch die Hoftür. Bhalla versuchte es geduldig mit einem anderen, aber auch der entwich, und die anderen taten es ihm nach. Bhalla folgte ihnen. Nun hörte man gedämpfte Satzfetzen. Es war Bhalla offenbar gelungen, die Leute wenigstens hinter dem Haus zur Rede zu stellen. Mary und ich warteten auf den hölzernen Küchenstühlen vor einem Tisch — der für drei gedeckt war. Schließlich kam Bhalla, deutlich erschüttert, wieder herein.
»Die Leute sagen, Dorji sei noch in Europa«, berichtete er. »Einige seiner Anhänger haben sich rechtzeitig in Sicherheit gebracht. Die anderen sind zum größten Teil verhaftet worden.« Bhalla sah kurz zu Mary und dann auf seine Füße. »Larry war in einem der Jeeps, die uns unterwegs begegnet sind.«
Mary zuckte zusammen und sprang mit flammenden Augen auf. »Wir müssen sofort aus diesem Land heraus. Wir können nicht bis morgen warten. Los!«
In möglichst normaler und gelassener Haltung gingen wir aus dem Haus und auf unsere Jeeps zu. Aber plötzlich kamen die bewaffneten Wächter mit gefällten Bajonetten aus dem Dunkel und umringten uns wie ein gut eingedrilltes kriegerisches Ballett. Die Bajonette rückten uns so dicht auf den Leib, daß ich unwillkürlich den Bauch einzog. Wo war der majestätische Bergesfrieden geblieben? Ich griff nach der kratzigen Safranhalsbinde, die mir der alte Lama geschenkt hatte.
Eine blitzende Bogenschwenkung mit der Waffe, dicht vor unseren Gesichtern und über unseren Köpfen, beorderte uns deutlicher als Worte ins Haus zurück.
Wir gehorchten.

19

Es war wie ein schlechter Film: Harmlose Weltenbummlerin (Shirley MacLaine) wird nebst zwei Mitspielern namens Mary und Bhalla im Himalaja gefangengenommen. Aber ich sah mich vergebens nach dem Regisseur und den Kameras um. Es war ungeschminkte Wirklichkeit, daß ich irgendwie in das Mahlwerk einer politischen Verwicklung geraten war, von der ich nichts begriff und die selbst Mary und Bhalla nicht ganz zu durchschauen schienen.
Wir drei saßen ratlos im Speisezimmer des Rasthauses auf steiflehnigen Stühlen. Kleidung, Haar und Wimpern waren mit feinem Staub verkrustet. Unsere Schuhe waren von den steinigen Bergpfaden rissig und abgenützt. Wir hörten unser einträchtiges Magenknurren. Wir waren hungrig, durstig und hundemüde.
Schwere Schritte stampften über die Veranda. Dann ging die Tür auf, und einer unserer Wächter kam herein. Mary erkannte ihn.
»Hallo, Wanchuk!« sagte sie.
Er pflanzte sich breitbeinig uns gegenüber auf. Seine dicken, mit handgestrickten Kniestrümpfen bekleideten Waden wuchsen wie wollene Baumstämme aus den Yaklederstiefeln. Die Fäuste stemmte er in die Hüften. Ein schwarzgelbrotgestreifter handgewebter Umhang war um den massigen Körper gerafft. Von seiner Schulter baumelte eine Maschinenpistole.
»Warum sind wir verhaftet worden?« fragte Mary in der Landessprache.
»Ihr werdet hier nur vorläufig festgehalten«, erwiderte Wanchuk ausweichend.
»Aber warum?« fragte Mary hartnäckig.
Wanchuk gab keine Antwort, und auch Bhalla, der sich in seiner Lederjacke nach vorn krümmte, sagte nichts.
»Wie lange sollen wir denn hier herumsitzen?« fragte ich.
Wanchuks Froschaugen starrten mich mühsam durch die dicke Brille an, die auf seiner Mongolennase balancierte. Indessen gönnte er auch mir keine Antwort, sondern wandte sich abrupt an Bhalla.
»Sie sind der Adjutant des abgesetzten Premierministers!«
Es war keine Frage, sondern eine Anschuldigung. Bhallas Lederjacke quietschte leise, als er eine unwillkürliche Bewegung

machte. Dann hob er den Blick von seinen abgestoßenen Schuhspitzen zu Wanchuk. »Kommen Sie mit«, sagte der.
Bhalla blieb sitzen.
Mary stand auf, übersetzte mir, was Wanchuk gesagt hatte, warf ihr Haar über die Schulter, zog einen Kamm aus der Schärpe und tat, zu mir gewandt, als interessiere sie im Moment nichts als ihr Aussehen. Dabei starrte sie mir mit bannendem Blick in die Augen und flüsterte: »Lassen Sie ihn nicht 'raus – nicht eine Minute.«
Mich hatte alles Bisherige schon reichlich mitgenommen, aber nun packte mich wirklich die Angst. Der *abgesetzte* Premierminister? Dorji?
Unsicher ergriff ich von neuem das Wort. Mary dolmetschte.
»Wozu brauchen Sie Mr. Bhalla?« fragte ich.
»Ich habe Befehle aus der königlichen Residenz in Paro«, antwortete er in gemessenem Ton.
»Wollen Sie damit sagen, der *König* habe unsere Verhaftung angeordnet?«
Wanchuk starrte durch mich hindurch und antwortete nicht.
»Bitte, können Sie das alles nicht mit Mr. Bhalla hier besprechen?« fuhr ich fort. »Ich kann nämlich schlecht ohne ihn auskommen. Er ist der mir zugeteilte Reisebegleiter. Und wir möchten nun natürlich so schnell wie möglich unsere Ausreisegenehmigung haben.«
Wanchuk gab nur einen Grunzlaut von sich. Mary warf einen schnellen Blick auf Bhalla und sagte sehr fest:
»Wanchuk, Sie wissen doch genau, wer diese Dame ist, nicht wahr? Und Sie wissen natürlich auch, daß es in Amerika unliebsames Aufsehen erregen würde, wenn ihr in unsrem Land etwas zustieße oder sie auch nur zurückgehalten würde. Die Folgen wären gar nicht abzusehen.«
Wanchuk starrte mich noch einen Moment mit undurchdringlicher Miene an. Dann raffte er seinen Umhang, drehte sich um und stampfte aus der Tür, die er hinter sich zuknallte.
Wir drei seufzten auf. Ich wußte immer noch nicht, wo mir der Kopf stand. »Was soll das bloß alles, Mary?« fragte ich.
Marys Gesicht war besorgt und verdüstert. »Vor anderthalb Jahren«, erzählte sie plötzlich statt einer Antwort, »saß ich hier in diesem selben Raum mit Jigme, dem vorigen Premier – Dorjis Bruder. Wir spielten Karten. Er saß auf diesem Stuhl da. Die Küchentür stand offen. Jigme hatte gerade eine Partie gewonnen und lachte vor Vergnügen, als ihn ein Schuß

durch die offene Tür traf. Er verblutete in meinem Schoß. Hierzulande gibt's ja keine Möglichkeit für Bluttransfusionen. Wenn er eine bekommen hätte, wäre er wahrscheinlich nicht gestorben ...«
Sie verstummte. Ihre Augen hatten sich verschleiert.
»Der Mörder wurde doch gefaßt?« fragte ich.
»Ja, nach einer Weile. Aber er hat nie gesagt, ob er es von sich aus oder im Auftrag anderer getan hat. Der König war entsetzt. Er ernannte Dorji zum neuen Premierminister.«
Mary schüttelte wehmütig den Kopf. »Und Jigme ist in meinen Armen gestorben. Seine letzten Worte waren: ›Sei dem König treu.‹ Mehr weiß ich nicht.«
Ich versuchte krampfhaft, irgendeinen Faden durch dieses Labyrinth der bhutanesischen Politik zu finden. Wanchuk hatte sich nicht besonders beeindruckt gezeigt, als Mary ihm mit der Möglichkeit amerikanischer Repressalien drohte, und ich glaubte auch nicht, daß er oder einer der anderen Wachsoldaten den leisesten Schimmer hatten, »wer ich war«, und daß sie sich darum scherten. Trotzdem konnte ich noch nicht recht an eine persönliche Gefahr glauben. Falls es stimmte, daß Dorji abgesetzt war, so stimmte es freilich auch, daß ich mit ihm bekannt war und meine Reise mit seiner Befürwortung angetreten hatte — aber das genügte doch wohl kaum, mich zur Staatsfeindin zu erklären!
Bhalla hingegen war ein langjähriger und treuer Freund Dorjis und mußte als solcher bei einer politischen Umwälzung suspekt erscheinen. Bhalla war tatsächlich in Gefahr.
Wie richtig ich trotz meiner Unkenntnis getippt hatte, zeigte sich wenige Minuten später, als ein Soldat hereinkam und drei amtlich aussehende Papiere vor uns auf den Tisch legte.
Zwei waren Ausreisegenehmigungen für Mary und mich. Das dritte war ein Verhaftungsbefehl für Bhalla.
Wir studierten die Dokumente und sahen einander hilflos an. Gleich danach erschien das Küchenpersonal und servierte uns schweigend das übliche Stew mit Kartoffeln und Chilis. Eis klirrte verlockend in einem Krug mit frischem Wasser. Auch Wanchuk kam noch einmal, deutete auf die Mahlzeit, befahl uns zu essen und verschwand wieder.
»Wir dürfen das Zeug nicht anrühren«, flüsterte Bhalla, als wir allein waren. »Es ist ganz bestimmt mit Betäubungsmitteln oder Gift versetzt.«

Mir schwirrte der Kopf. Wenn er recht hatte, war meine Überzeugung, nicht in persönlicher Lebensgefahr zu sein, naiver Optimismus. Aber mittlerweile dachte ich kaum noch an mich selbst. Bhalla war in Gefahr — das genügte. Wir mußten alle drei mit heiler Haut davonkommen. Und zu diesem Zweck mußten wir uns sehr rasch etwas einfallen lassen.
Mary entwarf als erste einen Plan. »Wo ist unser Jeepfahrer?« fragte sie Bhalla leise.
»Hinter dem Haus. Er ist so verängstigt, daß er vorhin nicht mal mit mir sprechen wollte.«
»Holen Sie ihn«, befahl Mary.
Bhalla gehorchte. Bald kehrte er mit dem Chauffeur zurück, der sich wie ein geprügelter Hund duckte.
»Du bist immer noch im Dienst unseres Premierministers«, fuhr Mary ihn an, jeder Zoll Chefsekretärin. »Du tauschst jetzt die Kleider mit Bhalla.«
Der Chauffeur riß entsetzt die Augen auf und wand sich.
»Du tust, was ich dir sage. Und zwar sofort!«
Der Chauffeur schlurfte hinter Bhalla ins Badezimmer, wo er seinen Rollkragenpullover und vor allem den buddhistischen, gestrickten Kopfschutz, der nur die Augen sehen läßt, ablegte. Bhalla zog beides rasch an und entwich durchs Badezimmerfenster. Der Chauffeur setzte sich in Bhallas Lederjacke zu uns.
Marys Plan war so einfach wie zweckmäßig. Wir wußten, wo unsere Jeeps standen. Bhalla brauchte sich jetzt nur in der Rolle unseres Chauffeurs ans Steuer zu setzen und uns über die Grenze zu bringen. Wir hatten keine Zeit, weitere Einzelheiten zu besprechen. Die Dienerschaft hatte in der Küche zu tun, und niemand hielt uns auf, als Mary und ich durch die Hintertür hinausgingen. Ich griff mir meine Reisetasche, die Paß, Tagebuch, Bilder, Kamera und Geld enthielt. Das große ledergerahmte Photo von Steve und Sachie, das mich dreimal um die Welt begleitet und mir in einsamen Hotelzimmern und Eingeborenenhütten Gesellschaft geleistet hatte, war leider in meinem großen Koffer und mußte zum erstenmal zurückbleiben. Wieder faßte ich unwillkürlich nach meinem Safran-Stoffstreifen und dem darunter verborgenen Amulett.
Bhalla erwartete uns schon am Steuer des Jeeps. Mary und ich verluden unser Kleingepäck und stiegen ein. Bhalla fuhr los. Die Wachen vor dem Haus ließen uns passieren. Man

hatte ihnen wohl inzwischen gesagt, daß Mary und ich Ausreisegenehmigungen hatten, und sie dachten wahrscheinlich – wir hofften es! –, daß wir ohne Chauffeur nicht auskämen.
Aber wir waren kaum dreißig Meter vom Rasthaus weg, als Bhalla auf die Bremse trat. »Es klappt nicht«, sagte er. »Wanchuk ist am Tor. Der erkennt mich. Ich verstecke mich besser hinten unter dem Gepäck, solange wir noch im Dunkeln sind. Dann müßt ihr beide für irgendeine Ablenkung sorgen, und eine von euch muß den Jepp zur Grenze fahren.«
Gesagt, getan. Mary und ich sprangen nahe beim Tor aus dem Jeep, stürzten uns auf Wanchuk und die Wachen und überhäuften sie mit Schmähungen. Welch unverschämte Zumutung, daß wir ohne Bhalla abfahren mußten! »Wenn ich erst in Indien bin«, kreischte ich, »werde ich Sie für Bhallas Verschwinden verantwortlich machen!«
Wanchuk und die Seinen standen stockstill. Andere Soldaten rannten herbei, um zu sehen, was der neue Aufruhr bedeutete, ohne den Jeep weiter zu beobachten. Ich riß meine Kamera aus der Tasche und blitzte aus nächster Nähe in sämtliche erreichbaren Gesichter, »damit ihr Kerle später alle erkannt werdet!« Ich hatte schon seit einer Woche keinen Film mehr in der Kamera, aber die Blitze erfüllten ihren Zweck. Die Männer zuckten zusammen und versuchten ihre Gesichter zu schützen. Und Bhalla hatte inzwischen genügend Zeit, sich mit Decken und Gepäck unsichtbar zu machen.
Immer noch hysterische weibliche Ausbrüche mimend, schlängelten Mary und ich uns allmählich wieder in den Jeep. Meine Knie zitterten. Wanchuk und die anderen wischten sich noch total verwirrt die tanzenden Lichtpunkte aus den Augen und ließen uns fahren. Mary hatte das Steuer übernommen.
Die Viertelmeile bis zum Grenzübergang war ein Angsttraum. Die sternlose Nacht war voll von Gefahren, ich wußte nicht, welchen, wollte sie aber auf jeden Fall vermeiden. Dann hörte ich Bhallas heisere Stimme aus seinem Versteck:
»Wenn man euch an der Grenze anhalten will, brecht einfach durch die Bambusbarriere!«
Ein Frösteln überlief mich. Mary warf einen skeptischen Blick über die Schulter. Anscheinend begann Bhalla die Nerven zu verlieren. Der sanfte, freundliche kleine Inder, der so mühsam aus Kalkuttas Gossen emporgestiegen war, hing nun an

dem, was er aus seinem Leben gemacht hatte – um jeden Preis.
Wir fuhren schweigend weiter. Mich überkam das sonderbare Gefühl, das ich schon lange kannte: als beobachtete ich unsere Fahrt und mich selbst als Außenstehende. Steve und Sachie waren greifbar nahe bei mir und sagten: Sieh dich vor!
»Ja, was sollen wir denn machen?« fragte ich Steve laut.
»Wir werden sehen«, antwortete Mary.
Ihre Stimme schreckte mich in die Wirklichkeit zurück. Wenn auch sie im letzten Moment die Nerven verlor – was dann? Konnte ich sie hindern, aufs Gaspedal zu treten und durch den Grenzbaum zu rasen? Und dann gab es todsicher eine Schießerei. Ich konnte mich natürlich aus dem Jeep fallen lassen, dann würde ich mir schlimmstenfalls ein paar Knochen brechen. Aber ich hätte mich doch lieber selbst ans Steuer setzen sollen. Dann hätte ich wenigstens mein eigenes Schicksal in der Hand gehabt.
Die Bambusgrenze tauchte im Licht unserer Scheinwerfer auf. Zu beiden Seiten der Barriere schwankten Palmwipfel über die Straße. Grenzbeamte traten uns mit vorgehaltenen Pistolen und Bajonetten in den Weg.
»Durchbrechen, durchbrechen!« keuchte Bhalla hinten unter dem Gepäck.
Ich starrte Mary an. Würde sie den Wahnsinn wagen? Mein Herz klopfte so heftig, daß es mir den Atem verschlug. Ach, säße ich doch am Steuer! Wie gräßlich, der Panikstimmung anderer Menschen ausgeliefert zu sein! Aber Mary sagte über die Schulter:
»Ruhig, Bhalla. Ich kann nicht durchbrechen. Sie würden uns alle drei erschießen, das wissen Sie sehr gut. Ich halte vorschriftsmäßig.« Sie tat es und stellte den Motor ab. Ich bekam wieder Luft. Bhalla rührte sich nicht mehr.
Die Militärpolizisten umzingelten den Jeep und starrten uns an. Ich setzte mein bestes Filmlächeln auf. Sie reagierten nicht. Einer schrie Mary etwas zu, und sie übersetzte mir:
»Er sagt, Bhalla ist verschwunden. Wir müssen zum Rasthaus zurückfahren.«
»Ja, dann bleibt uns wohl nichts andres übrig«, meinte ich, froh, daß es wenigstens nicht zu Gewalttätigkeiten gekommen war.
Mary zögerte. Himmel, dachte ich, daß sie bloß jetzt nicht noch durchdreht! Sie brachte den Motor wieder in Gang. Die

Grenzpolizisten traten zur Seite, um ihr Platz zum Wenden zu geben.
Ich weiß bis heute nicht, was damals im einzelnen passierte, was in Marys Kopf vorging und was sie wirklich tat. Die Situation änderte sich blitzartig. Einer der Bewaffneten schrie sehr laut und sehr wütend auf. Mary gefror zu Eis und bremste. Alle stürzten sich aufs neue auf den Jeep. Plötzlich flogen mir von hinten zwei kleinere Gepäckstücke ins Genick. Bhalla befreite sich mit einem gellenden Schrei aus seiner Tarnung, sprang hinten vom Jeep, fiel auf die Knie in ein Reisfeld und kam in den dunklen, morastigen Furchen außer Sicht.
Ich schrie: »Zurück, Bhalla!«, denn ich hatte Angst, sie würden ihn erschießen.
Aber schon kreischten die Bremsen eines anderen Jeeps hinter uns. Wanchuk sprang als erster hinaus. Sein zorngeröteter Kopf verriet, daß er apoplektisch war. Er brüllte Mary an, er brüllte die Wachen an. Letztere rannten mit einsatzbereiten Gewehren und Bajonetten in das Reisfeld. Die Jagd hatte begonnen.
Scheinwerfer, in deren Strahl Bajonette aufblinkten, kreisten über dem Feld; man hörte das Rufen und Keuchen der Jäger, und manchmal flog der Schlamm bis zu uns.
Ich traute meinen Augen und Ohren nicht. Diese schweißtriefenden, beutegierigen Raubtiere nannten sich Buddhisten — Leute, die die höhere Weisheit gepachtet hatten! Warum benahmen sie sich jetzt wie die Tiere?
Das Stimmgewirr sammelte sich an einer Stelle und erhob sich zum Trimphgeschrei. Ich unterschied dazwischen Bhallas verzweifelte Stimme. Das Wild war eingekreist. Die Jagd war zu Ende.
Bald wurde Bhalla von der Meute ins Scheinwerferlicht gezerrt. Er war von oben bis unten verdreckt, mit Handschellen gefesselt und mit einem grauen Lappen geknebelt. In seinen Augen brannte animalische Angst — die Angst eines Tieres, das in der Falle sitzt und nicht sterben will, den Tod aber doch allem vorzieht, was ihm sonst noch droht. Er zuckte nervös mit dem Kopf, und sein magerer Körper war in der Taille nach hinten gebogen, als hätte ihn die Schnappfalle gerade in der Mitte getroffen. Ich glaubte, das dumpfe Trommeln seines Herzens zu hören. Seine Handschellen klirrten auf den Oberschenkeln, als die Wachen ihn heranschleppten.

Als er Mary und mich neben dem Jeep gewahrte, straffte er sich. Er wußte, daß er ein Glücksspiel gewagt und verloren hatte, aber das Schlimmste für ihn war, daß seine Würde dahin war. Mit einem herzzerreißenden Lächeln, soweit der Knebel es zuließ, hob er die gefesselten Hände, als wollte er von uns Abschied nehmen.
Ich ertrug es nicht länger. Ich vergaß alles — mich, die Schwerbewaffneten, die Gründe, die sie möglicherweise für seine Verhaftung anführen konnten. Ich riß mein Kopftuch ab, rannte zu Bhalla und band mich selbst blitzschnell an seinen Handschellen fest.
Wanchuk sah wie gelähmt und mit offenem Mund zu.
»Wenn Sie Bhalla ins Gefängnis bringen«, rief ich, »müssen Sie mich mitnehmen. Ich verlasse Bhutan nicht ohne ihn!«
Mary dolmetschte und fügte hinzu: »Ich auch nicht.«
Bhallas schwarze Augen blinkten von aufsteigenden Tränen. Wanchuk stand da wie eine Statue, nur seine Wange zuckte. Er sah aus wie ein Mensch, der Zeit zum Nachdenken braucht. Da er in der Eile keinen anderen Ausweg fand, fiel ihm nur sein alter Befehl ein. »Sie kehren zum Rasthaus zurück!« schnauzte er. »Ich bitte um eine Telefonverbindung nach Kalkutta«, sagte ich. »Wenn Sie uns hier festhalten, habe ich wohl zumindest das Recht, meinen Bekannten zu sagen, daß ich in Sicherheit bin.«
»*Sie* können ja über die Grenze«, betonte er.
»Aber nicht allein«, erwiderte ich. »Dorji hat Bhalla beauftragt, mich nach Bhutan *und zurück* zu begleiten. Was mich betrifft, ist der Befehl des Premierministers noch nicht aufgehoben — und Bhalla ist immer noch mein Beschützer.«
Wanchuk hörte sich die Übersetzung mit flatternden Lidern an und schwieg.
Wir fuhren alle in das verlassene Rasthaus zurück. Ich war immer noch mit dem Halstuch an Bhallas Fesseln geknüpft, und wir setzten uns dicht nebeneinander auf zwei der steiflehnigen Eßzimmerstühle. Auf dem Tisch stand das erkaltete Essen, und im Krug schmolz das letzte Eisbröckchen. Wir sahen dumpf zu, wie es sich auflöste, und spürten die harten Stuhllehnen schmerzhaft im Rückgrat. Aber wir konnten vor Erschöpfung nicht mehr gerade sitzen.
Mary stand an der Tür und sah hinaus. Niemand sprach. Bhallas Schweigen sagte mehr, als er in Worte zu fassen vermochte.

20

Erst um drei Uhr morgens durften wir das Haus verlassen, um zu telefonieren. Zwei bewaffnete Wächter führten Mary, Bhalla und mich über ein von Wasserrinnen durchzogenes Reisfeld zur einzigen Telefonzentrale Bhutans. Die einsame Hütte mit ihrem hohen Mast war von Staubspiralen, wehendem Sumpfgras und Dorngestrüpp umgeben, aber ihre Drähte verbanden sie mit Assam, Ostbengalen, Pakistan und Indien, und ich hoffte, über sie Martin und Bhulu zu erreichen, oder vielleicht sogar Glenda Dorji.
Unser lautes Klopfen scheuchte die beiden indischen Telefonisten aus ihrem gesunden Schlaf. Sie öffneten die Tür und schauerten zusammen, als die eisige Nachtluft mit uns hereinkam.
»Wir brauchen eine Verbindung nach Kalkutta«, erklärte Mary streng.
Unsere Leibgarde nahm gleichgültig und stumm auf den Bambusliegen Platz. Es roch nach Maschinenöl und Schweiß. Auf dem staubigen Tisch neben der Schalttafel lagen altmodisch konstruierte Kopfhörer, die sich einer der Techniker über die Ohren zog. »Außer Betrieb«, sagte er nach ein paar Sekunden und nahm die Kopfhörer wieder ab. Mary ging hin, setzte sie selbst auf, betätigte einen Stecker, und ich hörte den tröstlichen Ton eines Amtszeichens.
»Was heißt hier ›außer Betrieb‹?« fragte sie ärgerlich. »Es funktioniert doch!«
»Das ist die Leitung zum Palast in Paro«, erwiderte der Techniker. »Sie wollten Kalkutta.«
»Dann geben Sie uns Kalkutta, und zwar sofort!«
Der Techniker stöpselte sachkundig hier und da am Schaltbrett und wartete. »Besetzt«, verkündete er.
»Wir warten«, sagte Mary. Wir setzten uns. Die Wachen standen wieder auf, und die Telefonisten streckten sich völlig uninteressiert auf ihren Liegen aus. Nach einer Viertelstunde forderte Mary einen abermaligen Versuch.
»Die Leitung ist immer noch besetzt«, erklärte einer der Techniker.
So verstrichen anderthalb Stunden. Wir hörten immer nur »Besetzt« oder »Außer Betrieb« oder »Falsche Verbindung«. Zweimal verbanden uns die Burschen mit Thimphu und ein-

mal mit Chasilakha, wohl um ihren guten Willen zu zeigen. Die Wachen traten von einem Fuß auf den andern. Es wurde allmählich albern. Schließlich stand ich auf und zog Bhalla mit mir in die Höhe. Ich hatte ganz vergessen, daß wir noch immer aneinandergebunden waren.
Ich löste den Knoten, ließ Bhalla stehen und ging an die Schalttafel, um die Sache selbst in die Hand zu nehmen. Zu meinem Erstaunen half mir einer der Techniker, den richtigen Stecker zu finden. Kalkutta meldete sich! Aber als ich Martins Nummer angab, hörte ich scharrende Geräusche hinter mir. Die Wachen hatten geduldig abgewartet, bis ich anderweitig beschäftigt war, um Bhalla wieder zu knebeln und hinauszuzerren. Mary schrie auf. Ich warf den Kopfhörer hin, raste ihnen nach und krallte mich an Bhallas Rollkragenpullover fest. Die Wachen ließen von ihm ab. Wir alle kehrten im Gänsemarsch in die Hütte zurück, Wächter, Telefonisten und Häftlinge. Niemand hinderte mich, die Verbindung nach Kalkutta aufs neue herzustellen und Martins Nummer anzugeben. Die Wächter rauchten. Mary stand vorsichtshalber zwischen ihnen und Bhalla, der den Knebel aus dem Mund zog und ihnen die Zunge herausstreckte. Demnach hatte er sein Selbstbewußtsein wiedergefunden. Sie bliesen ihm dafür ihren Zigarettenrauch ins Gesicht.
Die Nummer klingelte und klingelte. Ich bekam keine Antwort. Ich zog den Stöpsel heraus und fing von vorn an.
»Sie haben Ihren Anruf gemacht!« sagte einer der Wächter. »Es langt!«
»Nur noch einmal«, bat ich so liebenswürdig wie möglich. »Ich will meinen Leuten ja nur sagen, daß ich gesund bin.« Der Wächter wandte sich knurrig ab, und ich nannte der Zentrale in Kalkutta nun Glenda Dorjis Nummer. Diesmal hatte ich Glück.
»Glenda, sind Sie's?«
»Shirley!!«
»Ja, ich bin's. Können Sie uns helfen —.«
Der Draht verstummte. Einer der Wächter hatte den Stecker herausgezogen. Ich sah zu ihm auf, und er grinste mich an. Mir gefror das Blut in den Adern.
Mary schob ihn weg und machte mir leise einen anderen Vorschlag. Jigme Dorjis Witwe lebte seit der Ermordung ihres Gatten allein hier in Phuncholing. Sie wußte bis heute nicht, warum er hatte sterben müssen und wer dahinterstand. Tess,

oder Tess-ala, wie die bhutanesische Koseform lautete, war vielleicht bereit, uns zu helfen.

»Die amerikanische Dame wünscht die Witwe des früheren Premierministers zu sprechen«, sagte Mary nach unserem kurzen Geflüster laut zu den Wachen. Sie erhoben keinen Einspruch. Ich verstand sehr bald, warum.

Es war fünf Uhr früh, als wir über den windgepeitschten Acker zu einem kleinen Haus geführt wurden. Mary klopfte ans Schlafzimmerfenster. Keine Antwort. Sie klopfte wieder und wieder und rief »Tess-ala!«, bis sich der Vorhang einen Spalt breit öffnete und ein Gesicht dahinter erschien.

»Was ist denn? Was wollen Sie?«

»Tess-ala, können Sie uns helfen?« fragte Mary sehr ruhig.

»Nein.«

Mary konnte ihren Schrecken nicht ganz verbergen. »Aber können wir Sie nicht wenigstens kurz sprechen? Es tut uns leid, daß wir Sie aus dem Schlaf reißen, aber wir haben auch seit langem nicht geschlafen.«

»Nein.«

»Bitte, Tess-ala. Bitte. Man wird uns sonst einkerkern.«

Das Gesicht hinter dem Fenstervorhang verschwand, und wir gingen an die Haustür. Wir warteten fünfzehn Minuten, und abermals fünfzehn Minuten. Nichts. Im Hinterhof wurden Stimmen laut, aber als Mary nachsehen wollte, vertraten ihr die Wächter den Weg. Endlich wurde die Haustür geöffnet, und Tess forderte uns, sichtlich verärgert, zum Eintreten auf. An der Hintertür sahen wir zu unserem Erstaunen keinen anderen als Wanchuk.

»Nun, warum haben Sie mich so früh aus dem Bett geholt?« fragte Tess schroff auf Englisch. Sie war eine schlanke, recht attraktive Mittdreißigerin. Ihre Art verriet Weltläufigkeit, und ihr Nachthemd stammte eindeutig aus Europa.

Mary erklärte kurz, um was es sich handelte. Tess mimte die Verblüffte.

»Was erzählen Sie da für Greuelmärchen? Ich habe keine Ahnung davon!«

»Wanchuk muß Ihnen doch etwas gesagt haben«, entgegnete Mary. »Können Sie nicht ein gutes Wort für Bhalla einlegen, damit auch er die Ausreisegenehmigung erhält?«

Tess antwortete nicht, sondern holte, scheinbar zerstreut, eine Schale mit Orangen. »Darf ich Ihnen ein paar Früchte anbieten?« fragte sie, während sie selbst langsam eine der Orangen

schälte und die geschlängelte Schale, ohne aufzublicken, in
ihren Schoß fallen ließ. Was mochte in ihrem Kopf vorgehen?
Bhalla war einer der engsten Vertrauten ihres Mannes gewesen, und nach dessen Ermordung hatte er die gleiche Vertrauensstellung bei Llendhup Dorji, ihrem Schwager, eingenommen. Sie kannte ihn also genau und mußte wissen, in
welcher Gefahr er sich jetzt befand.
Aber sie spielte weiterhin, echt orientalisch, das unwissende
Weibchen. Den Kopf zurückgeworfen und mit unschuldsgroßen Augen sagte sie: »Ich verstehe nichts von Politik«,
wobei sie mit einer Handbewegung andeutete, daß die Unterredung für sie beendet war.
Mary schöpfte tief Atem, setzte sich neben Tess und redete
leise, aber energisch in bhutanesischer Sprache auf sie ein.
Tess aß ihre Orange und hörte scheinbar nur mit halbem
Ohr zu, bis Mary in Tränen ausbrach, sie bei der Hand nahm
und ins Schlafzimmer zog. Drinnen entspann sich eine erregte
Diskussion. Man hörte Schluchzen. Bhalla wand sich und
starrte auf seine Schuhe. Die Wächter hatten sich inzwischen
vor das Haus zurückgezogen.
Als Mary wieder ins Wohnzimmer kam, dämmerte der Morgen. Sie war offenbar restlos geschlagen. »Gehen wir«, sagte
sie nur. Auf meine drängenden Fragen antwortete sie weiter
nichts, als daß sie sich für die herrschende Klasse ihres geliebten Landes schäme. Das war alles.
Zu Tode erschöpft kehrten wir wieder einmal ins Rasthaus
zurück. Selbst die Wächter waren müde, und Wanchuk — ich
registrierte es mit einiger Schadenfreude — schien sich kaum
mehr auf den Beinen halten zu können.
Das Schlafzimmer enthielt nur zwei Kojen ohne Bettzeug
und Decken, aber man konnte wenigstens lang darauf niedersinken. Mary und ich taten dies unverzüglich, während Bhalla sich auf dem Boden ausstreckte. Die Wachen schnarchten
im Eßzimmer.
Phuncholing war totenstill. Der bhutanesische Staatsstreich
hing bis zum Morgen, wie ein unterbrochenes Schachspiel, im
Ungewissen. Mein Magenknurren war der einzige Laut, den
ich hörte. Wir hatten sehr, sehr lange nichts gegessen.
Ich weiß nicht mehr, ob und was ich träumte. Jedenfalls
spürte ich plötzlich, daß Fremde im Zimmer waren, und öffnete die Augen.
Zwei Soldaten standen über Bhalla und stießen ihm mit

ihren Bajonetten in die Rippen, während ein dritter ihm den Mund zuhielt. Der vierte und fünfte waren im Begriff, ihn aus dem Zimmer zu schleifen. Die Szene war zu grotesk, um wahr zu sein, und ich reagierte instinktiv im gleichen Stil. Ich sprang vom Bett, ruderte mit den Armen wie mit Windmühlenflügeln, schielte greulich, streckte die Zunge lang heraus wie ein wildgewordener Vampir und schrie gellend: »Baaaaaahhh!« Die Soldaten erstarrten vor Verblüffung, ließen den armen Bhalla mit einem Bums fallen und ergriffen panikartig die Flucht.

Bhalla krümmte sich vor Lachen. »Das«, brachte er mühsam heraus, »nennt man Papiertiger-Taktik!«

Laute Rufe schollen vom Korridor her. Mary war auf ihrem Bett in die Höhe gefahren. Die Tür flog auf, und zwei der Wachen brüllten etwas herein. »Wir sollen aufstehen und machen, daß wir wegkommen«, dolmetschte Mary. »Wir alle drei! Sie sind wütend, aber sie sagen, wir sind frei und sollen uns nur noch einmal bei Wanchuk melden.«

Diese Wendung kam für uns beinahe zu rasch. Aus der Küche roch es nach Essen; die Dienerschaft schien die Arbeit wieder aufgenommen zu haben. Ich fragte, ob ich ins Bad dürfe. »Nein.« Bhalla wollte sich ebenfalls etwas von dem Reisfeldmorast reinigen. »Nein.« Wir wurden ohne alle Formalitäten an die frische Luft befördert. Es war sehr kalt, aber die Vögel flatterten in den Bäumen, und die zertrampelten Blumenbeete hatten sich schon etwas erholt.

»Machen wir uns schnell abfahrtbereit, ehe sie ihre Meinung wieder ändern«, sagte Mary besonnen. Unter den ungeduldigen Blicken der Wächter packten wir unsere Habe in den einen der Jeeps um. Unser Heißhunger wurde durch die Essensgerüche aus der Küche verschärft, aber es war natürlich besser, dem Befehl zu gehorchen und uns bei Wanchuk abzumelden.

Er zeigte seine Wut unverhohlen, als wir zu ihm geführt wurden. Sein Gesicht war röter denn je.

»Die Königin hat Ihre Freilassung befohlen. Fahren Sie sofort zum Grenzübergang.«

»Wir alle drei?« fragte ich.

Wanchuk sprang hinter seinem Tisch auf und brüllte: »Ja, ja, ja! Alle drei! Gehen Sie! Hauen Sie ab! Rrraus!!!« Er wies vor allem auf Bhalla und auf die Tür.

Bhalla drehte sich auf der Schwelle noch einmal um, nahm

Haltung an und grüßte Wanchuk mit einer ziemlich eindeutigen Geste. Er hatte sein Selbstvertrauen wiedergewonnen, und es war ein fast würdiger Abgang. Mary errötete ein wenig. Dann liefen wir lachend zu unserem Jeep. Bhalla klemmte sich hinter das Steuer, und los ging's im Eiltempo zur Bambusgrenze. Diesmal wurden wir nicht einmal zwecks Paßkontrolle angehalten. Die Wachsoldaten ließen schon bei unserer Annäherung die Schranke hochgehen und winkten uns durchzufahren.

Phuncholing verschwand allmählich hinter uns. Das letzte, was wir sahen, waren die flatternden Gebetsfahnen über ein paar Dorfhütten.

Unser nervöses Lachen legte sich. Schweigend holperten wir der Hitze Assams entgegen. Die durchdringenden Gerüche der Niederungen kamen auf uns zu. Im Fürstentum Kutsch-Bihar begann der Regenwald mit seinen Pepul- und Mangobäumen, in denen Tausende von unaufhörlich zwitschernden Vögeln konzertierten. Je weiter wir nach Süden kamen, desto mehr grüne Tauben saßen in den dichtbelaubten Bäumen mit den roten Beeren. Lagunen, umgeben von Reispflanzungen, dienten braunen, naßglänzenden Kindern als Planschbecken. Indien sprach wieder in tausend Stimmen zu uns. Das Paro-Tal lag unendlich weit und hoch über uns.

Erst nach langer Zeit wandte sich Bhalla zu mir. »Ich möchte Ihnen danken«, sagte er schnell und unbetont. »Vermutlich werde ich nie Gelegenheit haben, Sie wiederzusehen, wenn Sie Indien verlassen haben. Darum danke ich Ihnen jetzt für mein Leben. Es gehört Ihnen — für immer.« Er verstummte unvermittelt, und seine schwarzen Augen waren naß.

Ich blickte angelegentlich in die Landschaft hinaus. Die Sonne fing schon an zu sinken. Heiße Windstöße wirbelten von den Bergketten her, die allmählich im Dunst verschwammen.

Ich wollte nicht weinen. Nach und nach mußte ich all das verarbeiten, was geschehen war. Vorläufig war es nicht wichtig, daß ich das meiste nicht verstand. Das Wesentliche war die menschliche Nähe, die ich zu Mary und Bhalla gewonnen hatte. Ich fühlte schon jetzt den stechenden Abschiedsschmerz, der einen überfällt, wenn man liebgewordenen Menschen Lebewohl sagen muß. Aber ich hatte nicht mehr das Bedürfnis, sie bis auf den Grund zu erforschen. Ich wollte auch nicht mehr zuviel in meiner eigenen Seele wühlen. Mary und Bhalla waren nun ein Teil von mir und ich von ihnen, lebenslänglich, egal ob wir uns wiedersahen oder nicht.

Der Wind begann mir wieder etwas zuzuflüstern, ganz wie oben in den Bergen. Was sagte er nur? Ich hatte dauernd das Gefühl, fast Worte zu verstehen. Es war etwas über das Verbundensein von allem und allen, denn der Wind weht um die ganze Erde. Er erinnerte mich, daß alle Menschenwesen Teile eines Ganzen sind, unlösbar miteinander verflochten, auch wenn sie sich nie persönlich kennenlernen. Der Wind wirbelt und bläst und streichelt und strebt in die Weite, in der immer noch so viel zu entdecken ist. Ich dachte an die Länder, in denen ich gewesen war, an die vielen Menschen, die ich kennen, verstehen und lieben gelernt hatte: die Massais in Afrika, die Waisenkinder Indiens, die Pariser Dirnen, die Filmemacher in Hollywood, die Japaner, die Schwarzen in Mississippi, meine eigenen Eltern in Virginia – und an meinen Mann und meine Tochter, die wie ich überall gleichzeitig zu sein schienen.

Ich sah Mary und Bhalla an. Abschiedsschmerz ist nur ein Vorspiel des tieferen Verständnisses für sich selbst und andere.

Mary berührte meine Hand. Ich legte den freien Arm um Bhallas Schulter. Der Wind brauste uns voran. Würde ich ihn je einholen?

Shirley Maclaine

Schritt für Schritt
8807

Raupe mit Schmetterlingsflügeln
8949

Zwischenleben
6769

Tanz im Licht
9070

GOLDMANN

Magisches Denken

Das Hexenbuch
11806

Alan Bleakley
Früchte des Mondbaumes
11785

Harold A. Hansen
Der Hexengarten
11784

Schenk / Kalweit
Heilung des Wissens
11805

Joan Halifax
Die andere Wirklichkeit
der Schamanen   11756

Sergius Goldwin
Die weisen Frauen
14004

GOLDMANN

Die weisen Frauen

Chris Griscom
Zeit ist eine Illusion
11787

Jane Roberts
Gespräche mit Seth
11760

Patricia L. Mischell
Denk' positiv!
11779

Lotte Ingrisch
Reiseführer ins Jenseits
11743

Joan Grant
Sekhet-a-ra-Tochter des
Pharao 11763

Gerta Ital
Auf dem Wege zu
Satori 11701

GOLDMANN

GOLDMANN TASCHENBÜCHER

Fordern Sie das kostenlose Gesamtverzeichnis an!

Literatur · **U**nterhaltung · **B**estseller · **L**yrik
Frauen heute · **T**hriller · **B**iographien
Bücher zu Film und Fernsehen · **K**riminalromane
Science-Fiction · **F**antasy · **A**benteuer · **S**piele-Bücher
Lesespaß zum Jubelpreis · **S**chock · **C**artoon · **H**eiteres
Klassiker mit Erläuterungen · **W**erkausgaben

****

Sachbücher zu Politik, Gesellschaft,
Zeitgeschichte und Geschichte; zu Wissenschaft,
Natur und Psychologie
Ein Siedler Buch bei Goldmann

****

Esoterik · **M**agisch reisen

****

Ratgeber zu Psychologie, Lebenshilfe,
Sexualität und Partnerschaft;
zu Ernährung und für die gesunde Küche
Rechtsratgeber für Beruf und Ausbildung

Goldmann Verlag · Neumarkter Str. 18 · 8000 München 80

Bitte senden Sie mir das neue Gesamtverzeichnis.

Name: _____

Straße: _____

PLZ/Ort: _____